# Desenho técnico

EDITORA intersaberes

DIALÓGICA

O selo DIALÓGICA da Editora InterSaberes faz referência às publicações que privilegiam uma linguagem na qual o autor dialoga com o leitor por meio de recursos textuais e visuais, o que torna o conteúdo muito mais dinâmico. São livros que criam um ambiente de interação com o leitor – seu universo cultural, social e de elaboração de conhecimentos –, possibilitando um real processo de interlocução para que a comunicação se efetive.

# Desenho técnico

Beatriz de Almeida Pacheco
Ilana de Almeida Souza-Concílio
Joaquim Pessôa Filho

EDITORA intersaberes

Rua Clara Vendramin, 58 . Mossunguê
CEP 81200-170 . Curitiba . PR . Brasil
Fone: [41] 2106-4170
www.intersaberes.com
editora@editoraintersaberes.com.br



Foi feito o depósito legal.

1ª edição, 2017.

Dados Internacionais de Catalogação na Publicação (CIP)
(Câmara Brasileira do Livro, SP, Brasil)

Pacheco, Beatriz de Almeida

Desenho técnico/Beatriz de Almeida Pacheco, Ilana de Almeida Souza-Concílio, Joaquim Pessôa Filho. Curitiba: InterSaberes, 2017.

Bibliografia.
ISBN 978-85-5972-512-4

1. Desenho técnico I. Souza-Concílio, Ilana de Almeida. II. Pessôa Filho, Joaquim. III. Título.

17-07144 CDD-604.2

Índices para catálogo sistemático:

1. Desenho técnico 604.2

# Sumário

*A Elis, exemplo de mulher, inspiração e força para seguir em frente.*

*Agradecemos aos nossos amigos e família pelo apoio,*
*pela ajuda e por compreenderem nossas ausências e*
*tornarem possível a conclusão deste trabalho.*

# Apresentação

*Às vezes penso em algo e desenho para registrar e depois desenvolver a ideia. [...] De muitos garranchos surge sempre alguma luz, uma boa surpresa, uma série, uma história. [...] Tudo é desenhado. Do informal croqui ao técnico – com os instrumentos de geometria.*

Lacaz, 2007.

O desenho é uma das formas mais antigas de comunicação. Sua grande característica é fornecer uma leitura – não raro, atemporal e independente – da cultura, da língua e das crenças de quem o elaborou.

De registros pré-históricos a formas interessantes e complexas de comunicação, esse recurso – cuja intenção, muitas vezes, é artística e, em outras tantas, é repleta de informações – nos permite compreender o passado, pensar o futuro, idealizar projetos e visitar os lugares mais recônditos das mentes de seus criadores.

Na engenharia, bem como na arquitetura e no *design*, o desenho tem papel fundamental no processo tanto de ideação quanto de projeto, registro e construção. Desde a representação de uma pequena peça de relógio suíço até a construção de um edifício ou nave espacial, o desenho se faz presente, universal, comunicativo, condutor de processos, organizador de linhas de raciocínio e indicador da inovação de formas de pensamento, ideias inventivas, materiais e tradiçãow.

Trataremos, nesta obra, do desenho como ferramenta de projeto. Para tanto, partiremos, no Capítulo 1, das origens dessa linguagem para, na sequência, apresentarmos as noções relacionadas à visão espacial e os tipos de desenho técnico. No Capítulo 2, trataremos das regras e orientações para o desenho à mão livre. Em seguida, no Capítulo 3, apresentaremos os materiais e instrumentos empregados na elaboração do desenho técnico. No Capítulo 4, daremos início ao estudo das normas e regras que regem essa área – abordagem que terá continuidade no Capítulo 5. As noções de sistemas de representação, bem como os métodos de projeção, serão trabalhados no Capítulo 6. Na sequência, aprofundaremos as características principais dos desenhos técnicos: cortes e seções, no Capítulo 7; tipos de perspectivas, no Capítulo 8; e, por fim, sistemas de cotagem, no Capítulo 9. Na seção "Anexos", você encontra duas grades, nas quais pode exercitar a caligrafia técnica e a elaboração de círculos isométricos.

# Como aproveitar ao máximo este livro

Este livro traz alguns recursos que visam enriquecer seu aprendizado, facilitar a compreensão dos conteúdos e tornar a leitura mais dinâmica. São ferramentas projetadas de acordo com a natureza dos temas que vamos examinar. Veja a seguir como esses recursos se encontram distribuídos no projeto gráfico da obra.

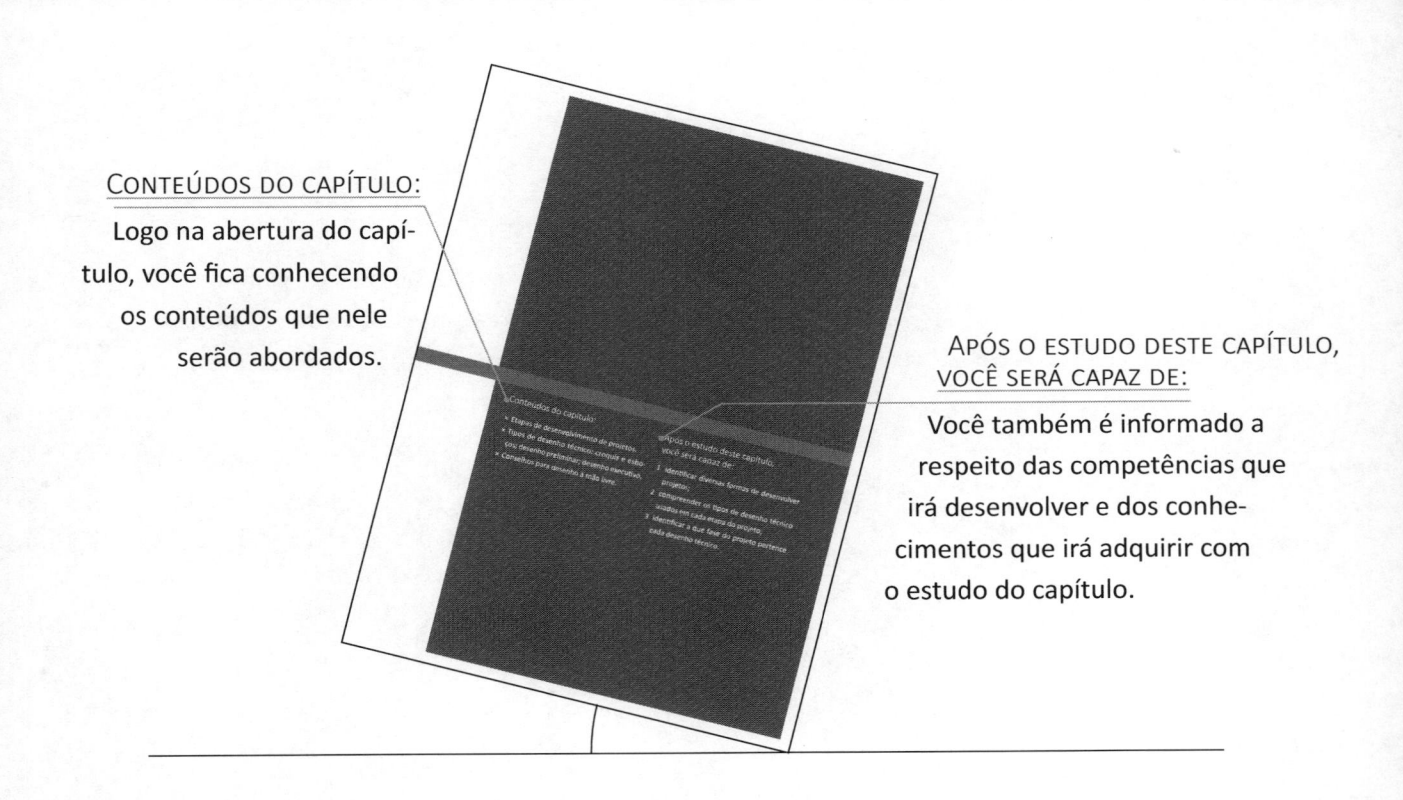

CONTEÚDOS DO CAPÍTULO:

Logo na abertura do capítulo, você fica conhecendo os conteúdos que nele serão abordados.

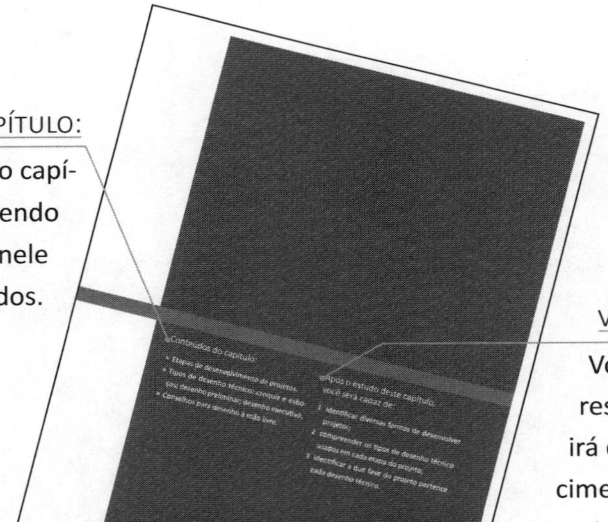

APÓS O ESTUDO DESTE CAPÍTULO, VOCÊ SERÁ CAPAZ DE:

Você também é informado a respeito das competências que irá desenvolver e dos conhecimentos que irá adquirir com o estudo do capítulo.

## Exercício rápido

Ao longo do capítulo, você tem a oportunidade de verificar, na prática, o grau de assimilação dos conteúdos trabalhados.

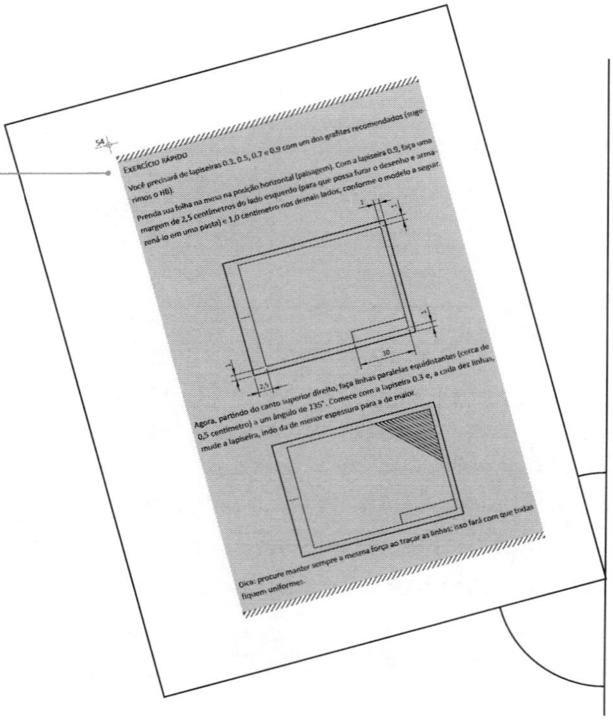

## Síntese

Você dispõe, ao final do capítulo, de uma síntese que traz os principais conceitos nele abordados.

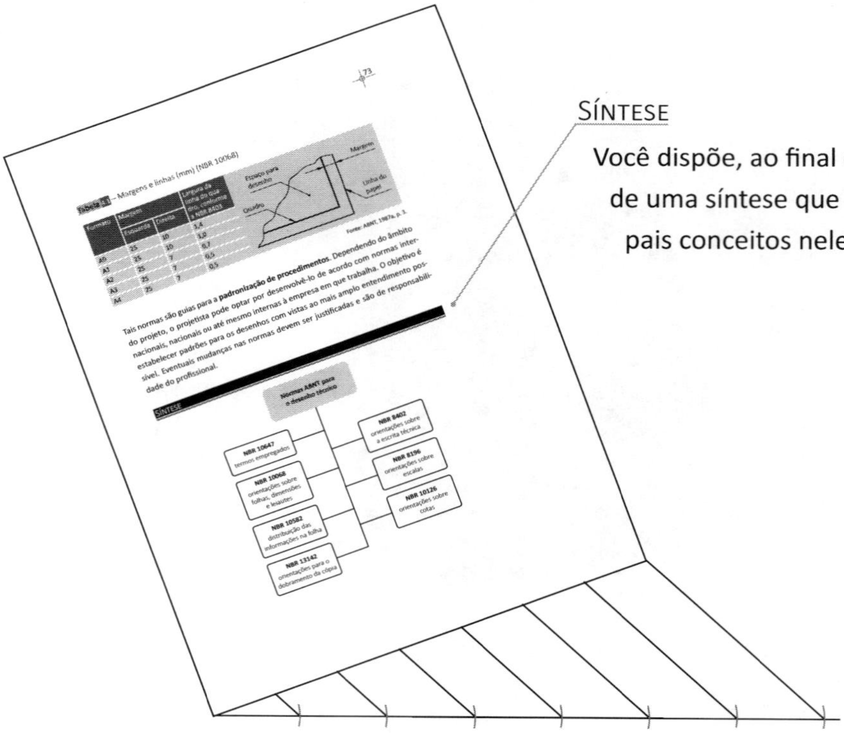

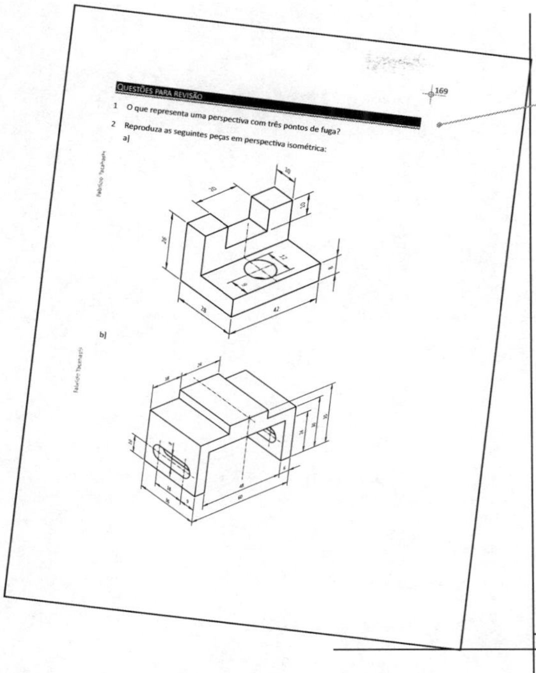

QUESTÕES PARA REVISÃO

1 O que representa uma perspectiva com três pontos de fuga?

2 Reproduza as seguintes peças em perspectiva isométrica:

a]

b]



## QUESTÕES PARA REVISÃO

Com estas atividades, você tem a possibilidade de rever os principais conceitos analisados. Ao final do livro, os autores disponibilizam as respostas às questões, a fim de que você possa verificar como está sua aprendizagem.

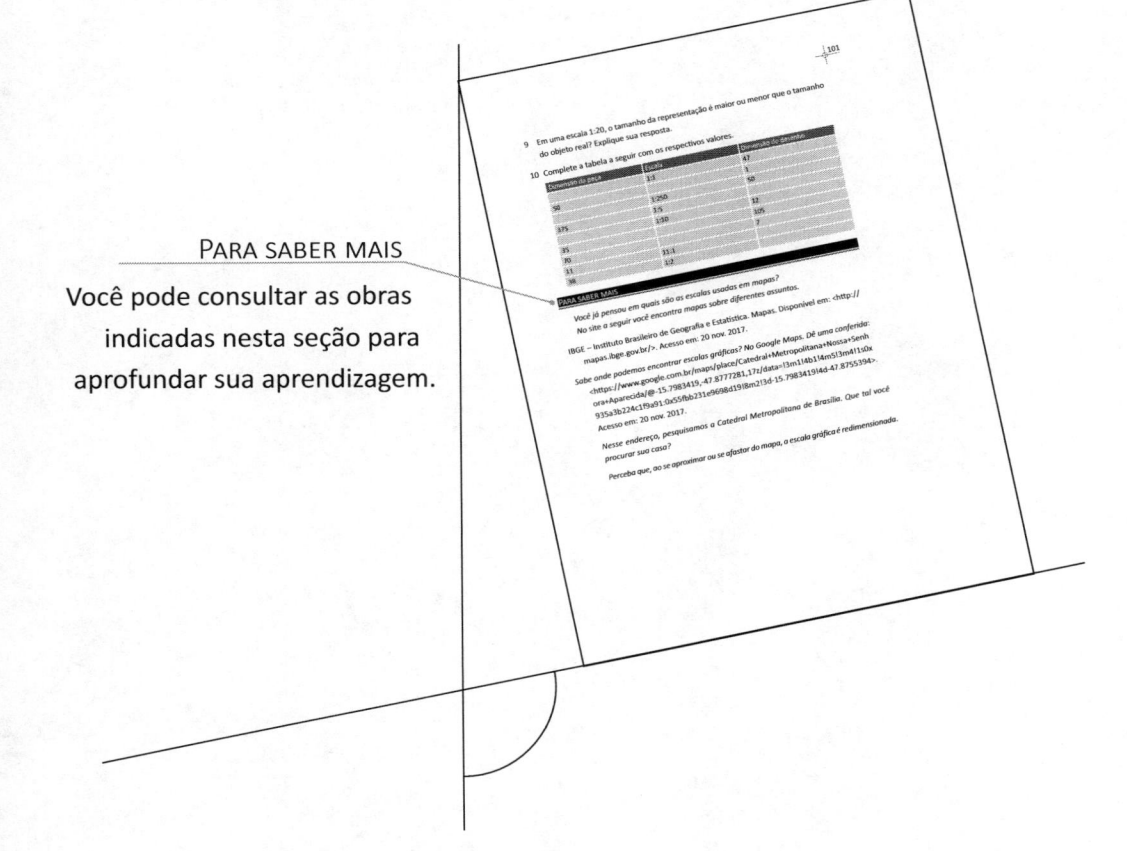

## PARA SABER MAIS

Você pode consultar as obras indicadas nesta seção para aprofundar sua aprendizagem.

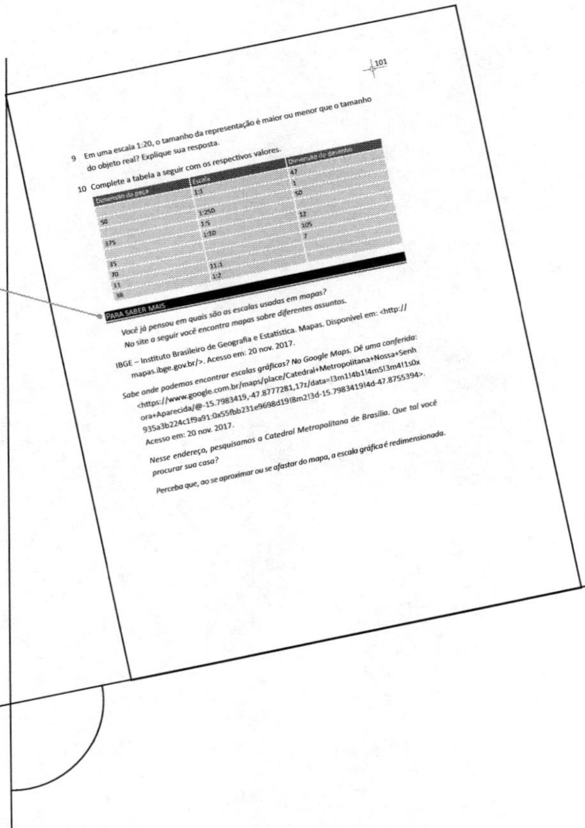



9 Em uma escala 1:20, o tamanho da representação é maior ou menor que o tamanho do objeto real? Explique sua resposta.

10 Complete a tabela a seguir com os respectivos valores.

| Dimensão da peça | Escala | Dimensão do desenho |
|---|---|---|
| | 1:1 | 47 |
| 50 | | 1 |
| | 1:250 | 50 |
| 375 | 1:5 | |
| | 1:10 | 12 |
| 35 | | 105 |
| 70 | | 7 |
| 11 | 11:1 | |
| 38 | 1:2 | |

PARA SABER MAIS

*Você já pensou em quais são as escalas usadas em mapas? No site a seguir você encontra mapas sobre diferentes assuntos.*

IBGE – Instituto Brasileiro de Geografia e Estatística. Mapas. Disponível em: <http://mapas.ibge.gov.br/>. Acesso em: 20 nov. 2017.

*Sabe onde podemos encontrar escalas gráficas? No Google Maps. Dê uma conferida:* <https://www.google.com.br/maps/place/Catedral+Metropolitana+Nossa+Senhora+Aparecida/@-15.7983419,-47.8777281,17z/data=!3m1!4b1!4m5!3m4!1s0x935a3b224c1f9a91:0x55fbb231e9698d19!8m2!3d-15.7983419!4d-47.8755394>. Acesso em: 20 nov. 2017.

*Nesse endereço, pesquisamos a Catedral Metropolitana de Brasília. Que tal você procurar sua casa?*

*Perceba que, ao se aproximar ou se afastar do mapa, a escala gráfica é redimensionada.*

# Capítulo UM

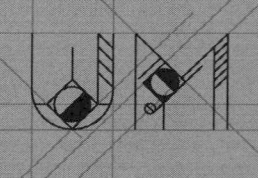

# INTRODUÇÃO AO DESENHO TÉCNICO

Conteúdos do capítulo:

- Noções de desenho e representação.
- Inteligência visual-espacial.
- Tipos de desenho técnico.

Após o estudo deste capítulo, você será capaz de:

1. identificar a importância dos desenhos ao longo da história;
2. compreender suas origens e características;
3. compreender a natureza e o papel do desenho técnico nas engenharias, na arquitetura e no *design*;
4. entender o que é visão espacial e sua respectiva importância para profissionais de diversas áreas;
5. desenvolver sua visão espacial por meio de exercícios e aumento de repertório.

O arquiteto Vilanova Artigas assevera que o conteúdo semântico da palavra *desenho* "equipara-se a um espelho, onde se reflete todo o lidar com a arte e a técnica no correr da história" e revela "o que ela [a palavra *desenho*] contém de trabalho humano acrisolado durante o nosso longo fazer histórico" (Artigas, 1967, p. 2).

De acordo com o arquiteto, há duas formas para tal fazer histórico se comportar: por meio da 1) dominação da natureza, ou seja, da criação de uma técnica que a faça se adequar às necessidades e aos desejos do ser humano; e 2) do estabelecimento das relações entre os indivíduos de uma sociedade.

Em sua concepção, portanto, é nesse dualismo que se encontram as "origens do conflito entre a técnica e a arte. Uma técnica para apropriação da natureza e o uso desta técnica para a realização do que a mente humana cria dentro de si mesma" (Artigas, 1967, p. 2).

Partindo dessa compreensão, neste capítulo inicial abordamos as origens do desenho, sua importância como modo de representação, os conceitos básicos que envolvem a visão espacial – habilidade fundamental para engenheiros e arquitetos – e os tipos e formas de elaboração de desenho técnico.

## 1.1 Desenho e representação

Existem diversas definições de desenho. Podemos dizer, por exemplo, que o desenho é a arte de criar formas por meio de linhas ou traços sobre uma superfície – geralmente, papel. Outra definição possível é a de que essa linguagem é a arte de representar graficamente formas e ideias.

Ambas são válidas, mas vale ressaltar que o desenho é uma **linguagem** – talvez a mais antiga – de alcance universal, usada desde a época das cavernas e ainda hoje um importante recurso de comunicação não verbal.

A Figura 1.1 é um registro da atividade gráfica rupestre da Serra da Capivara, no Piauí. Tais atividades, segundo a Fundação Museu do Homem Americano (Fumdham, 2017), datam da Pré-História e se remetem às várias etnias que habitaram a região.

Esse é um exemplo de registro que denota certa mudança e evolução na linguagem gráfica da representação. Perceba que a figura em questão representa o animal em movimento, característica marcante das atividades gráficas no Nordeste brasileiro. Note também que essas figuras são, muitas vezes, dispostas de modo a representar ações, como situações de caça e reuniões de tribo.

Figura 1.1 – Atividade gráfica rupestre da Serra da Capivara

Marcos Amend/Shutterstock

É possível asseverarmos que tal expressão gráfica é a manifestação de um sistema de comunicação social, que conta histórias e registra e documenta os hábitos e costumes de determinado grupo étnico para as gerações futuras: é, portanto, uma linguagem cuja compreensão requer estudo.

À luz dessa linha de raciocínio, a leitura e a interpretação da linguagem gráfica são habilidades fundamentais para o estudante de áreas cuja rotina profissional utiliza esse tipo de recurso. Essas habilidades são adquiridas com a prática do desenho, de forma análoga à alfabetização, e servem de base para desenvolver várias competências, como a prática projetual e as representações específicas para a execução de projetos idealizados pelo aluno.

Frank Gehry, arquiteto canadense naturalizado nos Estados Unidos, afirma que sua maior habilidade é alcançar a coordenação entre o olho e a mão. Sua primeira manifestação de ideias é o croqui (palavra derivada do termo francês *croquis*), que mostra, de maneira esquemática e subjetiva, a essência do edifício que está projetando. Os esboços de Gehry sequer parecem edifícios, mas são responsáveis por um exercício formal que desenvolve seu processo de criação.

Figura 1.2 – Croqui de Frank Gehry

Philippe Starck, por sua vez, criou o mais célebre espremedor de limões: o Juicy Salif, projetado em 1990, considerado um ícone do *design* industrial e exibido no MoMA, o Museu de Arte Moderna de Nova York. Fundador da empresa fabricante do utensílio, Alberto Alessi contou que recebeu do criador um guardanapo (na verdade, um daqueles jogos americanos de papel) com alguns croquis. Esses esboços começavam de um lado da toalha, em forma de lula, e evoluíam para a forma do espremedor ao longo do papel: ao comer um prato de lula com limão espremido, Starck desenhou seu espremedor (Figura 1.3).

Figura 1.3 – Croqui de Philippe Starck

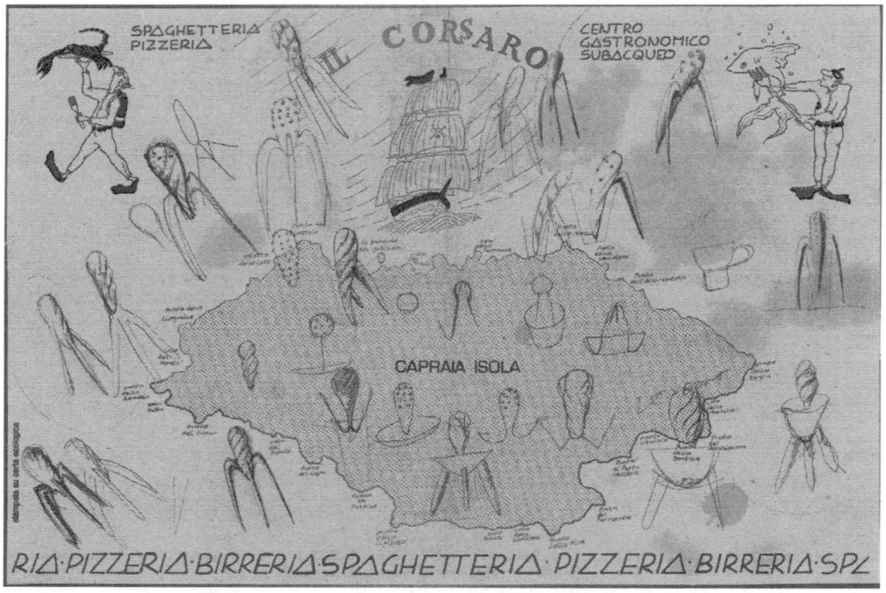


Courtesy of Alessi

Portanto, o domínio do desenho e de seus processos facilita diversas atividades inerentes à realidade humana: prospecção, projeto, representação, comunicação etc. Assim, aprender a desenhar se torna uma necessidade – além de uma atividade extremamente prazerosa, pois a prática artística desenvolve a criatividade, amplia o repertório e fomenta a autoconfiança.

O desenho pode ser à mão livre (esboço ou croqui), com instrumentos apropriados (instrumental) ou por meio de computador e *softwares* de desenho e projeto – como os CAD (*computer-aided design* – ou, em português, "desenho assistido por computador"), o célebre Photoshop, o Illustrator e diversos outros disponíveis no mercado*, dividindo-se em desenho livre (artístico) e desenho técnico.

* Na *web*, você pode encontrar diversas listas que fazem resenhas dos *softwares* disponíveis, como em Programas... (2017).

O desenho técnico, objeto de estudo deste livro, é uma forma de expressão gráfica cuja finalidade é representar forma, dimensão e posição de objetos de acordo com as necessidades peculiares de cada área técnica envolvida no projeto e na execução de peças, estruturas, edificações e demais itens que caracterizam a arquitetura, o desenho industrial e as engenharias como um todo.

Para tanto, o desenho técnico lança mão de um conjunto de recursos, como linhas, números, símbolos e indicações escritas, todos normalizados internacionalmente em uma linguagem gráfica universal para as áreas que os utilizam.

É possível traçarmos um paralelo entre a linguagem verbal, que exige alfabetização e treinamento, e a linguagem do desenho técnico, que deve ser ensinado e praticado, a fim de que todas as pessoas envolvidas nos processos anteriormente descritos possam compreender o material de representação dos projetos que devem executar.

Portanto, na arquitetura, na engenharia e no desenho industrial, os desenhos técnicos devem ser feitos por profissionais capazes de entender e representar a ideia de um produto por meio de formas, dimensões e posições. Tais profissionais devem usar o desenho como recurso de comunicação com fabricantes e clientes, atendendo às necessidades de cada um no que tange ao entendimento do que se quer comunicar. Assim, o desenho técnico tenciona facilitar, descrever e representar uma ideia por meio de regras e procedimentos. Ao se "alfabetizar" em desenho técnico, o profissional desenvolve a chamada *visão espacial*.

## 1.2 Visão espacial

Conforme explicitamos, o desenho é, possivelmente, a linguagem gráfica mais antiga – e, por meio dele e da capacidade de interpretá-lo, a **inteligência visual-espacial** se manifesta. Gardner (1994) aponta que as capacidades de perceber o mundo visual com precisão, fazer transformações e alterações a partir de percepções iniciais e recriar aspectos da experiência visual, mesmo sem estímulos físicos relevantes, são as capacidades centrais da inteligência espacial.

Howard Gardner, psicólogo cognitivo e educacional norte-americano, desenvolveu a teoria das inteligências múltiplas. Em seu livro *Estruturas da mente*, ele descreve sete dimensões da inteligência: visual-espacial, musical, verbal, lógico-matemática, interpessoal, intrapessoal e corporal-cinestética. Posteriormente, o autor acrescentou à teoria duas inteligências: naturalista e existencialista.

Gardner aponta que todos têm tendências individuais (gosto e competência), que podem ser contempladas por uma das inteligências citadas. Em arquitetos, engenheiros e *designers*, por exemplo, a inteligência visual-espacial tende a predominar – e, por meio do conhecimento do desenho técnico e de outras formas de representação do espaço e de seus elementos, tais profissionais exercitam e aperfeiçoam sua capacidade.

## Exercícios rápidos

Que tal testar sua inteligência espacial por meio dos exercícios a seguir?

1 Identifique qual dos objetos a seguir é igual ao objeto-alvo:

**Objeto-alvo**

a]

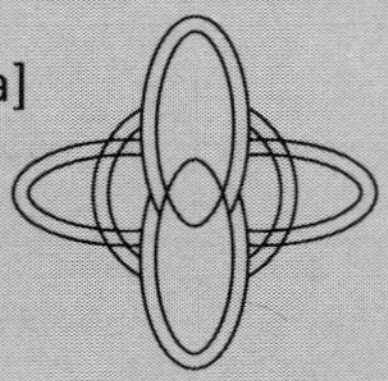

b]

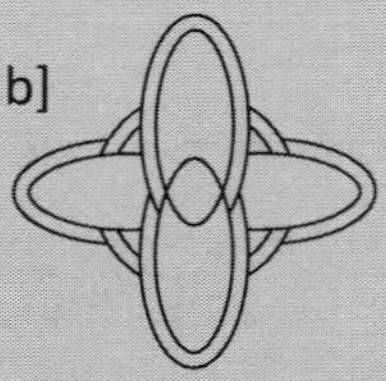

c]

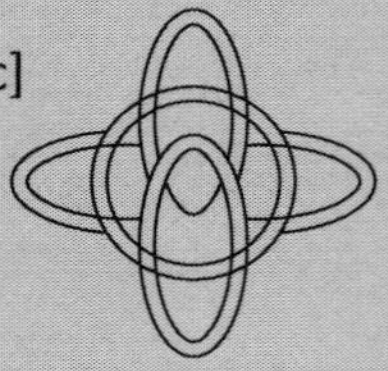

d]

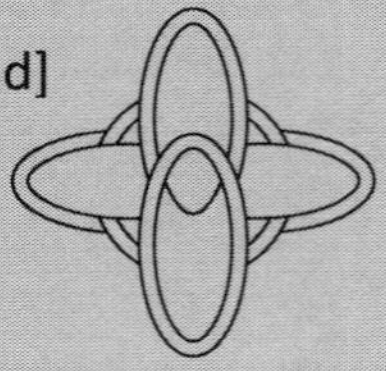

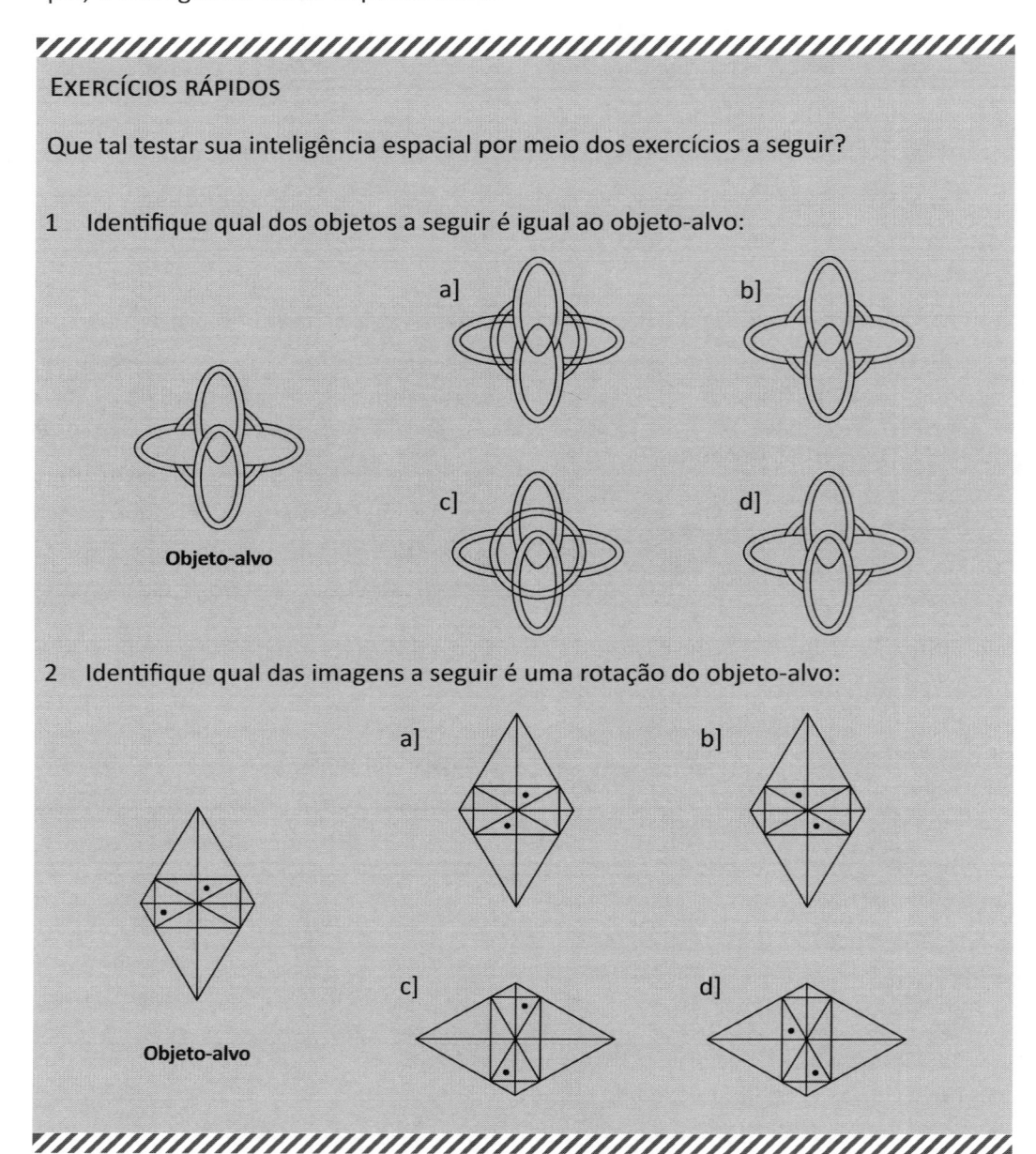

2 Identifique qual das imagens a seguir é uma rotação do objeto-alvo:

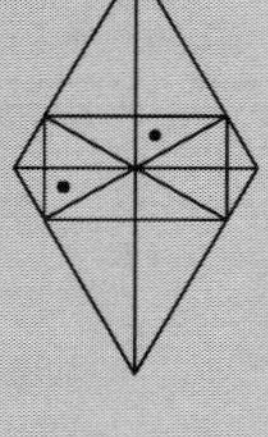

**Objeto-alvo**

a]

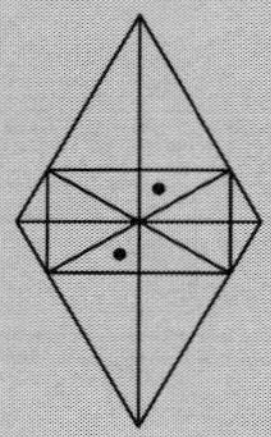

b]

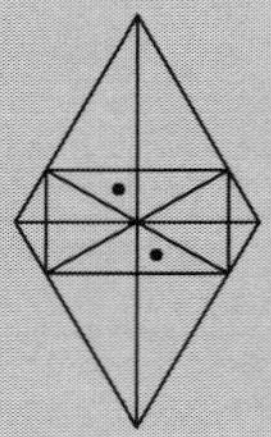

c]

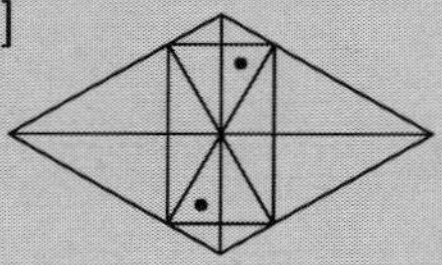

d]

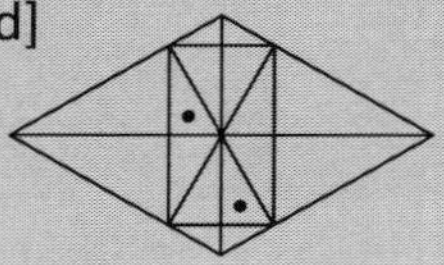

Perceber espaços por meio da visão direta ou de representações da realidade é, portanto, característica das pessoas de grande inteligência visual-espacial. O desenvolvimento dessa capacidade se dá, porém, em todos, de forma mais tênue ou acentuada, desde o nascimento até a adolescência e a fase adulta, por meio dos sistemas sensoriais.

Tais indivíduos com desenvolvida percepção espacial têm habilidade em lidar com formas, tamanho, distância, volume e movimento – e, com base nesse conhecimento, podem apreendê-las, antecipando situações que venham ao encontro das necessidades humanas.

Com base nesses conceitos, Ribeiro, Peres e Izidoro (2013) dizem que "a visão espacial é a capacidade de percepção das formas espaciais". De acordo com os autores, apreender uma forma espacial "significa entender uma disposição tridimensional sem realmente ver a figura correspondente".

E como isso é possível? Por meio da interpretação de um conjunto de desenhos, como o exemplo da Figura 1.4.

Figura 1.4 – Desenhos de uma cadeira

Sira Anamwong/Shutterstock

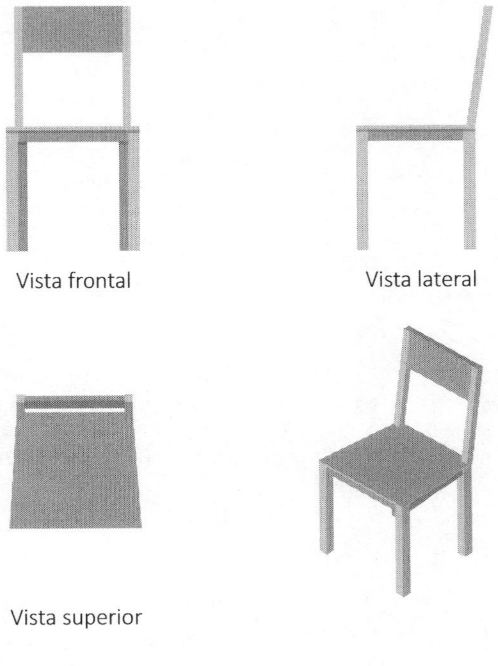

Para os profissionais da área de desenho técnico, a percepção espacial é uma das habilidades mais importantes, pois eles precisam raciocinar espacialmente durante suas atividades projetuais de criação, desenvolvimento, montagem, prototipação, execução e até mesmo instalação.

### Exercício rápido

Vamos fazer mais um exercício?

Observe as imagens a seguir e prospecte o que elas podem representar:

a]

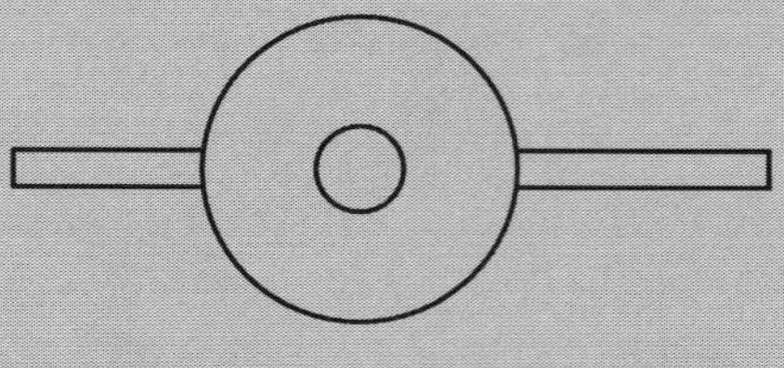

b]

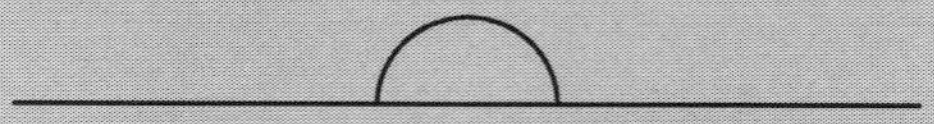

c]

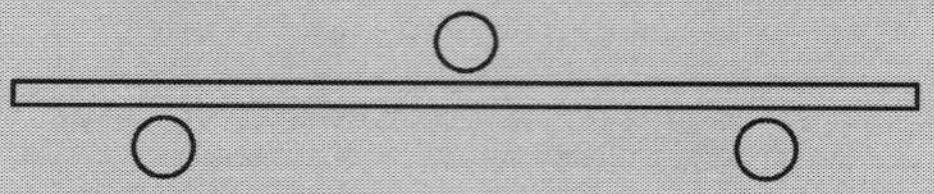

Agora que você já aventou algumas possibilidades, mostre as imagens para seus familiares ou amigos e veja se suas respostas coincidem.

Perceba que há diversas interpretações das mesmas figuras. Apenas um olhar treinado, somado a um conjunto de desenhos com linguagem específica, garante a interpretação correta.

Está curioso para saber se acertaram ou não? As imagens representam, respectivamente, um mexicano andando de bicicleta, um careca do outro lado do muro e uma ervilha andando de skate.

1.3

## Tipos de desenho técnico e formas de elaboração

Como apontamos no início do capítulo, há dois tipos básicos de desenho: artístico e técnico. Os desenhos técnicos, por sua vez, se subdividem em dois grandes grupos: não projetivos e projetivos.

Os **desenhos não projetivos**, em geral, correspondem a demandas resultantes de cálculos algébricos e compreendem gráficos, esquemas, diagramas, fluxogramas e afins.

Já os **desenhos projetivos** são resultantes de projeções de determinado objeto em um ou mais planos de projeção. Correspondem às vistas ortográficas e perspectivas (Ribeiro; Peres; Izidoro, 2013).

Os desenhos projetivos compreendem a maior parte dos desenhos feitos nas indústrias. Citamos a seguir os tipos de desenhos técnicos mais comuns: desenho mecânico; desenho arquitetônico;

desenho de máquinas; desenho de mobiliário; desenho de estruturas; desenho de objetos; desenho elétrico/eletrônico; desenho de tubulações.

Para suprir as necessidades de todos esses campos de atuação, os desenhos técnicos aperfeiçoaram-se como linguagem no decorrer do tempo. Atualmente, eles são majoritariamente elaborados com o auxílio de *softwares* especializados: os CAD.

Tais sistemas oferecem uma série de ferramentas (*tools*) para a construção de entidades geométricas planas (linhas, curvas, polígonos, circunferências, polilinhas etc.) e tridimensionais (paralelepípedos, esferas, cones e demais), além de recursos – dados sobre medição, estrutura física e material etc. – que facilitam o trabalho do profissional para estabelecer relações entre esses elementos. Existem sistemas CAD diferentes para cada área de uso, porém os princípios que os regem são semelhantes, embasados em normas e regras, o que torna o desenho técnico uma linguagem técnica universal.

Neste capítulo, iniciamos os estudos conhecendo um pouco melhor as regras da linguagem em questão; posteriormente, trabalharemos conceitos fundamentais dessa área e suas respectivas aplicações no desenho à mão livre e com o auxílio de instrumentos; subsequentemente, abordaremos escalas, representações tridimensionais no plano (perspectivas) e seus desdobramentos e, por fim, cotas e notações. Ao final do livro, você encontra alguns exercícios para aplicar todos os conceitos estudados, em forma de desafio.

## Síntese

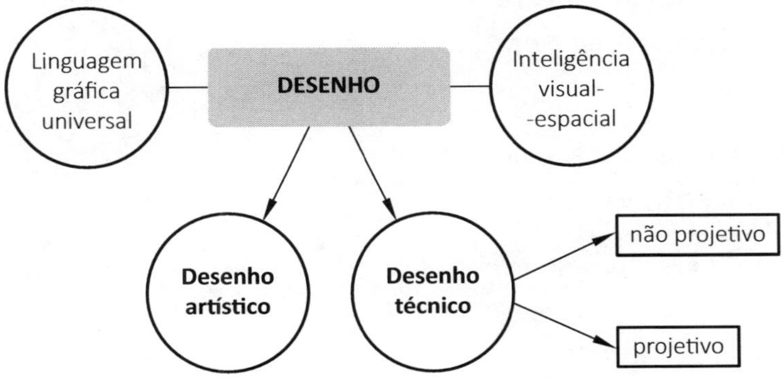

## Questões para revisão

1 Considerando seus conhecimentos prévios e o conteúdo trabalhado neste capítulo, aponte três momentos históricos em que o desenho desempenhou papel fundamental. Justifique sua resposta.

2 Existem diversas formas de dividir e classificar os desenhos. Uma delas é em desenho artístico e desenho técnico. Quais são as principais diferenças entre ambos?

3 A visão espacial é uma habilidade inerente aos indivíduos, contudo, mais aguçada em algumas pessoas. Em que estudo um importante psicólogo cognitivo e educacional norte-americano associou tal aptidão a um tipo especial de inteligência? Que inteligência é essa?

4 Descreva a visão espacial e indique por que ela é tão importante para alguns profissionais.

5 Defina desenho técnico e aponte três formas de usá-lo na vida profissional.

6 O desenho técnico é dividido em dois grandes grupos. Quais são eles e suas principais características?

7 Que tal agora resolver alguns exercícios que estimulam a inteligência espacial?

Indique, em cada alternativa, qual dos sólidos (1, 2 ou 3) é obtido juntando as peças A e B.

a]

**A**

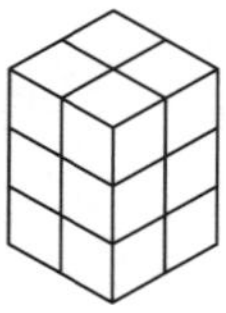

**B**

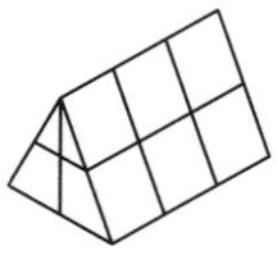

1

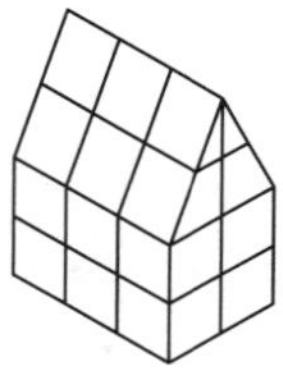

2

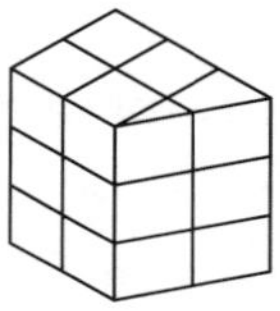

3

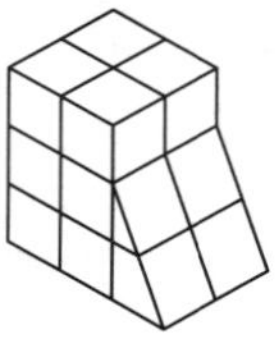

b]

**A**

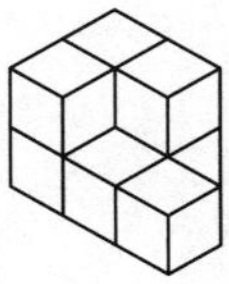

**B**

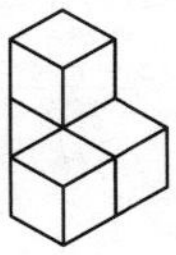

1

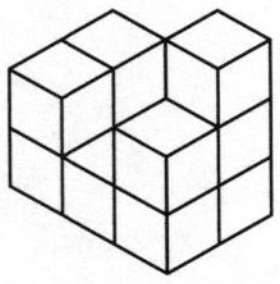

2

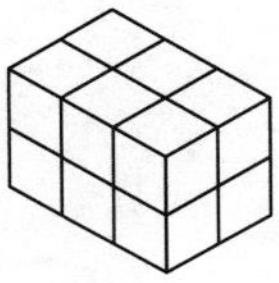

3

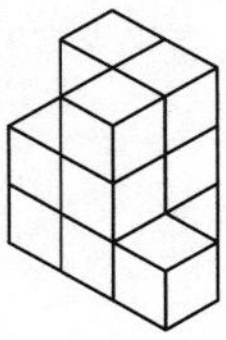

c]

**A**

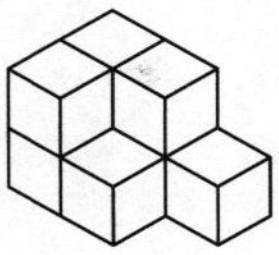

**B**

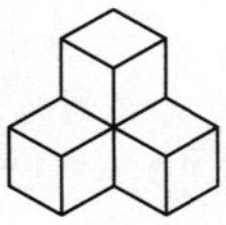

1

2

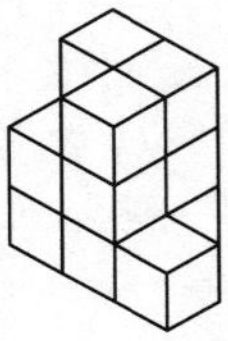

3

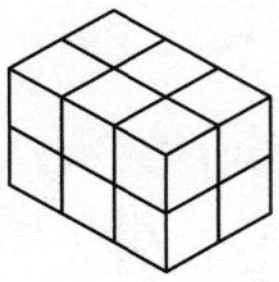

8 Como podemos representar o ambiente em que vivemos? Como transpor nossas impressões e sensações a nossos trabalhos?

Discuta com seus colegas as questões apresentadas e formalize sua resposta por meio de desenho.

## PARA SABER MAIS

*Para aprofundar os conceitos estudados neste capítulo, que tal assistir ao documentário* Esboços de Frank Gehry*?*

*Lançado em 2005 e dirigido por Sydney Pollack, seu enredo parte do desconhecimento de Pollack a respeito de arquitetura e do desafio proposto por Gehry: fazer um filme sobre a vida do arquiteto e seus métodos de trabalho.*

ESBOÇOS de Frank Gehry. Direção: Sidney Pollack. Alemanha/EUA: Imagem Filmes, 2005. 83 min.

*Você pode também conferir o* site *do* designer *e arquiteto Philippe Starck, criador de diversos objetos interessantes, como o Juicy Salif, seu famoso espremedor de limões.*

STARCK. Disponível em: <http://www.starck.com/en/>. Acesso em: 16 nov. 2017.

*Que tal, então, perceber as diferenças existentes entre as várias pinturas rupestres? No* site *da Fundação Museu do Homem Americano, você encontra mais informações sobre o Parque Nacional Serra da Capivara, no Piauí.*

FUMDHAM – Fundação Museu do Homem Americano. Disponível em: <http://www.fumdham.org.br/>. Acesso em: 16 nov. 2017.

# Capítulo

# Dois

# Regras básicas para desenho à mão livre

Conteúdos do capítulo:

- × Etapas de desenvolvimento de projetos.
- × Tipos de desenho técnico: croquis e esboços; desenho preliminar; desenho executivo.
- × Conselhos para desenho à mão livre.

Após o estudo deste capítulo, você será capaz de:

1. identificar diversas formas de desenvolver projetos;
2. compreender os tipos de desenho técnico usados em cada etapa do projeto;
3. identificar a que fase do projeto pertence cada desenho técnico.

Conforme pontuamos anteriormente, a constituição e a elaboração do desenho, muitas vezes, indicam um projeto ou esboço de algo com uma finalidade específica; portanto, o desenho nem sempre é um fim em si mesmo. Representar um objeto tridimensional para, por exemplo, elucidar um processo construtivo pressupõe o desenho como **suporte** e **ferramenta auxiliar** de comunicação. Em engenharia, o desenho pode significar a composição, o encaixe ou a montagem de elementos estruturais de uma obra ou peça, sendo fundamental para transmitir uma ideia a quem vai construí-la ou montá-la.

Um arquiteto, por exemplo, dificilmente conceberá uma casa usando o sistema de projeção parelela. Para a concepção da edificação, ele trabalhará com inúmeros esboços ou croquis, com o intuito de refinar suas ideias.

Ele levará em conta a circulação, as alturas, os fluxos e as sensações proporcionadas pelo espaço projetado; também poderá pensar na forma do telhado e em como as forças atuarão sobre ela, na melhor maneira de organizar a estrutura da casa, em que tipo de material usar e em qual seria seu resultado estético.

Lembra-se do guardanapo de Starck? Da mesma forma, antes de partir para a documentação e o compartilhamento de seu projeto, considerando normas e regras do desenho técnico, o engenheiro esboçará diversas vezes as peças da máquina que está projetando – cada uma delas, individualmente: seus encaixes, sua fixação, possibilidades de uso de materiais etc.

Assim, o desenho à mão livre, feito esboçando-se as linhas com lápis (ou lapiseira) e borracha, configura-se em um excelente método para as fases iniciais de um projeto. A rapidez e versatilidade desse modo fazem com que diversos problemas sejam rapidamente solucionados e descartados antes do envolvimento mais dispendioso (em termos tanto de tempo quanto de recursos financeiros). Nesse estágio de desenvolvimento do projeto, o volume do estudo é mais importante do que a exatidão do traçado. O desenho à mão livre ainda proporciona treinamento em técnica, forma e proporção, além de exercitar a visão espacial.

Silva et al. (2011) elaboraram um gráfico que apresenta o papel do desenho técnico nas diversas fases do projeto. Os autores apontam que os projetos costumam ter quatro fases bem-definidas e que os desenhos estão presentes em praticamente todo o processo, exercendo diferentes papéis.

- **Fase 1: identificação do problema** – Costuma se caracterizar pela "tomada de conhecimento de uma necessidade do mercado e [...] identificação do problema de criação de um novo produto" (Silva et al., 2011, p. 6). Nessa etapa, recolhem-se todas as informações necessárias sobre o produto em questão, definem-se objetivos, prazos, custos e afins. Segundo os autores, é a única fase em que o desenho pode ser dispensado durante o processo.
- **Fase 2: desenvolvimento de conceitos** – É a parte mais criativa do processo. Nessa etapa, conforme Silva et al. (2011), uma ideia pode desencadear inúmeras outras. Apesar de nem todas poderem ser aproveitadas em um primeiro momento, são de extrema importância para a plena compreensão do problema e de sua formalização. Nessa fase, tudo deve ser documentado, nada descartado, e é quando esboços e croquis exercem importante papel.
- **Fase 3: compromissos** – Com base nos conceitos e ideias trabalhados na fase anterior, esse período se destina ao refinamento das possíveis soluções a fim de escolher a melhor delas. Uma vez que a denominada *solução de compromisso* (Silva et al., 2011) é escolhida, esboços mais refinados e com mais informações são feitos.

Podemos associar essa etapa à fase de anteprojeto, com a confecção de desenhos preliminares para discussão mais precisa entre membros da equipe, fornecedores e clientes.

- **Fase 4: modelos e protótipos** – Por diversas vezes, especialmente nos campos da engenharia e do *design* industrial, os protótipos são parte essencial do projeto. Eles antecedem o projeto executivo, mas precisam de desenhos que garantam a confecção da peça experimental. Essa fase dá origem aos desenhos definitivos, com todas as informações necessárias para executar a obra, produzir peça, objeto, mobiliário etc.

Não é, naturalmente, a única forma de realização das fases de um projeto, uma vez que cada área de atuação, profissão e mesmo cada empresa costuma trabalhar a sua maneira.

**Exercício rápido**

Você já viu outra forma de organização de projetos em sua vivência acadêmica ou profissional? Se sim, esboce um esquema; se não, faça uma pequena pesquisa e registre o resultado.

As formas de organização de projetos têm semelhanças mútuas e o desenho técnico marca presença em algumas dessas configurações. Alguns tipos de desenho podem ser identificados:

- **Esboço e croqui** – Representações rápidas que, normalmente, caracterizam os estágios iniciais da elaboração de um projeto, podendo, entretanto, servir à representação de elementos existentes ou à execução de obras.
- **Desenho preliminar** – Representação gráfica empregada nos estágios intermediários da elaboração do projeto, ainda sujeita a alterações. Corresponde ao anteprojeto.
- **Desenho definitivo** – Integra a solução final do projeto, contendo os elementos necessários a sua compreensão, de modo a poder servir à execução. Trata-se do projeto executivo.

Aprofundaremos a seguir cada um desses tipos.

## 2.1 Esboços e croquis

Os esboços e croquis, formas de representação gráfica rápida, compõem os estudos preliminares de projeto. São importantes elementos, responsáveis pela apresentação inicial das ideias que, recém-saídas da mente do criador, são documentadas no papel.

Tais desenhos, comumente simples traços iniciais, tornam-se mais complexos à medida que seu autor prospecta forma, função, material e tudo o mais. Por não haver compromisso com o refinamento gráfico, partem de ideias instantâneas, velozmente processadas.

Esses processos, além de facilitarem a elaboração de ideias, aumentam o dinamismo em adaptações, mudanças e tomadas de decisão. Como resultado, configuram-se como documentos flexíveis e adaptáveis.

Entretanto, apesar de terem características bastante próximas, há uma linha de teóricos que estabelece uma pequena distinção entre esboços e croquis.

No universo da arquitetura, sobretudo, o **croqui** visa à discussão de ideias. Os arquitetos, em geral, lançam mão de seu uso quando estão aventando possibilidades a fim de resolver um problema arquitetônico.

Florio (2010, p. 374) aponta: "Embora seja difícil rastrear a fonte dos pensamentos dos arquitetos, os croquis, como registros rápidos do pensamento, podem indicar, mesmo que parcialmente e com limitações, as sucessivas aproximações realizadas durante a realização de um projeto".

Nessa linha teórica, o **esboço** pode ser considerado a parte inicial de um desenho, a estrutura de um todo que será desenvolvido a seguir. Assim, ele se torna uma fase constitucional da definição de espaços, proporções, composição etc. Tal termo é bastante usado nas engenharias.

Apesar de tais distinções, os termos *croqui* e *esboço* podem ser considerados sinônimos. Não existem materiais específicos ou regras para a elaboração de esboços, podendo-se recorrer a qualquer tipo de ferramenta e suporte. Os materiais comumente usados são papel sulfite ou papel-manteiga, lápis, lapiseiras e borrachas.

## 2.2 Desenho preliminar

Como dito anteriormente, os desenhos preliminares correspondem aos documentos elaborados no anteprojeto, fase intermediária do projeto. Eles são passíveis de mudanças e estão em processo de refinamento e detalhamento de seus componentes. Tais desenhos costumam retratar pontos específicos a serem discutidos entre membros da equipe de projetistas. Podem ser feitos à mão, com o auxílio de instrumentos, ou de forma digital, por meio de *softwares* CAD.

Quando elaborados à mão, costumam trazer informações adicionais – cotas e textos complementares, por exemplo –, bem como conter um conjunto composto de desenhos principais (todo) e detalhes (partes desse todo), a fim de apresentar mais informações para a discussão do projeto.

2.3

## Desenho definitivo

Na elaboração do desenho definitivo, que resulta no projeto executivo, desenvolve-se um conjunto de pranchas que integram a solução final do projeto. Esse conjunto deve conter todos os elementos necessários à compreensão das diversas equipes que participarão da execução do projeto proposto.

Em mecânica, por exemplo, esse conjunto é formado por vistas, cortes e perspectivas das peças, combinados aos encaixes e às montagens, acrescidos de informações complementares de etapas da produção, juntas, dimensões, materiais, entre outros.

Em arquitetura, é composto de plantas baixas, cortes, elevações, sistema estrutural, projetos de hidráulica e elétrica, além de materiais, estudos de insolação e ventilação, circulação e afins.

É fundamental que tanto o engenheiro quanto o projetista e o desenhista dominem as regras de tal conjunto de pranchas. Assim, de fato, há a necessidade de se trabalhar com uma linguagem gráfica de caráter universal.

2.4

## Instruções para um bom desenho à mão livre

Como você pôde perceber, os desenhos à mão têm grande importância durante ao menos duas fases do projeto. Que tal algumas dicas para facilitar o aprendizado e ajudar na execução de desenhos técnicos, que serão aprofundados nos capítulos seguintes?

Silva et al. (2011, p. 61) elaboraram uma lista de regras úteis para incrementar o processo de desenho à mão livre:

- Estudar a combinação de vistas* que melhor descrevem o objeto a ser representado.
- Estudar o posicionamento das vistas na folha de desenho, bem como a orientação de todo o conjunto, optando pelo formato e pela orientação do papel mais adequados.
- Imaginar o melhor paralelepípedo que contém o objeto e desenhar com traço muito leve as figuras geométricas simples circunscritas às projeções.

---

* Trataremos desse assunto no Capítulo 6.

- Desenhar, em todas as vistas onde existam, as linhas correspondentes às projeções que serão representadas.
- Detalhar as vistas, trabalhando simultaneamente em todas.
- Acentuar com traço definitivo (contínuo grosso) os contornos de cada vista.
- Com o mesmo traço, acentuar em cada projeção os detalhes visíveis.
- Desenhar as linhas de traço interrompido que representam os contornos invisíveis.
- Desenhar com traço próprio as linhas convencionais – linhas de eixo de corte, tracejadas.
- Verificar a correção do desenho.
- Cotar o desenho.

Esses procedimentos serão trabalhados nos próximos capítulos.

## Síntese

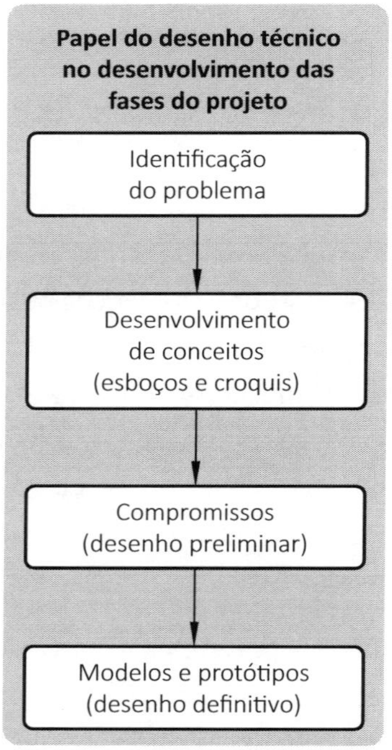


## Questões para revisão

1. Silva et al. (2011) elaboraram um estudo que apresenta o papel do desenho técnico nas diversas fases do projeto. Quais são suas principais etapas e como elas se articulam?
2. Quais tipos de desenho costumam fazer parte dos processos de desenvolvimento de projetos, especialmente em engenharia e arquitetura? Quais são seus principais papéis?
3. De acordo com o texto, qual é a principal diferença entre esboço e croqui?

4 Qual dos tipos de desenho de representação de projetos costuma retratar pontos específicos a serem discutidos entre membros da equipe de projetistas? Justifique sua resposta.

5 No projeto executivo, é apresentado um conjunto de pranchas que integram a solução final do projeto. Exemplifique alguns desenhos que devem constar nesse conjunto.

6 Diferentemente de quando se trabalha com o auxílio de um *software* específico, ao elaborar o desenho técnico à mão livre, algumas dicas são importantes, uma vez que as pranchas são documentos essenciais para a concretização do projeto. Aponte ao menos cinco dicas para sua elaboração adequada.

7 Seu desafio agora é projetar uma caneta esferográfica. Para tanto, você deve:

→ analisar as canetas existentes em seu estojo;

→ verificar os componentes comuns a todas elas e analisar os componentes que só aparecem em uma ou algumas canetas;

→ identificar se existem outros componentes que não estão presentes nas canetas analisadas;

→ verificar a função de cada componente e como se articulam;

→ verificar como se usa cada caneta.

Depois disso, faça um esboço de uma nova caneta em uma folha sulfite. Procure representar todas as informações que julgar importantes para o entendimento de sua proposta.

8 A fim de verificar se seu "projeto" de caneta esferográfica elaborado no exercício anterior pode ser compreendido – e se, consequentemente, sua caneta pode ser fabricada –, compartilhe com algumas pessoas sua solução.

Cada uma delas deve fazer uma análise do material recebido, expondo detalhes que não tenha compreendido, pontos que tenham suscitado dúvidas, informações que poderiam melhorar o entendimento e, finalmente, dar seu veredito: se fabricaria ou não a caneta a partir do material recebido.

## Para saber mais

*Esta primeira dica é de leitura. O artigo indicado a seguir trata das fases do projeto e das decisões que devem ser tomadas a tempo. Os autores explanam sobre a importância da ergonomia durante o processo e ainda descrevem como, com o avanço do projeto, as decisões de mudanças exigem energia extra. Nesse artigo, você encontra uma estrutura de desenvolvimento de projetos diferente da aqui tratada.*

DUARTE, F. J. de C. M.; CORDEIRO, C. V. C. A etapa de execução da obra: um momento de decisões. **Produção**

**Online**, Rio de Janeiro, p. 5-27, 2000. Disponível em: <http://www.scielo.br/pdf/prod/v9nspe/v9nspea01.pdf>. Acesso em: 17 nov. 2017.

*Eis outra dica de leitura, voltada à arquitetura, que esmiúça a importância dos croquis no processo de concepção do projeto.*

RIGHETTO, A. V. D. Metodologias projetuais em arquitetura. In: SIMPÓSIO NACIONAL DE GEOMETRIA DESCRITIVA E DESENHO TÉCNICO, 18., 2007, Curitiba. **Anais**... Curitiba: [s.n.], 2007. Disponível em: <http://www.exatas.ufpr.br/portal/docs_degraf/artigos_graphica/METODOLOGIAS.pdf>. Acesso em: 17 nov. 2017.

*Que tal um filminho? Escrito, dirigido, musicado e produzido por Charlie Chaplin,* Tempos modernos *é um dos maiores clássicos da história do cinema e nos interessa porque trata dos processos de automação, do homem-máquina, do controle do tempo pela fábrica e da organização racional do trabalho e de linhas de montagem.*

TEMPOS modernos. Direção: Charlie Chaplin. EUA: Continental Home Vídeo, 1936. 87 min.

# Capítulo TRÊS

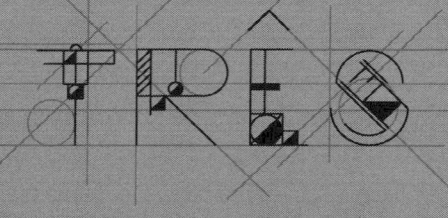

# Instrumentos para o desenho técnico feito à mão

## Conteúdos do capítulo:

× Principais instrumentos de desenho técnico e seus usos.
× Manuseio, limpeza e conservação dos instrumentos.

## Após o estudo deste capítulo, você será capaz de:

1 escolher os instrumentos adequados para a elaboração de desenhos técnicos;
2 diferenciar e escolher os tipos de grafite e as espessuras adequadas para cada tipo de desenho;
3 entender o funcionamento e as funções dos diferentes tipos de régua;
4 identificar instrumentos auxiliares, que permitem manter o trabalho limpo e preciso;
5 manusear o escalímetro e verificar escalas;
6 construir retas paralelas e perpendiculares usando esquadros;
7 construir diferentes ângulos com o par de esquadros.

Você já aprendeu, até agora, alguns conceitos básicos e fundamentais para a elaboração de um bom desenho técnico, bem como algumas dicas básicas para a construção de desenhos à mão livre.

Na forma manual do desenho técnico, muitos materiais podem ser usados para auxiliar o projetista no que concerne a precisão, orientação e qualidade do traçado, espessura das linhas, desenho de objetos específicos de sua área de atuação, limpeza do trabalho etc.

Este capítulo contempla os principais instrumentos usados no desenho à mão e a importância de sua qualidade e sua precisão, além da forma de uso de cada um deles.

3.1

## LÁPIS E LAPISEIRA

Os lápis e as lapiseiras são fundamentais para o desenho técnico feito à mão. Para os estágios iniciais de projeto, os lápis funcionam muito bem: esboços e croquis, por não necessitarem de precisão, ganham vida ao serem feitos a lápis. Já nos estágios de anteprojeto e projetos executivos, as lapiseiras costumam propiciar mais precisão e limpeza ao trabalho.

Nos dois casos, porém, o projetista deve ficar atento ao tipo de grafite usado.

> *De acordo com a proporção argila/grafite empregada na composição da massa, o lápis ganha características diferentes. É a partir dessa proporção que se define a graduação (dureza) do lápis. Para diferenciar os tipos de graduações, Lothar Faber criou, no século XVIII, uma escala que se tornou um padrão internacional.* (Como a dureza..., 2017)

As graduações-padrão variam conforme a dureza (**H** – do inglês *hard*) e o grau de preto (**B** – do inglês *black*). Assim, quanto maior for o número do grafite H, mais claro e duro será o traço e, quanto maior for o número B, mais preto e macio será o traço.

Existem também os tipos **F** (*fine*) e **HB** (*hard and black*). Confira a diferença entre eles na Figura 3.1.

É interessante que o projetista tenha, ao menos, os lápis 2B, 4B e 6B para os esboços.

Para os desenhos com a ajuda de instrumentos, que normalmente requerem mais precisão, as melhores opções são os lápis HB, F ou H e 2H. Indicamos também o uso de uma combinação de lapiseiras (0.3, 0.5, 0.7 e 0.9) e grafites, a fim de aumentar as possibilidades de espessuras e cores de linhas.

Figura 3.1 – Diferenças entre os tipos de grafite

O projetista tem de investir em um número considerável de lapiseiras e optar por lapiseiras de boa qualidade. Existem linhas profissionais desses instrumentos. Há também, no mercado, algumas opções que mostram o tipo de grafite que está sendo utilizado.

3.2

## BORRACHA, LÁPIS-BORRACHA E MATA-GATO

As borrachas também devem ser de boa qualidade. Existe uma gama de borrachas para diversos tipos de uso (Figura 3.2):

- No desenho artístico, usa-se muito a limpa-tipos, borracha maleável semelhante a uma massa de modelar.
- A borracha plástica é a mais adequada para o desenho técnico, pois apaga traços mais fortes sem danificar o papel
- O lápis-borracha, borracha plástica com formato de lápis, pode ser usado em áreas com mais detalhes e que necessitam de mais precisão.

Figura 3.2 – Tipos de borracha: limpa-tipos (A), borracha plástica (B) e lápis-borracha (C)

**A**

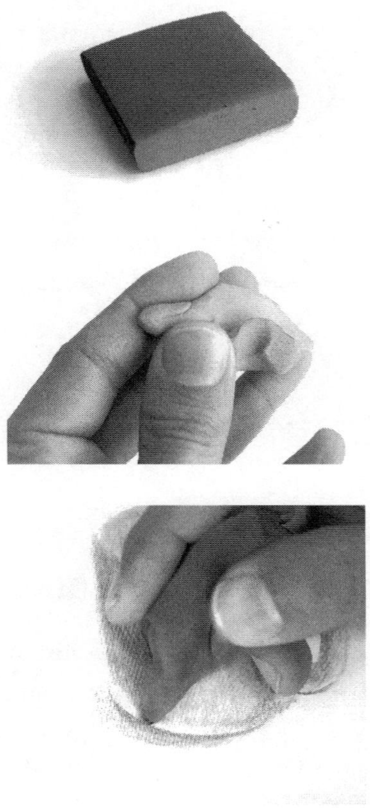

Charles L. da Silva

**B**

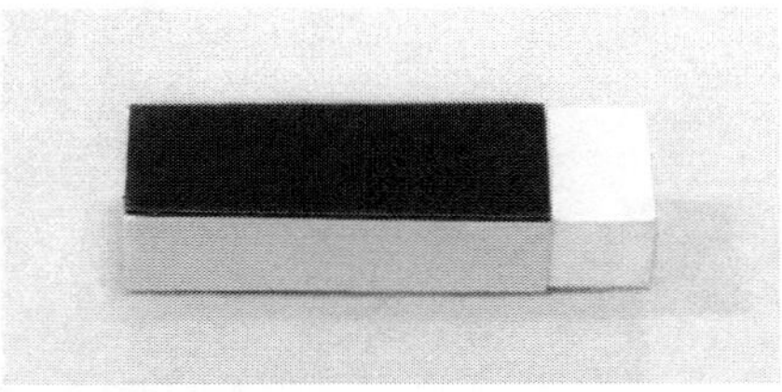

Camila Rosa

**C**

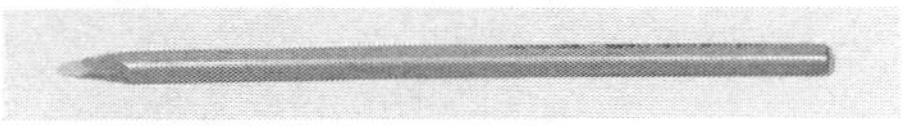

Mayra Yoshizawa

Outro instrumento que garante a precisão na hora de apagar traços auxiliares ou reparar erros em áreas pequenas é o mata-gato, uma chapa de rasura em alumínio, apresentada na Figura 3.3.

Figura 3.3 – Mata-gato

Mega Pixel/Shutterstock

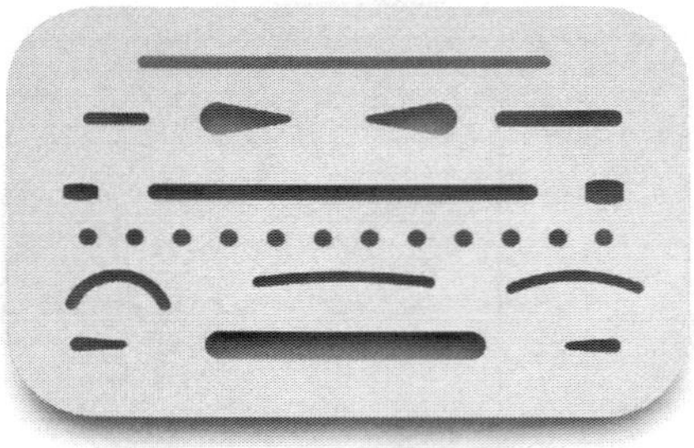

3.3

## Escova para limpar desenho

A limpeza do desenho é fundamental, então não se deve passar a mão sobre ele para limpar resíduos, como os de borracha.

Para auxiliar na limpeza, utiliza-se uma escova apropriada. Em desenho técnico, costuma-se chamá-la de *bigode* (Figura 3.4).

Figura 3.4 – Bigode

Mayra Yoshizawa

3.4

## Réguas

Para a maioria dos desenhos instrumentados, é necessário o uso de régua. Além da tradicional, de 30 centímetros, podem ser usadas a régua paralela e a régua T, que têm como função o traçado de linhas horizontais paralelas. A primeira fica presa à mesa (prancheta) por meio de um sistema de fios e roldanas, já a segunda se apoia na lateral da mesa.

Há outro tipo de régua interessante: a régua flexível ou curva, que auxilia o projetista na precisão das linhas curvas de seus desenhos.

Figura 3.5 – Exemplos de régua: tradicional (A), paralela (B), T (C) e flexível (D)

**A**

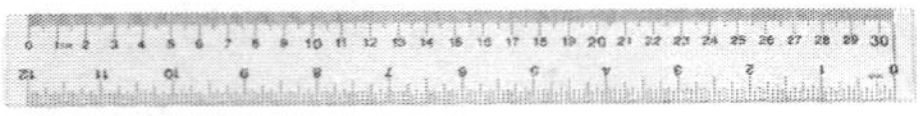

Feng Yu/Shutterstock

**B**

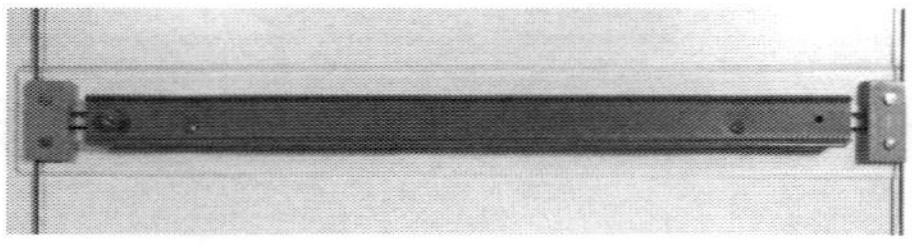

Mayra Yoshizawa

*(continua)*

(*Figura 3.5 – conclusão*)

**C**

Constantine Pankin/Shutterstock

**D**

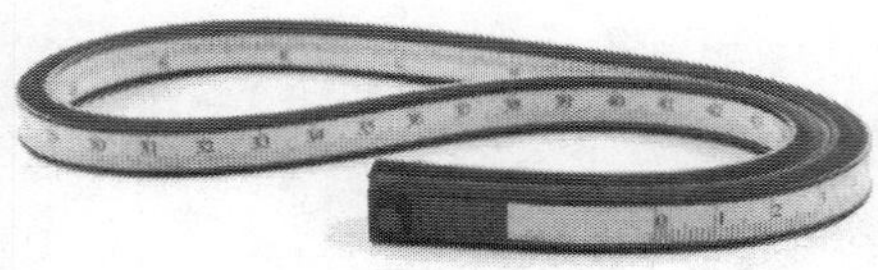

N Azlin Sha/Shutterstock

3.5

## Escalímetro

O escalímetro triangular (Figura 3.6) é um instrumento de desenho técnico usado para auxiliar no desenho de objetos em escala ou facilitar a leitura das medidas de desenhos representados em escala. Divide-se em três faces, cada uma com duas escalas distintas (1:20, 1:25, 1:50, 1:75, 1:100, 1:125). O projetista pode usar múltiplos ou submúltiplos dessas escalas para trabalhar em diversas outras escalas.

Figura 3.6 – Escalímetro triangular

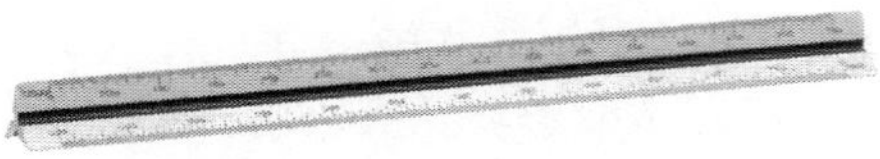

Winai Tepsuttinun/Shutterstock

3.5.1

### Uso do escalímetro

A escala de um desenho é a razão entre o comprimento do objeto representado e seu comprimento real, medidos na mesma unidade. Usa-se a escala para representar peças em engenharia, mobiliários em *design*, uma planta de uma casa ou um edifício em arquitetura, um mapa etc.

Por exemplo, se, em um mapa, a escala indicada é de 1:1 000, significa que cada medida no desenho é mil vezes menor que a medida real, ou seja, cada centímetro medido no mapa representa mil centímetros (dez metros) na realidade.

Cada unidade marcada nas escalas do escalímetro corresponde a um metro, como mostra a Figura 3.7.

Figura 3.7 – Escalas no escalímetro

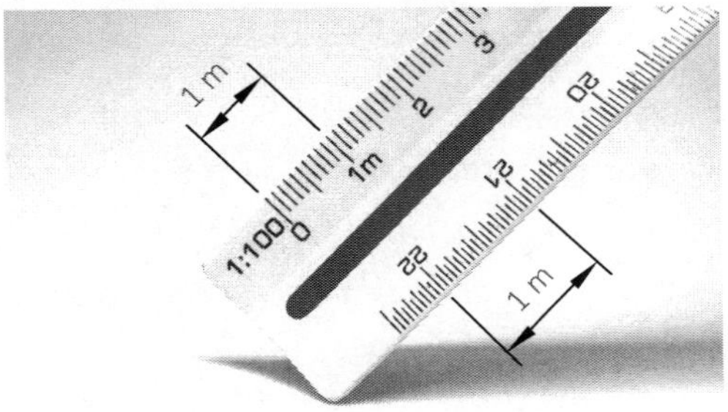


Epps Taniam/Shutterstock

O projetista deve escolher a escala ou o conjunto de escalas que mais se adéqua ao tipo e à quantidade de informações que deseja apresentar – assunto que, aliás, retomaremos e detalharemos posteriormente.

3.6

## Compasso

O compasso é um instrumento utilizado para desenhar circunferências e arcos, realizar operações de rebatimento e auxiliar na construção de desenhos feitos com esquadro, podendo ser usado também para transportar medidas.

Menegotto (2017) aponta que o "compasso de precisão se diferencia do normal pela existência de um mecanismo composto de um [sic] haste transversal roscado vinculado aos braços do compasso". Esse mecanismo permite ajustar e manter constante e fixa a abertura do instrumento.

A ponta-seca do compasso deve oferecer um apoio firme sobre a folha para evitar deslocamentos indesejados.

Entre os diversos tipos e marcas de compasso, recomenda-se o uso de um que seja firme, tenha a ponta-seca bem afiada e conte com articulações (Figura 3.8), características e recursos que garantem maior abertura e estabilidade.

O grafite do compasso deve estar sempre apontado e alinhado à ponta-seca, a fim de conferir maior precisão ao desenho. O grafite deve ser apontado de modo a formar um cilindro truncado (visto de lado, parecerá chanfrado). Para apontá-lo assim, usa-se uma folha de lixa fina de água ou mesmo o lado fino de uma lixa de unha.

Em relação ao grafite, é recomendável que o projetista tenha ao menos dois tipos de grafite: um duro, para os traços auxiliares (como 2 ou 3H), e outro escuro e mole, para a finalização (2B).

Figura 3.8 – Compassos de precisão

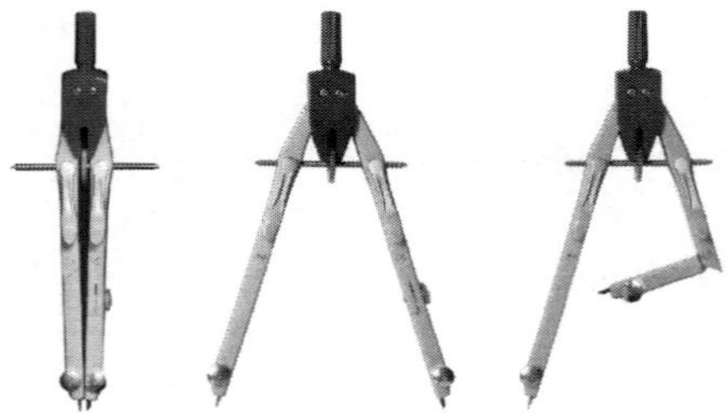

kilic inan/Shutterstock

3.7

## Esquadros

Muitos desenhos têm linhas a 30°, 45° e 60°, – bem como aos múltiplos e submúltiplos desses ângulos – motivo pelo qual os esquadros com formato de triângulo retângulo são utilizados em desenho técnico. Esses instrumentos podem ser combinados para formar um grande número de ângulos, como 15°, 75° e 120°, conforme a Figura 3.9.

Figura 3.9 – Uso dos esquadros para formar ângulos

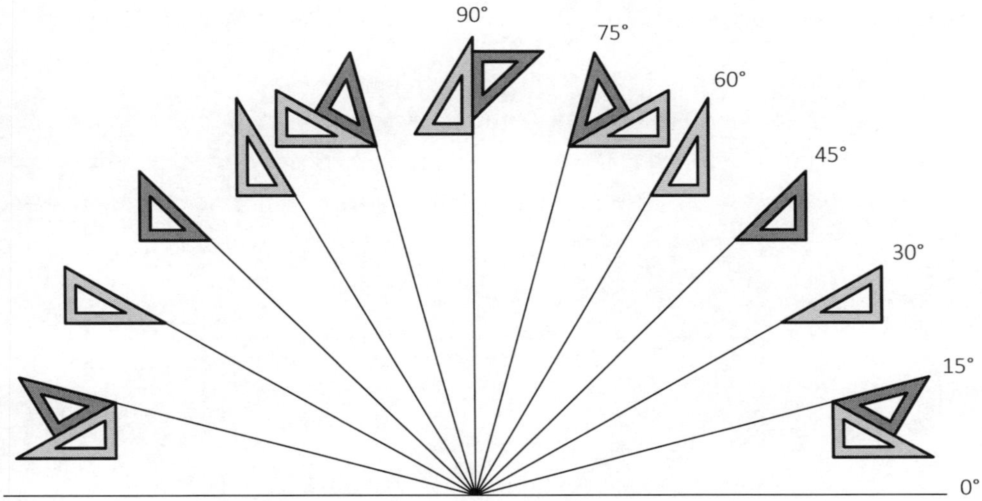


O esquadro pode ser utilizado individualmente ou em conjunto com uma régua paralela ou régua T.

Nas seções seguintes, ensinaremos você a utilizar esquadros para criar retas paralelas e perpendiculares.

### 3.7.1 Criação de retas paralelas com esquadros

Para desenhar retas paralelas, posicione um dos esquadros na folha, caso você já tenha uma reta como base, e proceda como nas imagens a seguir. Depois, apoie o outro esquadro e deslize-o sobre o primeiro sem tirá-lo do lugar (Quadro 3.1).

Quadro 3.1 – Traçado: retas paralelas

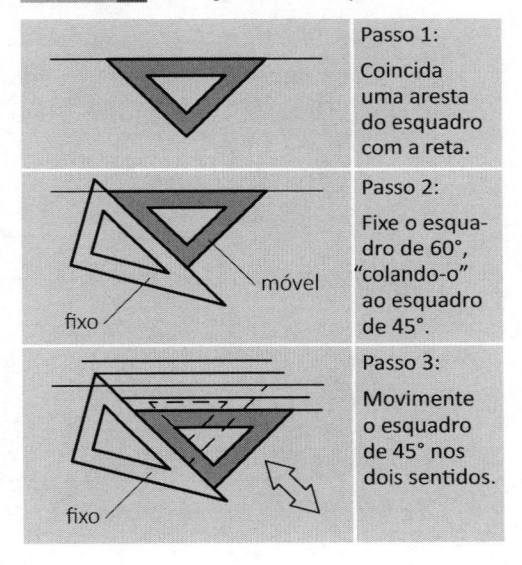

| | |
|---|---|
|  | Passo 1: Coincida uma aresta do esquadro com a reta. |
|   | Passo 2: Fixe o esquadro de 60°, "colando-o" ao esquadro de 45°. |
| 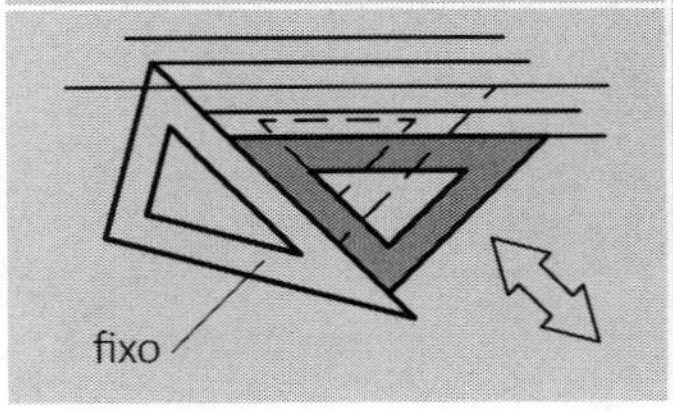  | Passo 3: Movimente o esquadro de 45° nos dois sentidos. |

## Exercício rápido

Você precisará de lapiseiras 0.3, 0.5, 0.7 e 0.9 com um dos grafites recomendados (sugerimos o HB).

Prenda sua folha na mesa na posição horizontal (paisagem). Com a lapiseira 0.9, faça uma margem de 2,5 centímetros do lado esquerdo (para que possa furar o desenho e armazená-lo em uma pasta) e 1,0 centímetro nos demais lados, conforme o modelo a seguir.

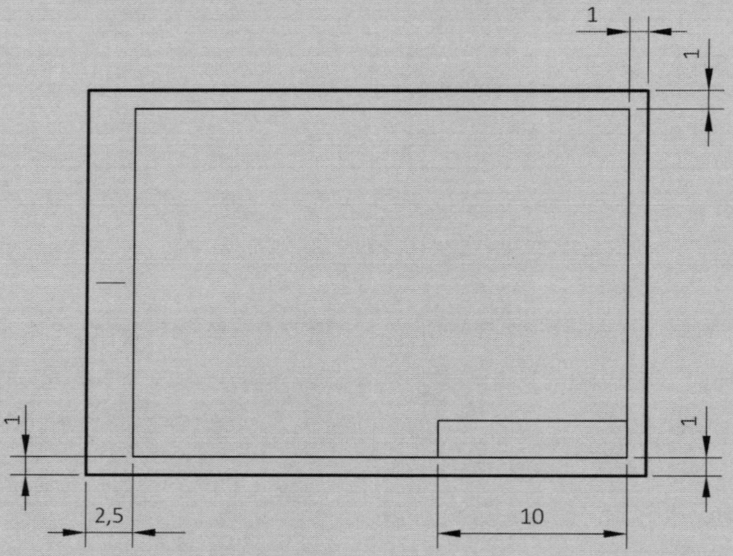


Agora, partindo do canto superior direito, faça linhas paralelas equidistantes (cerca de 0,5 centímetro) a um ângulo de 135°. Comece com a lapiseira 0.3 e, a cada dez linhas, mude a lapiseira, indo da de menor espessura para a de maior.

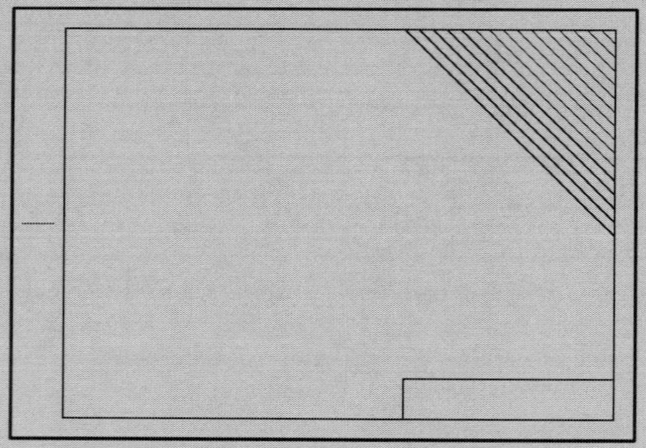

Dica: procure manter sempre a mesma força ao traçar as linhas; isso fará com que todas fiquem uniformes.

3.7.2

## Criação de retas perpendiculares com esquadros

Para desenhar retas perpendiculares, posicione um dos esquadros e apoie o outro sobre ele. O segundo deve ser, então, alinhado à reta que se deseja traçar perpendicularmente. A partir daí, gire esse lado em 90°. Faça o traço perpendicular na sequência, como mostra a Figura 3.10.

Figura 3.10 – Traçado de retas perpendiculares

### Exercício rápido

Faça uma margem em uma folha A4, conforme o modelo apresentado no exercício anterior.

Agora, trace retas perpendiculares a uma distância de 0,5 centímetro e com os ângulos de 45° e 135°. Desta vez, porém, você deve fazer uma reta com cada lapiseira, conforme a figura a seguir.

3.7.3

## Preparo e limpeza do material

Verifique, antes de iniciar seu trabalho, os seguintes itens:

→ se sua mão está limpa e seca;

→ se sua mesa e seus instrumentos estão limpos;

→ se suas lapiseiras e seu compasso estão apontados.

Algumas dicas:

→ Use sua borracha o mínimo que puder e a mantenha limpa. Opte por uma que solte poucos resíduos e não agrida o papel.

→ Não use o escalímetro como régua.

→ Não use sua régua de desenho como apoio para cortes com estilete.

→ Procure não se apoiar na folha.

→ Use um estojo especial para seus lápis e lapiseiras, que soltam resíduos e acabam sujando os demais instrumentos e materiais.

→ É interessante ter, em seu material, uma flanela e um vidrinho de álcool.

→ Para colar a folha que usará para desenvolver seu desenho, você deve atentar às seguintes dicas:

→ Use fita mágica. Fita adesiva comum gruda no papel e na mesa, soltando-se da mesa facilmente, mas não do papel; fita-crepe cola na mesa, mas não cola bem no papel – quando você usar seus instrumentos, ela acabará grudando neles e soltando-se da folha.

→ Para evitar que sua folha fique torta em relação à régua paralela ou T, coloque a folha sobre a mesa e alinhe-a à régua. Em seguida, cole a folha na mesa, conforme a ordem indicada na Figura 3.11. Isso evitará que sua folha fique enrugada ou torta.

Figura 3.11 – Ordem de colocação da folha na mesa

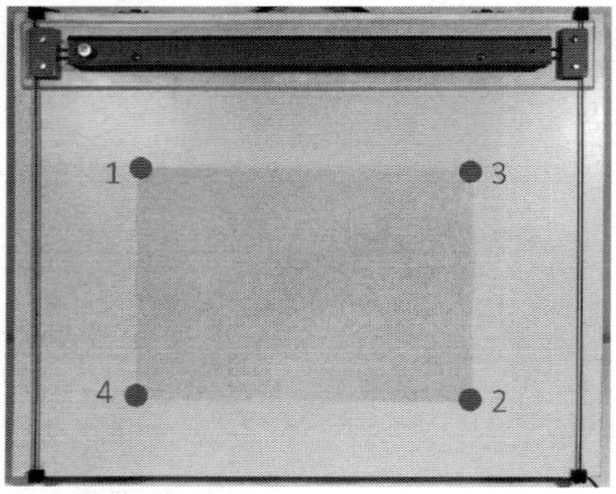

Mayra Yoshizawa

Prenda a folha alinhada à fita mágica na extremidade superior esquerda; estique a folha e prenda com fita a parte inferior direita; finalmente, fixe as duas últimas extremidades.

## Síntese

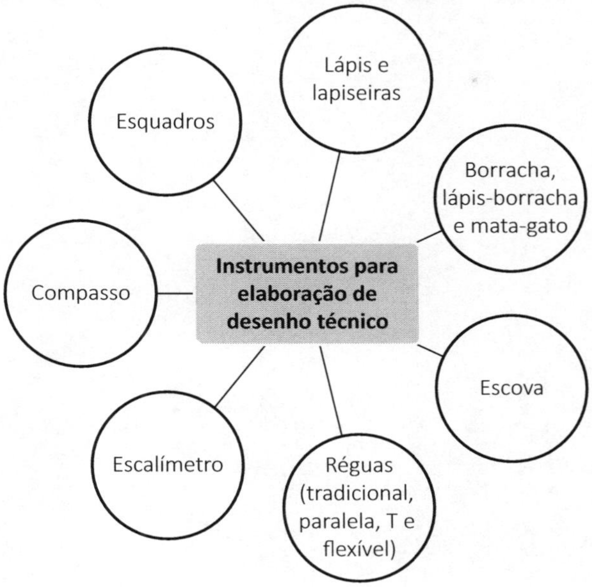


## Questões para revisão

1 Que critérios regem as graduações-padrão de grafite?

2 Quais são os grafites indicados para a elaboração de desenhos técnicos?

3 Por que o projetista deve possuir diversas lapiseiras para diferentes grafites e com espessuras distintas?

4 Para que serve o mata-gato? E o bigode?

5 Qual é a diferença básica entre régua paralela e régua T?

6 Usando somente os esquadros e uma régua T ou paralela, faça um feixe de segmentos de retas que cruzam o ponto O e formam ângulos de 15° entre si, conforme a figura a seguir.

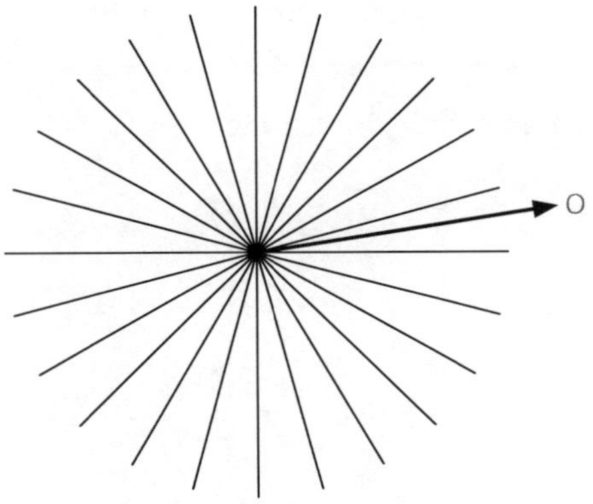


Lembre-se de usar, para este exercício, uma folha sulfite A4 com margens conforme o modelo apresentado anteriormente.

7 Meça a altura e a largura das seguintes figuras usando as escalas determinadas:

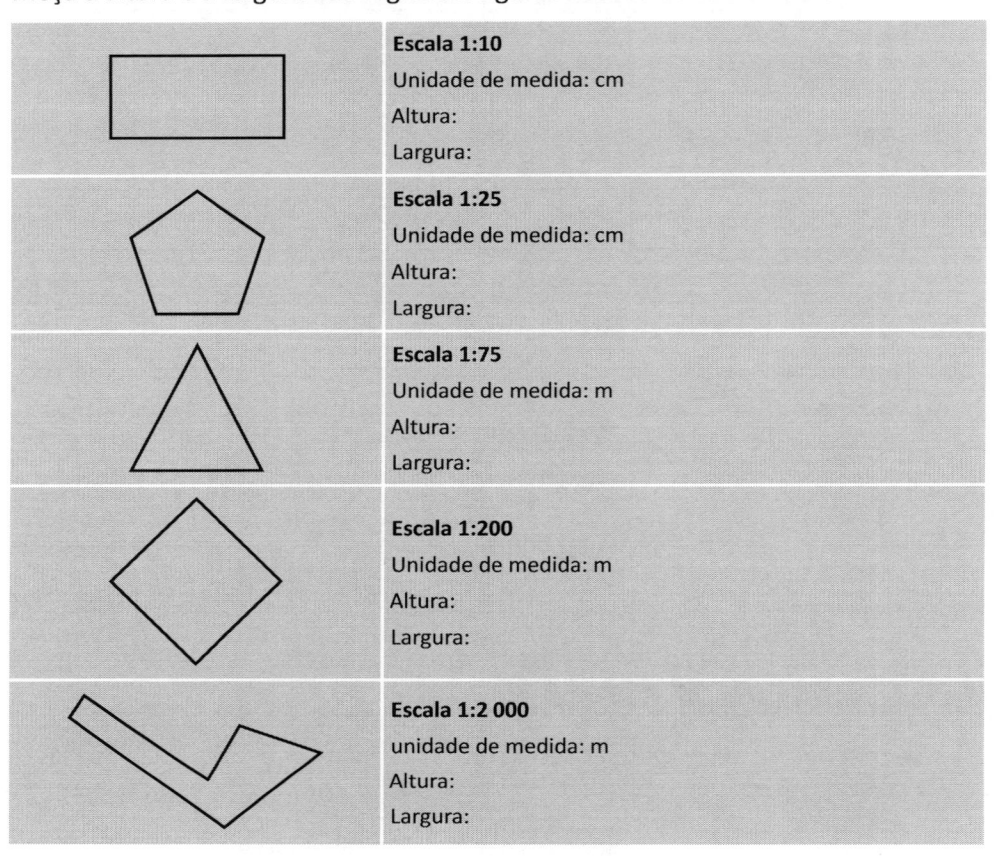

| | |
|---|---|
|  | **Escala 1:10**<br>Unidade de medida: cm<br>Altura:<br>Largura: |
| 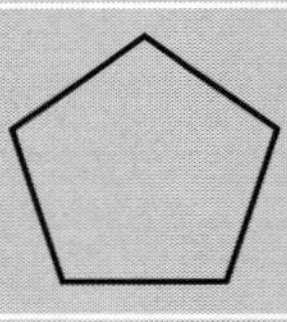 | **Escala 1:25**<br>Unidade de medida: cm<br>Altura:<br>Largura: |
|  | **Escala 1:75**<br>Unidade de medida: m<br>Altura:<br>Largura: |
| 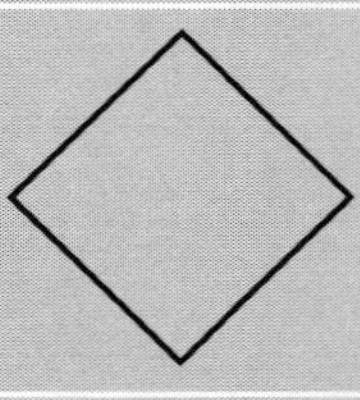 | **Escala 1:200**<br>Unidade de medida: m<br>Altura:<br>Largura: |
| 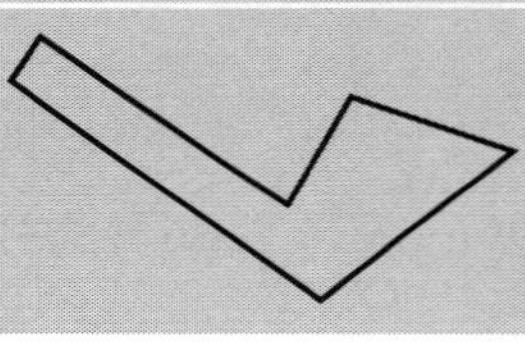 | **Escala 1:2 000**<br>unidade de medida: m<br>Altura:<br>Largura: |

8 Com o escalímetro, meça a figura a seguir nas escalas 1:100, 1:20 e 1:2 500. Em seguida, imagine e documente o que esta imagem poderia representar, caso estivesse nas escalas indicadas.

Fabrício Tacahashi

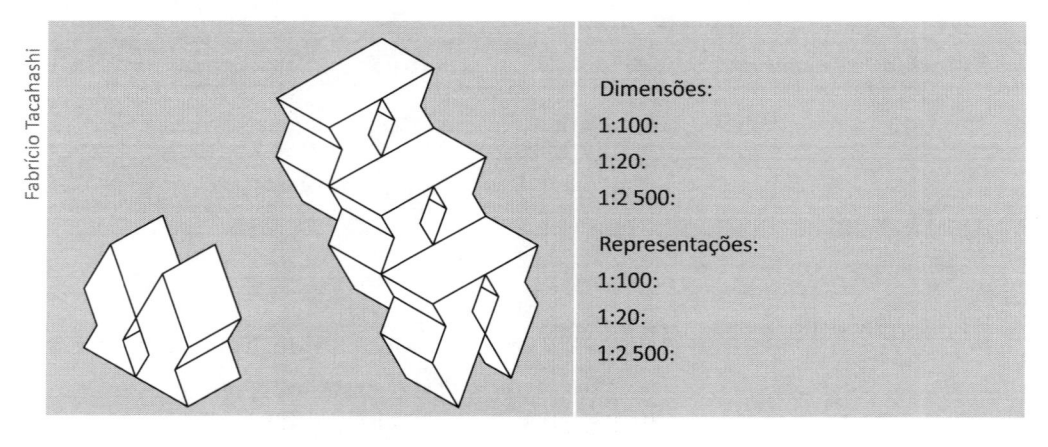

| | |
|---|---|
| 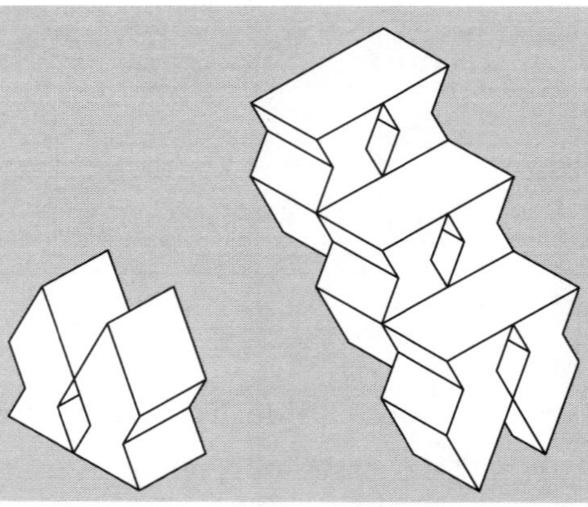 | Dimensões:<br>1:100:<br>1:20:<br>1:2 500:<br>Representações:<br>1:100:<br>1:20:<br>1:2 500: |

9 Após resolver alguns exercícios com o escalímetro, você pôde perceber a importância do uso da escala para o desenho técnico. Reflita: como poderíamos garantir a representação do tamanho dos objetos em desenhos de cujas ampliações e reduções não tenhamos controle depois de feitos?

10 Trabalhar com instrumentos e diversos grafites exige treino. Assim, agora, propomos que você faça alguns exercícios com essa finalidade.

Para tanto, use as lapiseiras com os grafites recomendados e faça, com cada uma delas, texturas como as indicadas na imagem. Para as texturas em linhas retas, use esquadros; para as curvas, faça à mão livre. Utilize uma folha A4 e insira as margens conforme o modelo a seguir:

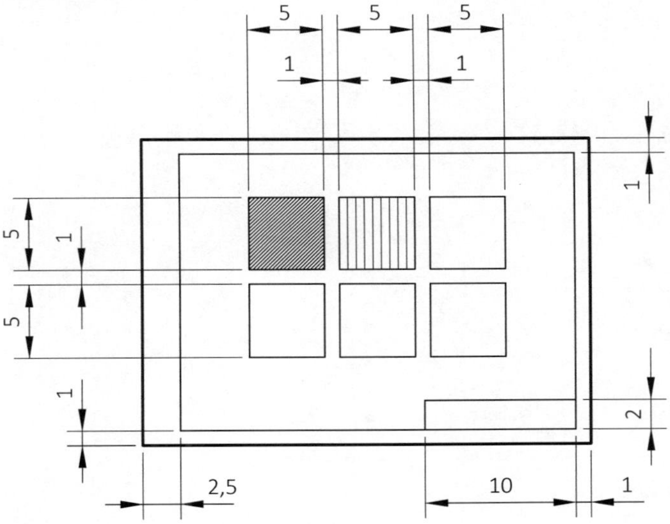


Faça seus desenhos com cuidado e capricho. Procure manter sempre o mesmo peso gráfico em seus traços.

## Para saber mais

*Que tal uma leitura? Este artigo, também apresentado no simpósio Graphica de 2007, traça a evolução dos padrões de representação gráfica, desde suas origens até a computação gráfica.*

SOARES, C. C. P. Uma abordagem histórica e científica das técnicas de representação gráfica. In: SIMPÓSIO NACIONAL DE GEOMETRIA DESCRITIVA E DESENHO TÉCNICO, 18., 2007, Curitiba. **Anais**... Curitiba: [s.n.], 2007. Disponível em: <http://www.exatas.ufpr.br/portal/docs_degraf/artigos_graphica/UMA%20ABORDAGEM%20HISTORICA%20E%20CIENTIFICA%20DAS%20TECNICAS%20DE%20REPRESE.pdf>. Acesso em: 20 nov. 2017.

# Capítulo QUATRO

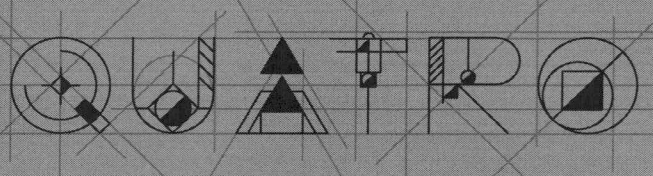

# Normas para o desenho técnico

## Conteúdos do capítulo:

- Principais motivos do estabelecimento de normas.
- Entidades responsáveis pela normalização no Brasil e no mundo.
- Algumas das principais normas brasileiras para a elaboração de desenhos técnicos.

## Após o estudo deste capítulo, você será capaz de:

1. escolher as folhas adequadas para a elaboração de seus trabalhos;
2. distinguir formatos de papel;
3. fazer dobras adequadas para o manuseio e a leitura de pranchas;
4. identificar as áreas das pranchas determinadas para uso com texto, legenda e desenho;
5. identificar as informações essenciais e as complementares para registro em pranchas de desenho.

fato de o desenho técnico se propor a ser uma linguagem gráfica universal pressupõe o estabelecimento de algumas regras.

Suponhamos que você esteja dirigindo no Japão e se depare com a seguinte placa:

Figura 4.1 – Placa em japonês

Jojoo64/Shutterstock

Você compreenderia seu significado? O que faria?

E se a placa fosse esta:

Figura 4.2 – Placa de sinalização de trânsito

Suntipong Chormali/Shutterstock

Você saberia o que fazer?

Bem mais fácil, não? A primeira placa é tipicamente japonesa: *Tomare* (*pare*, em português), que significa que bicicletas, motos e carros devem fazer uma parada momentânea para verificar a segurança à esquerda e à direita. A segunda placa, por seu turno, significa "Proibido virar à direita", tanto no Brasil quanto no Japão, facilitando a locomoção de brasileiros por lá.

Considerando esse exemplo, o que seria preciso para um arquiteto ou engenheiro brasileiro trabalhar no Japão? Uma das condições seria decifrar os desenhos apresentados pela empresa em que fosse trabalhar.

E se você fosse, já de volta ao Brasil, dono de uma empresa de construção de piscinas? Você teria contato com engenheiros, arquitetos, mestres de obra, clientes, enfim. Seria muito complicado se você tivesse de apresentar, a cada um deles, materiais completamente diferentes durante o processo de construção de uma piscina.

Por essas e outras razões, surgem as **linguagens universais**, a fim de facilitar a comunicação entre diferentes regiões e áreas de conhecimento. Muitas vezes, elas não são verbais: recorrem a gestos, sons, símbolos e ícones para incrementar a comunicação.

Com o intuito de transformar o desenho técnico em linguagem gráfica e padronizá-lo, diversas normas internacionais são usadas no mundo todo. Essa padronização facilita a compreensão e o entendimento de desenhos e projetos de nacionalidades diferentes, simplificando processos de produção e unificando as características de um objeto.

No Brasil, tais normas são aprovadas e editadas pela Associação Brasileira de Normas Técnicas (ABNT) e devem estar em consonância com as indicações da Organização Internacional de Normalização (International Organization for Standardization – ISO). A principal função da ISO é facilitar o intercâmbio de produtos e serviços entre as nações – e, em face disso, os representantes de cada país na instituição reúnem-se periodicamente para criar, aprovar e editar normas internacionais.

No Brasil, após a edição da ABNT, as normas são registradas no Instituto Nacional de Metrologia, Qualidade e Tecnologia (Inmetro) como normas brasileiras (NBR), para estarem de acordo com as normas internacionais aprovadas pela ISO.

## 4.1 Normas da ABNT

Diferentemente de outras disciplinas, a execução de desenhos técnicos é inteiramente normalizada pela ABNT, desde a denominação e as classificações até a representação gráfica. Tais normas tencionam garantir diversos aspectos em relação à realização, à apresentação e ao armazenamento dos desenhos – que, por sua vez, devem transmitir com exatidão todas as características do objeto representado.

A NBR 10647 (ABNT, 1989), norma geral do desenho técnico, tem como objetivo definir a nomenclatura para a disciplina, estabelecendo seus termos gerais:

- tipos de desenho e aspecto geométrico;
- grau de elaboração;
- grau de pormenorização;
- material utilizado;
- técnica de execução;
- modo de obtenção.

A NBR 10068 (ABNT, 1987a) define o tipo de folha usado no desenho, seu leiaute e suas dimensões, a fim de padronizar as folhas, com margens e legendas. Nas áreas de engenharia e arquitetura, costuma-se usar os papéis da série A (Figura 4.3), na vertical (retrato) ou na horizontal (paisagem), de acordo com a norma, em consonância com o objeto que se quer representar; portanto, deve-se sempre utilizar o menor formato possível.

Figura 4.3 – Papéis da série A (NBR 10068): proporções e dimensões (mm)

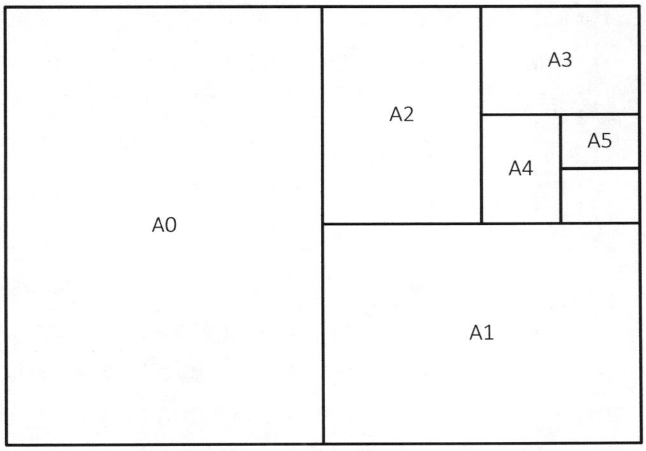


| Série A | |
|---|---|
| A0 | 841 × 1 189 |
| A1 | 594 × 841 |
| A2 | 420 × 594 |
| A3 | 297 × 420 |
| A4 | 210 × 297 |
| A5 | 148 × 210 |

Fonte: ABNT, 1987a, p. 2.

Nessa série, os papéis têm como base o formato A0, folha retangular de área igual a 1 m², cujas dimensões correspondem à relação existente entre o lado de um quadrado e sua diagonal. Para compreender melhor essa relação, observe a Figura 4.4.

Figura 4.4 – Construção da folha A0 e semelhança geométrica entre os formatos da série A (NBR 10068)

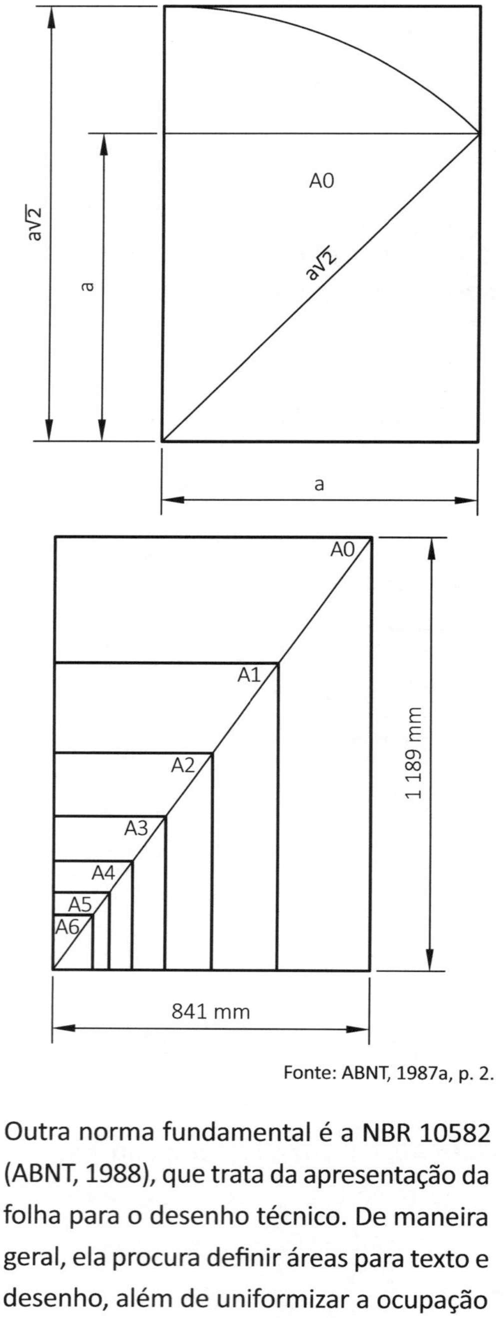


Fonte: ABNT, 1987a, p. 2.

Figura 4.5 – Organizações das folhas (NBR 10582)

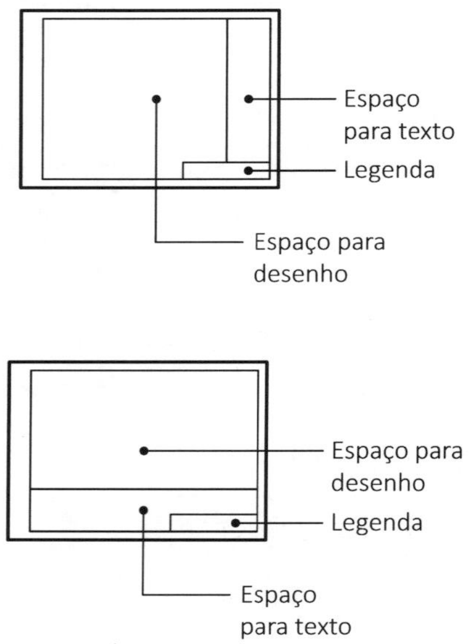


Fonte: ABNT, 1988, p. 1.

Outra norma fundamental é a NBR 10582 (ABNT, 1988), que trata da apresentação da folha para o desenho técnico. De maneira geral, ela procura definir áreas para texto e desenho, além de uniformizar a ocupação de espaços. Eis as possibilidades clássicas de organização das folhas:

A norma em questão prescreve que os desenhos podem ser expostos na posição vertical (retrato) ou horizontal (paisagem) da folha. O desenho principal da prancha – caso haja um – deve ser colocado na parte superior esquerda, no espaço para desenho.

Se possível, é interessante organizar os desenhos considerando a dobra das folhas, de modo a evitar a abertura total da prancha em todas as situações de consulta e leitura das informações por ela contidas.

A norma prevê que os espaços reservados para texto devem estar divididos em colunas do mesmo tamanho da legenda ou, no mínimo, dez milímetros. Tais colunas devem, preferencialmente, respeitar as dobras do papel, a fim de facilitar a leitura. Esse espaço deve contemplar as informações apresentadas na Figura 4.6.

Figura 4.6 – Informações contidas no espaço para texto

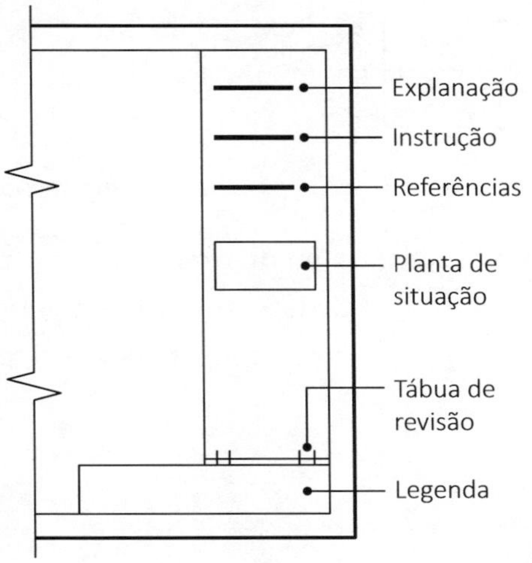


Fonte: ABNT, 1988, p. 2.

- **Explanação** – Informações necessárias para a boa leitura do desenho, como símbolos especiais, designação, abreviaturas e tipos de dimensão.
- **Instruções** – Informações necessárias para a execução do objeto representado. As instruções gerais ocupam a área de texto, ao passo que instruções específicas de algum desenho constante na prancha, quando houver, são registradas ao lado deste. Podem conter listas de material, estado de superfície, local de montagem e número de peças.
- **Referências** – Informações referentes a outros desenhos ou documentos correlatos à prancha em questão.
- **Planta de situação** – Informação que deve permanecer visível após a dobra da prancha e conter uma planta esquemática com a marcação da área construída ou em construção. A Figura 4.7 exemplifica uma planta de localização do terreno, muitas vezes exigida em pranchas de projeto de prefeitura.

Figura 4.7 – Planta de situação

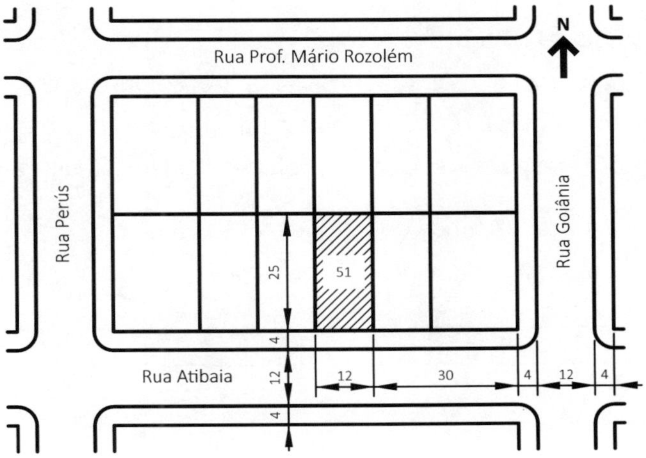

A Figura 4.8 mostra uma planta esquemática de construção com marcação de área.

Figura 4.8 – Planta de situação e malha de área (NBR 10582)

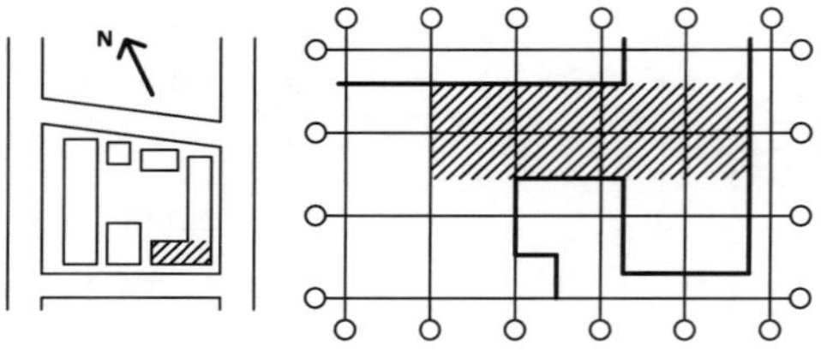


Fonte: ABNT, 1988, p. 4.

A orientação geográfica do lote, elemento indispensável ao desenho em algumas engenharias e na arquitetura, deve constar nesse espaço do desenho. É normalmente identificada por seta indicando a direção e o sentido norte, acompanhada da letra N (maiúscula), conforme a Figura 4.9.

Figura 4.9 – Exemplos de marcação de norte

Brothers Good, Telman Bagirov, RealVector, nrudic979, WEB-DESIGN/Shutterstock

→ **Tábua de revisão** – Elemento usado para registrar correções, acréscimos ou alterações feitas na prancha após sua aprovação. Deve conter designação da revisão (número, letra ou código), referência na malha, informação sobre o assunto da revisão, assinatura do responsável e data. Confira o modelo da Figura 4.10.

Figura 4.10 – Estrutura da tábua de revisão (NBR 10582)

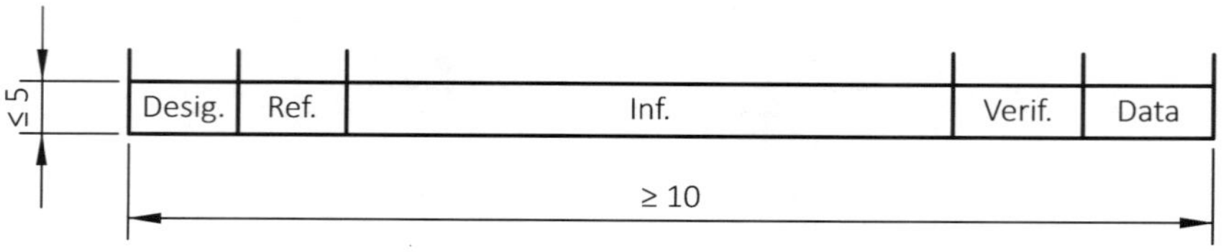


Fonte: ABNT, 1988, p. 4.

Ainda no que tange aos papéis usados no processo de documentação e execução de projetos, a NBR 13142 (ABNT, 1999b), responsável pelo dobramento de todos os formatos de folhas de desenho, tenciona facilitar o armazenamento de documentos em pastas e sua leitura. A Figura 4.11 mostra uma dessas maneiras em dois formatos (A0 e A1).

Figura 4.11 – Exemplo de dobramento das folhas (NBR 13142)



**A0** (841 × 1 189 mm)

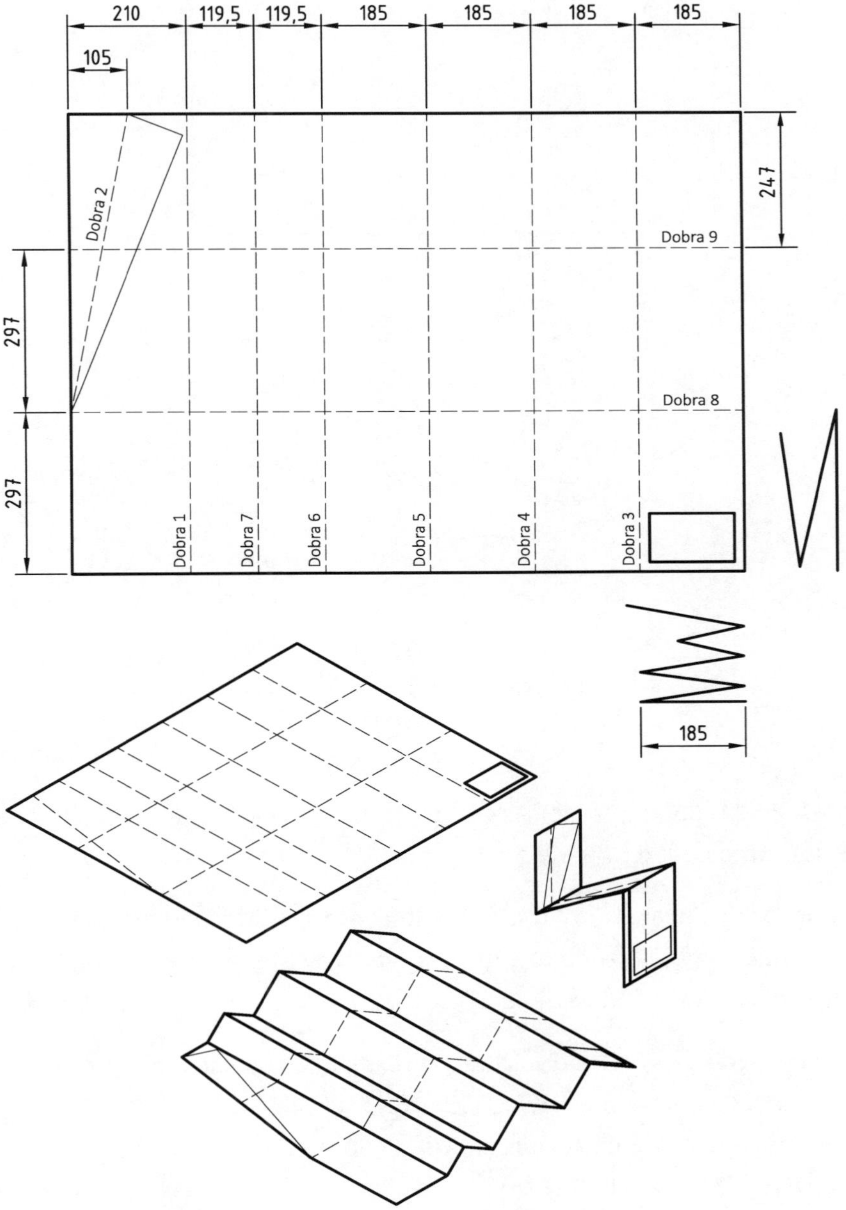


*(continua)*

(Figura 4.11 – conclusão)

**A1** (594 × 841 mm)

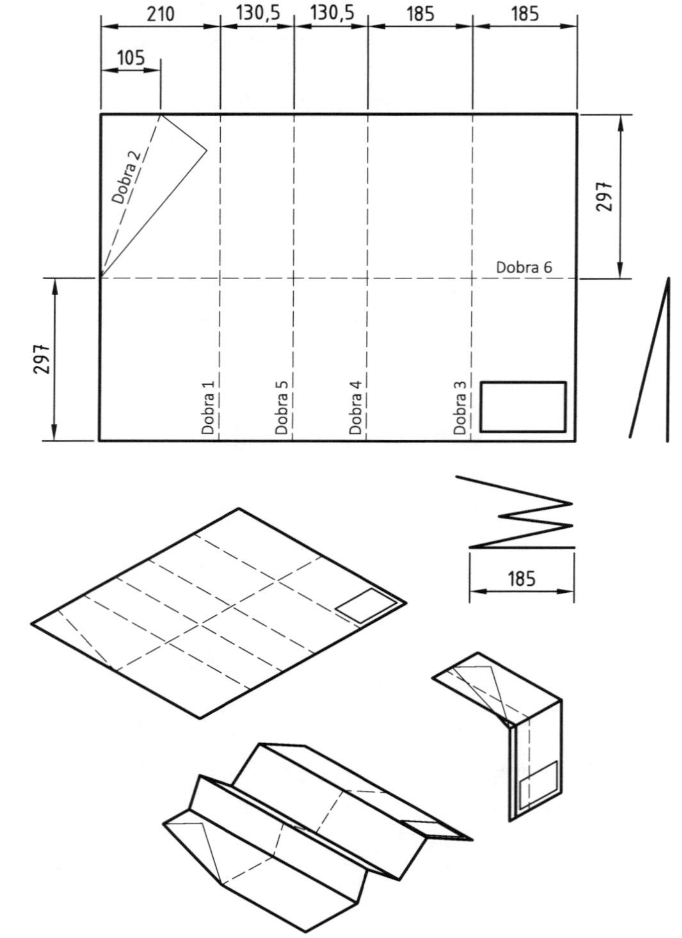


Fonte: ABNT, 1999b, p. 2-3.

A padronização das dobras das folhas facilita o armazenamento e o acesso aos documentos, pois usa como base o formato A4.

As margens, por sua vez, são limitadas pelo contorno externo da folha e do quadro (espaço para desenho, legenda e texto). As margens esquerda e direita, bem como a largura das linhas, devem ter as dimensões constantes em um conjunto de documentos.

Outra preocupação da ABNT e das NBRs diz respeito à legibilidade dos desenhos, para o que foram criadas as normas NBR 8402 (ABNT, 1994b), sobre a execução de caracteres para escrita em desenhos técnicos); NBR 8196 (ABNT, 1999a), sobre o emprego de escalas; e NBR 10126 (ABNT, 1987b) sobre a cotagem em desenho técnico, que abordaremos e especificaremos durante todo este livro.

Tabela 4.1 – Margens e linhas (mm) (NBR 10068)

| Formato | Margem | | Largura da linha do quadro, conforme a NBR 8403 |
|---|---|---|---|
| | Esquerda | Direita | |
| A0 | 25 | 10 | 1,4 |
| A1 | 25 | 10 | 1,0 |
| A2 | 25 | 7 | 0,7 |
| A3 | 25 | 7 | 0,5 |
| A4 | 25 | 7 | 0,5 |

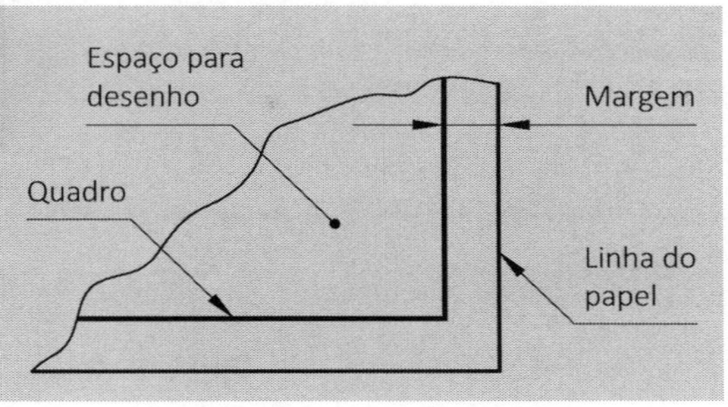


Fonte: ABNT, 1987a, p. 3.

Tais normas são guias para a **padronização de procedimentos**. Dependendo do âmbito do projeto, o projetista pode optar por desenvolvê-lo de acordo com normas internacionais, nacionais ou até mesmo internas à empresa em que trabalha. O objetivo é estabelecer padrões para os desenhos com vistas ao mais amplo entendimento possível. Eventuais mudanças nas normas devem ser justificadas e são de responsabilidade do profissional.

## SÍNTESE

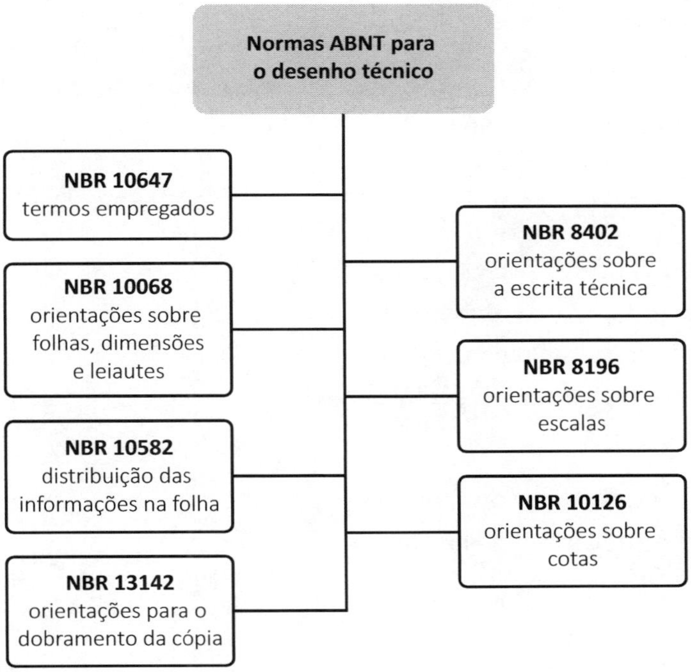

## Questões para revisão

1 O que significa a sigla NBR? Quem desenvolve as normalizações brasileiras?

2 Qual é a importância da definição e da utilização de padrões no desenho técnico?

3 Quando se deve optar pelo uso de normas brasileiras ou internacionais?

4 Por que existe padrão inclusive para normalizar a dobra das folhas de desenho?

5 É obrigatório o uso de normas, ou outras formas de representação são válidas? Nesse último caso, que cuidados devem ser tomados?

6 Quais informações devem constar nas áreas destinadas ao texto nas pranchas de desenho técnico?

7 Quais são os padrões de tamanho de papel apresentados no texto e normalizados pela ABNT?

8 Você percebeu que os exercícios que propomos até agora continham elementos fora do padrão recomendado pelas normas brasileiras de desenho técnico? Identifique-os.

9 Pesquise e registre outras possibilidades de representação do norte magnético.

10 Para treinar as normas aprendidas, que tal organizar uma folha de desenho? Você pode usar uma A2 ou A1. Faça a margem conforme a norma e, em seguida, determine as áreas de desenho e texto. Dobre o papel conforme a norma.

## Para saber mais

*Que tal consultar as normas? Pesquise na internet as normas listadas a seguir.*

ABNT – Associação Brasileira de Normas Técnicas. **NBR 8196**: desenho técnico: emprego de escalas. Rio de Janeiro, 1999.

_____. **NBR 8402**: execução de caracter para escrita em desenho técnico. Rio de Janeiro, 1994.

_____. **NBR 10582**: apresentação da folha para desenho técnico. Rio de Janeiro, 1988.

_____. **NBR 13142**: desenho técnico: dobramento de cópia. Rio de Janeiro, 1999.

# Capítulo CINCO

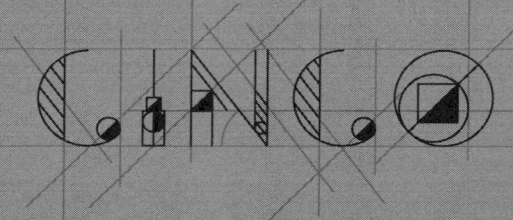

# Aspectos gerais do desenho técnico

Conteúdos do capítulo:

- × Legendas.
- × Escrita técnica.
- × Linhas usadas em desenho técnico.
- × Escalas numéricas.
- × Escalas gráficas.

Após o estudo deste capítulo, você será capaz de:

1 compreeender as normas referentes a legendas, escrita, linhas e escalas em desenho técnico;

2 dominar as principais normas de desenho técnico e suas aplicações.

Você já aprendeu que, em desenho técnico, o uso de normas é fundamental. Viu também que há formatos específicos de papel e percebeu sua responsabilidade no momento da escolha do formato adequado.

As normas que regem a elaboração de desenhos técnicos, como vimos no capítulo anterior, não se restringem a esse tipo de escolha, conduzindo toda a linguagem do desenho em si: linhas, textos, cotas, escalas e legendas.

Neste capítulo, você estudará tais normas para, depois, aplicar os conceitos aprendidos na elaboração de projetos.

## 5.1 Legendas

O desenho técnico precisa ser extremamente organizado a fim de trazer todas as informações necessárias para a elaboração e o controle de projetos. Um dos elementos fundamentais em tal processo é a legenda do desenho, que contém dados como a escala da representação, datas relacionadas à elaboração e à revisão, dados sobre o cliente e a obra (no caso de algumas engenharias e da arquitetura), título e outras informações relevantes.

A Figura 5.1 apresenta um exemplo de modelo de legenda. Não há norma que padronize completamente a legenda, mas este é um dos modelos mais utilizados no mercado.

Figura 5.1 – Modelo de legenda (folhas A4, A3 e A2)

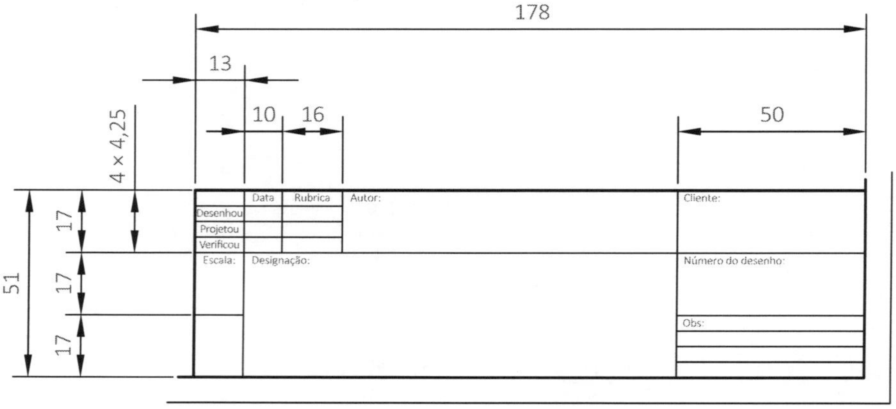


A norma internacional ISO 7200 (ISO, 2004) sugere apenas as dimensões máximas e as informações necessárias à legenda. Perceba que há necessidade de a legenda situar-se na região normalizada para a folha, mesmo dobrada, apresentá-la completamente.

A NBR 10582 (ABNT, 1988), norma brasileira responsável pelas folhas de apresentação para desenho técnico, trata do espaço da folha especificado para a legenda, conforme apresentamos no capítulo anterior. A NBR 10068 (ABNT, 1987a), por sua vez, é responsável pelo tamanho das legendas: 178 milímetros de comprimento para folhas A4, A3 e A2; 175 milímetros para folhas A1 e A0.

O conteúdo da legenda, por seu turno, pode variar. Você já conferiu um modelo bem completo de legenda. A NBR 10582 contempla as informações que devem constar na legenda, a saber:

- → designação da firma (empresa);
- → responsável pelo conteúdo do desenho;
- → local, data e assinatura;
- → nome e localização do projeto;
- → conteúdo do desenho;
- → escala;
- → número do desenho;
- → designação da revisão;
- → indicação do método de projeção;
- → unidade utilizada no desenho.

Para desenhos realizados em disciplinas de desenho técnico, entretanto, costuma-se utilizar um modelo de legenda simplificado, com informações relativas aos exercícios desenvolvidos. O modelo apresentado na Figura 5.2 pauta os exercícios que você poderá realizar. Repare que ele tem campos específicos para esse fim: curso, unidade, nome do aluno e do exercício.

**Figura 5.2** – Modelo 1 de legenda para cursos de desenho técnico

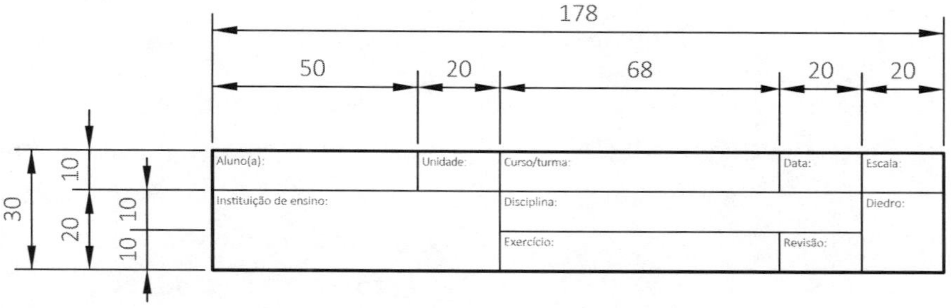


Pode-se optar por outros modelos, como o apresentado na Figura 5.3.

**Figura 5.3** – Modelo 2 de legenda para cursos de desenho técnico

<table>
<tr><td colspan="3">Instituição de ensino:</td><td colspan="3">Disciplina:</td></tr>
<tr><td colspan="3" rowspan="2">Curso:</td><td colspan="3">Exercício:</td></tr>
<tr><td colspan="3">Aluno(a):</td></tr>
<tr><td colspan="3">Período:</td><td colspan="3">Professor(a):</td></tr>
<tr><td>Data:</td><td>Escala:</td><td>Formato:</td><td>Turma:</td><td>Unidade:</td><td>Folha:</td></tr>
</table>

Perceba que, enquanto as informações essenciais permanecem, as menos relevantes são excluídas ou substituídas por outras.

### Exercício rápido

Você se lembra da folha que elaborou no capítulo anterior? Aproveite-a para acrescentar uma legenda. Utilize o segundo modelo, ideal para os exercícios trabalhados nesta obra.

## 5.2 Escrita normalizada

A norma brasileira que rege a escrita de caracteres em desenho técnico é a NBR 8402 (ABNT, 1994b), cujas principais exigências são:

- legibilidade;
- uniformidade;
- adequação aos processos de reprodução.

Com o intuito de cumprir tais exigências, o projetista (arquiteto, engenheiro ou *designer*) tem de assegurar que (ABNT, 1994b):

- os caracteres sejam claramente distinguíveis entre si;
- a altura das letras maiúsculas (h) sirva de base para o dimensionamento (Tabela 5.1);
- as alturas das letras maiúsculas (h) e das letras minúsculas (c) não sejam menores que 2,5 milímetros;
- na aplicação simultânea de letras maiúsculas e minúsculas, aquelas (h) não sejam menores que 3,5 milímetros.
- a distância entre os caracteres (a) seja igual a, no mínimo, duas vezes a largura da linha usada nas letras (d);
- a largura de linha usada nas letras maiúsculas e minúsculas seja a mesma (d);
- os caracteres sejam desenhados de forma que as linhas que o compõem se cruzem ou se toquem em ângulo próximo ao ângulo reto;
- a altura das letras maiúsculas (h) são alteradas de acordo com os formatos das folhas de papel para desenho técnico;

Confira na Tabela 5.1 as características de dimensões e proporções de letras e símbolos gráficos conforme a NBR 8402.

Tabela 5.1 – Proporções e dimensões de símbolos gráficos (tipo B*) (NBR 8402)

| Características | Relação | Dimensões (mm) | | | | | | |
|---|---|---|---|---|---|---|---|---|
| Altura das letras maiúsculas h | (10/10) h | 2,5 | 3,5 | 5 | 7 | 10 | 14 | 20 |
| Altura das letras minúsculas c | (7/10) h | – | 2,5 | 3,5 | 5 | 7 | 10 | 14 |
| Distância mínima entre caracteres[(A)] a | (2/10) h | 0,5 | 0,7 | 1 | 1,4 | 2 | 2,8 | 4 |
| Distância mínima entre linhas de base b | (14/10) h | 3,5 | 5 | 7 | 10 | 14 | 20 | 28 |
| Distância mínima entre palavras e | (6/10) h | 1,5 | 2,1 | 3 | 4,2 | 6 | 8,4 | 12 |
| Largura da linha d | (1/10) h | 0,25 | 0,35 | 0,5 | 0,7 | 1 | 1,4 | 2 |

(A) Para melhorar o efeito visual, a distância entre dois caracteres pode ser reduzida pela metade, como por exemplo: LA, TV, ou LT, neste caso a distância corresponde à largura da linha "d".

Fonte: ABNT, 1994b, p. 2.

* Podem ser utilizados dois tipos de letras normatizadas: o tipo A (espaçamento reduzido) e o tipo B (ideal, com espaçamento normal).

A Figura 5.4 apresenta as características da forma de escrita normalizada pela ABNT para desenho técnico explicada anteriormente.

Figura 5.4 – Relações entre dimensões

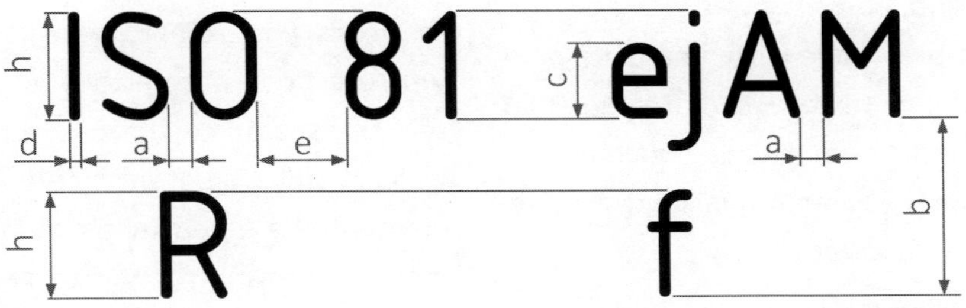


Fonte: ABNT, 1994b, p. 2.

A Figura 5.5 mostra um exemplo de escrita conforme a Tabela 5.1.

Figura 5.5 – Exemplo de escrita (NBR 8420)

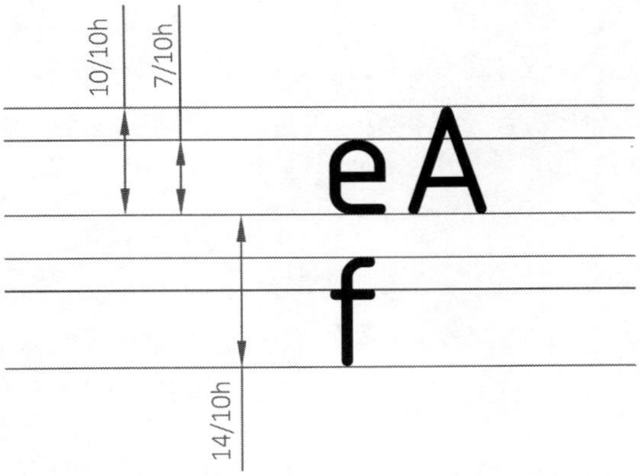


Segundo a norma, a escrita pode ser vertical ou inclinada. A inclinação deve ser de 15° para a direita em relação à vertical, conforme a Figura 5.6.

Figura 5.6 – Construção de texto inclinado

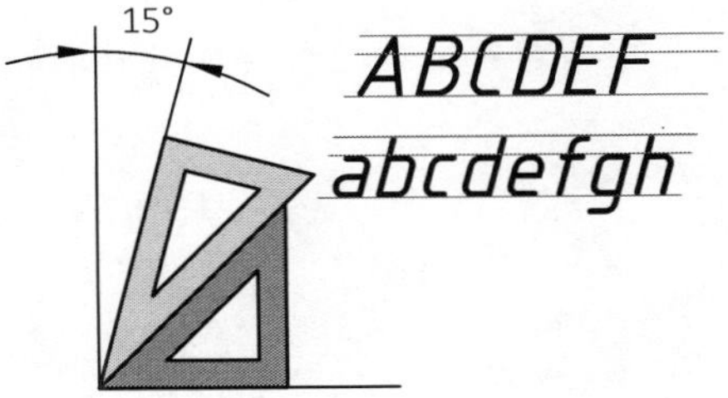

Quando o desenho técnico é feito com o auxílio de *softwares* CAD, costuma-se usar fonte Simplex; quando ele é feito à mão livre, devem ser respeitadas as proporções normalizadas. Em algumas áreas de trabalho, como arquitetura e *design*, a prática pressupõe certa liberdade para trabalhar com textos – contanto que não se descuide da legibilidade e da uniformidade, além de garantir qualidade nos processos de reprodução.

### Exercício rápido

Treinar a escrita técnica é fundamental. Ao fim do livro, na seção "Anexos", você encontra algumas páginas preparadas para o treinamento da escrita técnica. Reproduza o modelo e treine o abecedário em letras maiúsculas e minúsculas e os números. Preencha ao menos uma folha; se necessário, use outras.

## 5.3 Linhas em desenho técnico

As linhas constituem parte fundamental do desenho técnico, cuja função é representar diversos elementos em diferentes situações. Por exemplo, se o contorno de uma aresta de peça estiver visível, deve ser representado de uma maneira; se ele estiver oculto, de outra. Representar tais elementos é essencial ao bom entendimento do formato e das características da peça em questão.

A norma ISO 128-1 (ISO, 2003) define dez tipos de linha e suas espessuras, designando-lhes uma letra correspondente (de A a K). A norma brasileira correspondente à ISO é a NBR 8403 (ABNT, 1984a), marcada por pequenas modificações nas linhas G, H, J e K.

A diferença básica entre as normas é a troca dos traços menores prescritos pela ISO por pontos na NBR, conforme expõem os Quadros 5.1 e 5.2.

Qual padrão adotar? O brasileiro ou o internacional?

No mercado, ambos são aceitos e dependem do objetivo do projeto e de quem precisará de acesso a ele. Caso a peça desenvolvida seja fabricada no Brasil, em geral utiliza-se a NBR; se for fabricada em outro país, o projetista deve recorrer à ISO.

Quadro 5.1 – Tipos de linha e suas aplicações (NBR 8403)

| Linha | Denominação | Aplicação Geral |
|---|---|---|
| A | Contínua larga | A1 contornos visíveis<br>A2 arestas visíveis |
| B | Contínua estreita | B1 linhas de interseção imaginárias<br>B2 linhas de cotas<br>B3 linhas auxiliares<br>B4 linhas de chamadas<br>B5 hachuras<br>B6 contornos de seções rebatidas na própria vista<br>B7 linhas de centro curtas |
| C | Contínua estreita a mão livre[(A)] | C1 limites de vistas ou cortes parciais ou interrompidas se o limite não coincidir com linhas traço e ponto |
| D | Contínua estreita em zigue-zague | D1 esta linha destina-se a desenhos confeccionados por máquinas |
| E | Tracejada larga | E1 contornos não visíveis<br>E2 arestas não visíveis |
| F | Tracejada estreita | F1 contornos não visíveis<br>F2 arestas não visíveis |
| G | Traço e ponto estreita | G1 linhas de centro<br>G2 linhas de simetrias<br>G3 trajetórias |
| H | Traço e ponto estreita, larga nas extremidades e na mudança de direção | H1 planos de cortes |
| J | Traço e ponto largo | J1 indicação das linhas ou superfícies com indicação especial |
| K | Traço dois pontos estreita | K1 contornos de peças adjacentes<br>K2 posição limite de peças móveis<br>K3 linhas de centro de gravidade<br>K4 cantos antes da conformação<br>K5 detalhes situados antes do plano de corte |

[(A)] Se existirem duas alternativas em um mesmo desenho, só deve ser aplicada uma opção.

Fonte: ABNT, 1984a, p. 2.

A Figura 5.7 exemplifica as aplicações da NBR 8403.

Figura 5.7 – Exemplo de uso de linhas em peças (NBR 8403)

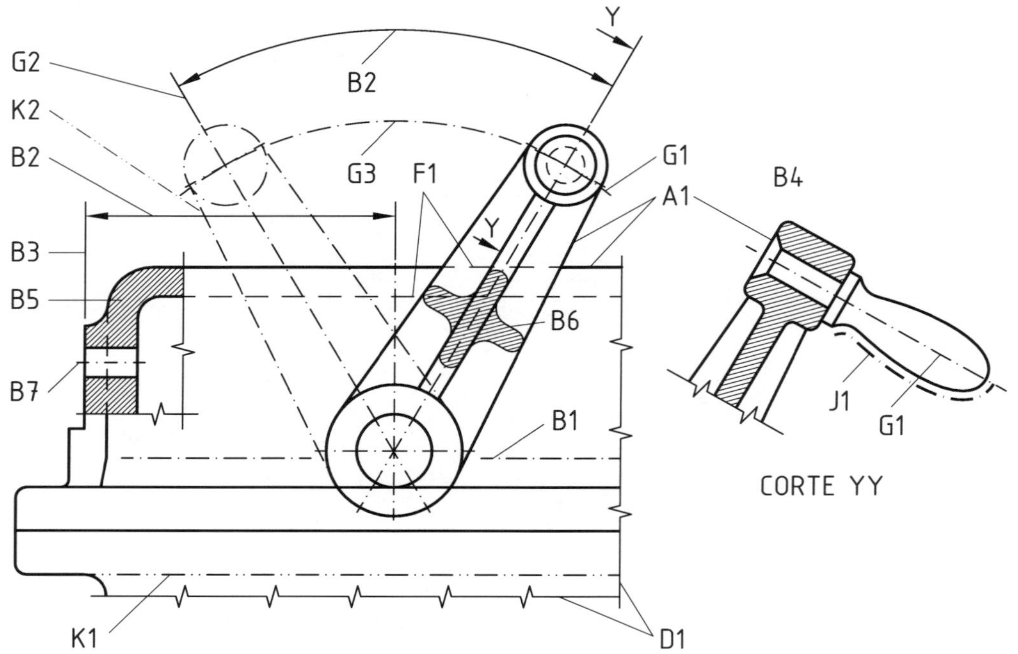


Fonte: ABNT, 1984a, p. 3.



### Exercício rápido

Que tal treinar as linhas normalizadas pela ABNT? Para tanto, use duas folhas sulfites A4, com margens e legenda conforme o padrão.

Copie o modelo apresentado na figura a seguir. Você deve utilizar cada área para treinar um tipo de traço. Use as seis divisões na primeira folha e, na segunda, as quatro primeiras para os traços restantes.

Se houver dificuldade para desenhar alguma delas em especial, utilize os dois espaços restantes para treinar mais um pouco.

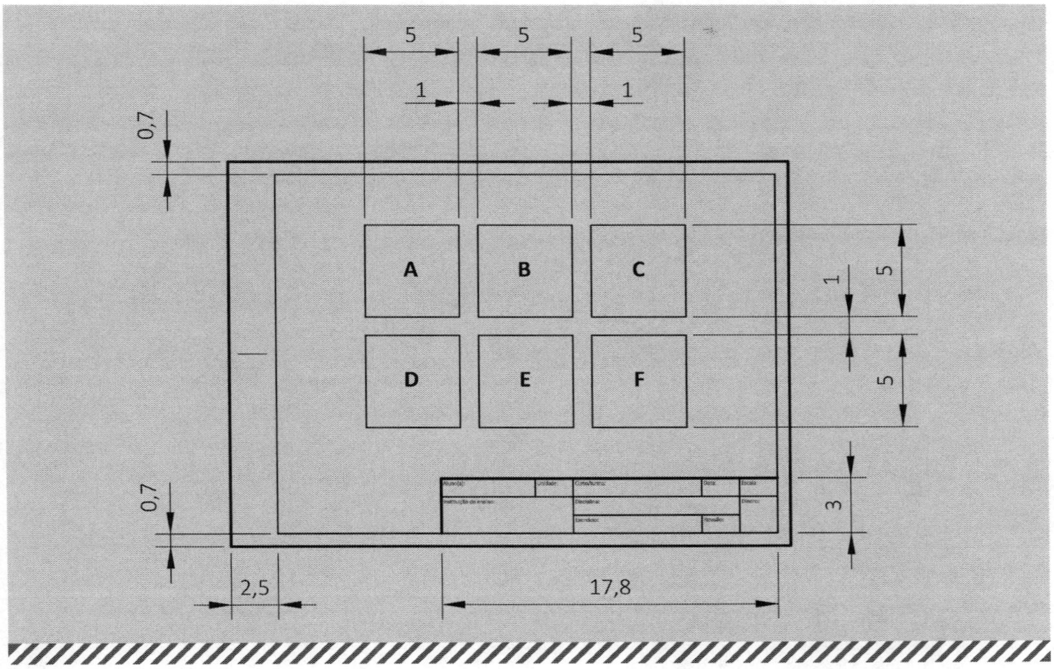


Agora que você já treinou os padrões usados mais frequentemente, confira no Quadro 5.2 as definições de linhas da ISO 128-1, um dos mais célebres padrões internacionais.

Quadro 5.2 – Definições (ISO 128-1)

| Tipo de linha | | Descrição | Aplicações |
|---|---|---|---|
| A | | Contínuo grosso | A1 Linhas de contorno visível<br>A2 Arestas visíveis |
| B | | Contínuo fino | B1 Arestas fictícias<br>B2 Linhas de cota<br>B3 Linhas de chamada<br>B4 Linhas de referência<br>B5 Tracejado de corte<br>B6 Contorno de seções locais<br>B7 Linhas de eixo curtas |
| C | | Contínuo fino à mão livre | C1 Limites de vistas locais ou interrompidas quando o limite não é mais uma linha de traço misto. Limites de cortes parciais |
| D | | Continuo fino em zigue-zague | D1 Mesmas aplicações de C1 |
| E | | Interrompido grosso | E1 Linhas de contorno invisível<br>E2 Arestas invisíveis |

*(continua)*

*(Quadro 5.2 – conclusão)*

| Tipo de linha | | Descrição | Aplicações |
|---|---|---|---|
| F | 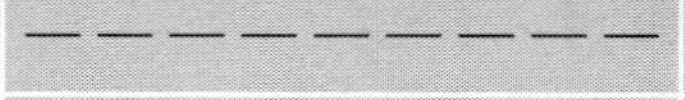 | Interrompido fino | F1 Linhas de contorno invisível<br>F2 Arestas invisíveis |
| G | 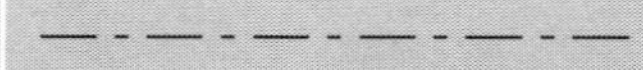 | Misto fino | G1 Linhas de eixo<br>G2 Linhas de simetria<br>G3 Trajetórias de peças móveis |
| H | 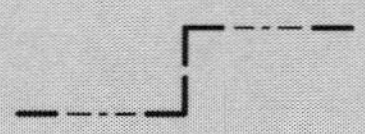 | Misto fino com grosso nos limites da linha e nas mudanças de direção | H1 Planos de corte |
| J | 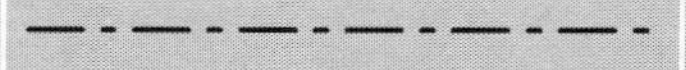 | Misto grosso | J1 Indicação de linhas ou superfícies às quais é aplicado um determinado requisito |
| K | 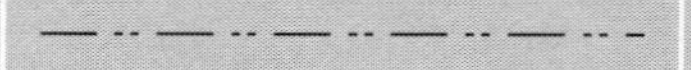 | Misto fino duplamente interrompido | K1 Contornos de peças adjacentes<br>K2 Posições extremas de peças móveis<br>K3 Centroides<br>K4 Contornos iniciais de peças submetidas a processos de fabricação com deformação |

Fonte: ISO, citada por Silva et al., 2011.

### Exercício rápido

Em uma folha com a mesma estrutura do exercício anterior, treine as linhas G, H, J e K do padrão internacional (ISO 128:1982).

Perceba que existem duas espessuras-padrão para o traço: fina e grossa. A relação entre tais espessuras não deve, segundo a norma, ser inferior à razão 2:1. Deve ser escolhida conforme o desenho, a escala e a dimensão do papel de acordo com a seguinte gama (da mais fina para a mais grossa): 0,18, 0,25, 0,35, 0,5, 0,7, 1,4 e 2 milímetros.

Vale ressaltar que as espessuras devem ser as mesmas para todas as vistas desenhadas na mesma escala..

Confira no quadro a seguir alguns exemplos de uso das linhas anteriormente vistas.

Quadro 5.3 – Exemplos de uso

| Nº | Tipo, espessura e emprego | Exemplo |
|---|---|---|
| 1 | **Contínua larga**<br>Arestas e contornos visíveis | 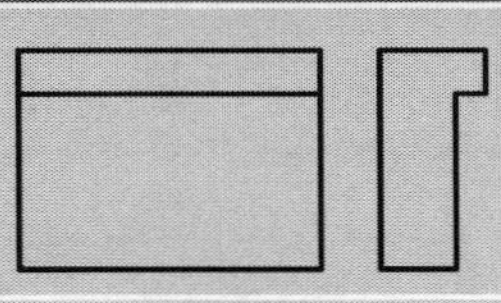 |
| 2 | **Tracejada larga**<br>Arestas e contornos não visíveis | 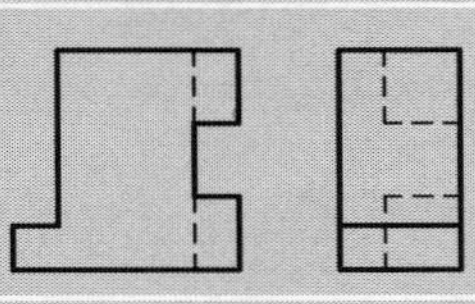 |
| 3 | **Traço ponto estreita**<br>Linhas de centro e eixos de simetria | 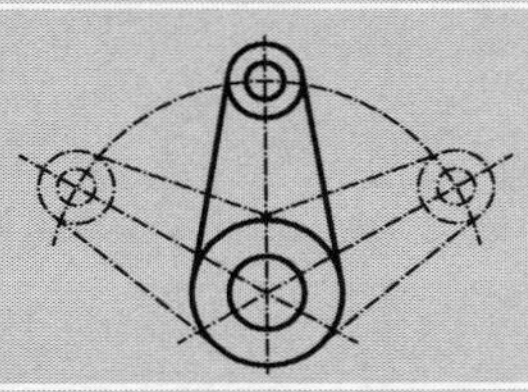 |
| 4 | **Contínua estreita**<br>Linhas de: cota, extensão, chamada, hachuras e seções sobrepostas, diâmetros internos de roscas externas e diâmetros externos de roscas internas | 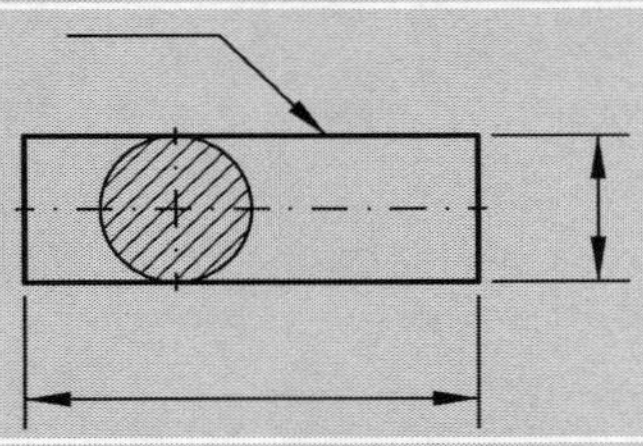 |
| 5 | **Traço e ponto estreita, larga nas extremidades e na mudança de direção**<br>Cortes e seções | 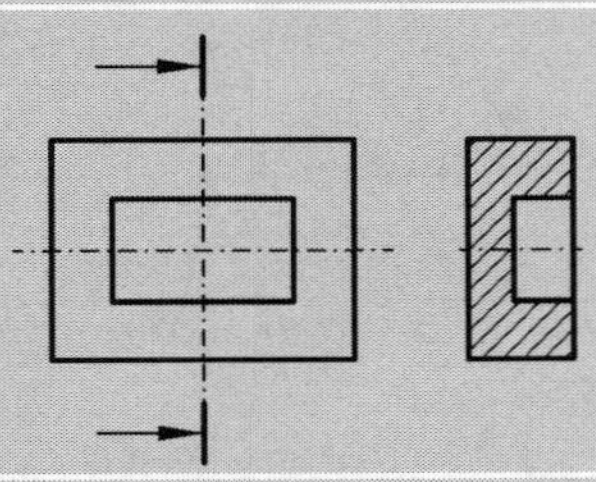 |
| 6 | **Contínua estreita em zigue-zague**<br>Rupturas longas | 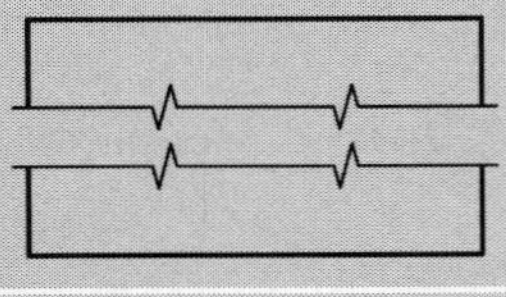 |
| 7 | **Contínua estreita à mão livre**<br>Rupturas curtas | 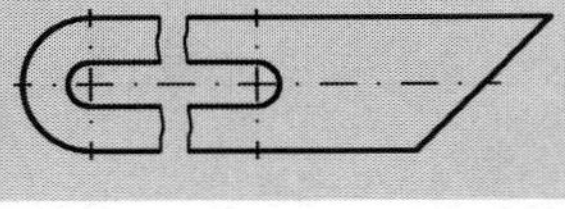 |

Fabrício Tacahashi

Em algumas áreas específicas, como arquitetura, há uma norma que rege o uso das linhas. Elas procuram seguir, na medida do possível, as normas gerais.

Quadro 5.4 – Representação de linhas para arquitetura

| Tipo | Descrição |
|---|---|
| ±0,6 mm | Linhas de contorno |
| ±0,4 mm | Linhas internas |
| ±0,2 mm | Linhas situadas além do plano de desenho |
| ±0,2 mm | Linhas de projeção |
| ±0,2 mm | Linhas de eixos ou coordenadas |
| ±0,2 mm | Linhas de cota |
| ±0,1 mm | Linhas auxiliares |

Fonte: Elaborado com base em ABNT, 1994a.

5.3.1

## Linhas e precedência das peças

A NBR 8403 prevê que, quando há sobreposição de linhas em uma peça, só se deve representar uma delas, de acordo com a seguinte ordem:

1. arestas e linhas de contorno visíveis;
2. arestas e linhas de contorno invisíveis;
3. planos de corte;
4. linhas de eixo e simetria;
5. linha de centroides;
6. linha de chamada de cotas.

5.3.2

## Terminação de linhas de chamada

A NBR 8403 também normaliza linhas de chamada, que colaboram para a compreensão do desenho ao indicar de modo preciso as referências de cota, identificar um objeto ao qual se aplicam algumas características e apontar para arestas específicas a fim de trazer informações complementares (como um detalhe associado).

A norma prescreve que tais linhas devem ter terminações diferentes de acordo com as seguintes situações (ABNT, 1984a), ilustradas na Figura 5.8:

- sem símbolo, se conduzem a uma cota (A);
- com um ponto, se terminam dentro de um objeto representado (B);
- com uma seta, se terminam no contorno ou na aresta de um objeto representado (C).

Figura 5.8 – Linhas de chamada (NBR 8403)

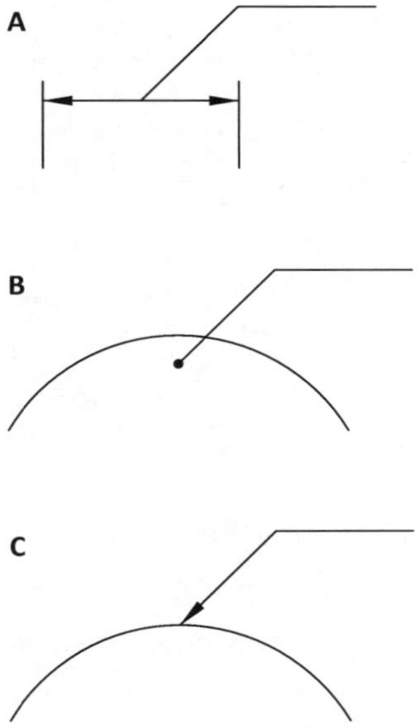


Fonte: ABNT, 1994b, p. 5.

5.3.3

## Interseção de linhas

Silva et al. (2011) pontuam que, em muitos casos, linhas variadas se cruzam em diferentes situações em um desenho. Os autores complementam que, apesar de tais situações nem sempre serem normalizadas, algumas convenções podem ajudar a compreender os desenhos, sobretudo esboços.

A ISO 128-20 (ISO, 1996) normaliza algumas dessas situações, mas os *softwares* CAD muitas vezes ainda não as utilizam. O Quadro 5.5 mostra tais representações, válidas para linhas retas e curvas.

Quadro 5.5 – Normalizações para interseções de linhas (ISO 128-20)

| Caso | Descrição | Correto | Incorreto |
|---|---|---|---|
| 1 | Quando uma aresta invisível termina perpendicularmente ou angularmente em relação a uma aresta visível, deve tocar a aresta visível. | 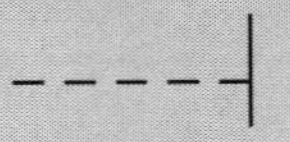 | 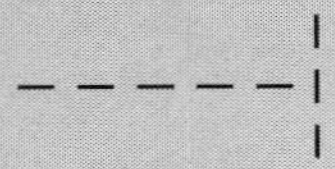 |
| 2 | Se existir uma aresta visível no prolongamento de uma aresta invisível, então a aresta invisível não deve tocar a aresta visível. | 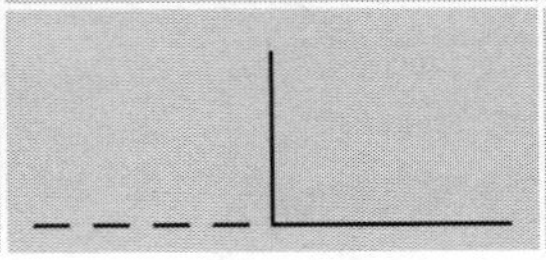 | 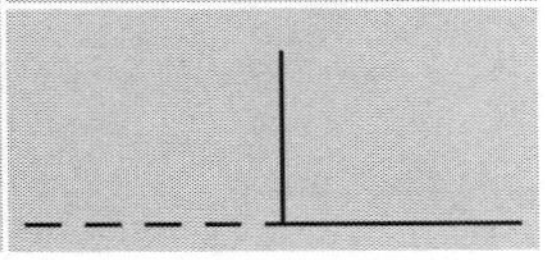 |

*(continua)*

(Quadro 5.5 – conclusão)

| Caso | Descrição | Correto | Incorreto |
|---|---|---|---|
| 3 | Quando duas ou mais arestas invisíveis terminam num ponto, devem tocar-se. |  | 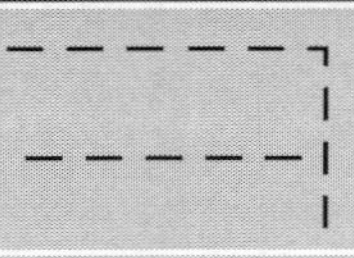 |
| 4 | Quando uma aresta invisível cruza outra aresta (visível ou invisível), não devem tocar-se. | 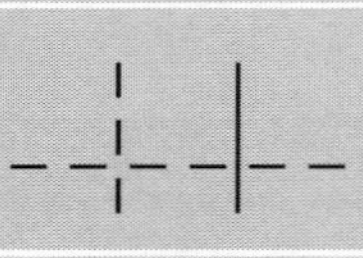 | 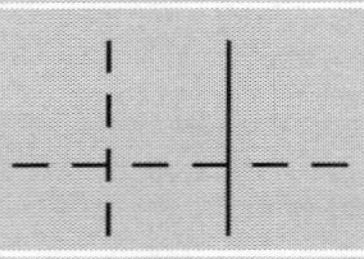 |
| 5 | Quando duas linhas de eixo interceptam, devem tocar-se. | 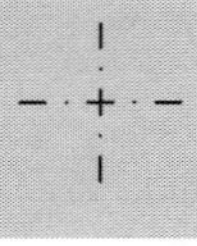 | 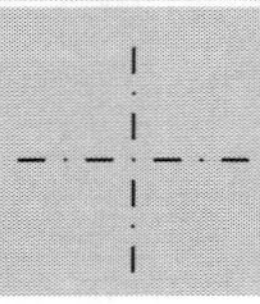 |

O uso de linhas de centro e simetria merece atenção porque, diversas vezes, emprega-se o padrão internacional de linhas (linhas mistas), que são tracejadas, cujo desenho à mão livre feito de modo inadequado pode gerar erros de interpretação. Para evitá-los, o projetista deve certificar-se da unidade gráfica de sua linha, cujos traços e espaços devem conservar tamanhos e proporções constantes quando interrompidos. Uma sugestão é trabalhar com 3 e 2 milímetros, conforme a Figura 5.9.

Figura 5.9 – Exemplo de proporção de linha tracejada

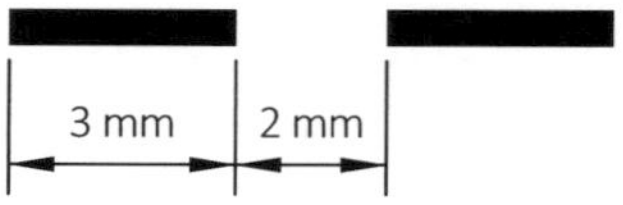


Nos centros de objetos, as linhas centrais devem se cruzar, evitando falta de precisão (Figura 5.10).

Figura 5.10 – Linhas de centro

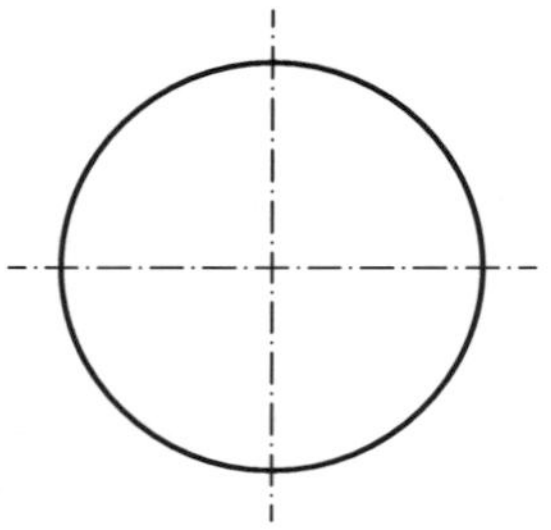

É importante evitar que essas linhas se estendam além do limite da vista em que estão representadas e terminem sobre outra linha.

Em caso de representar um ângulo a partir, por exemplo, de uma linha de simetria, o projetista tem de determinar o ângulo por meio de uma extensão dessa linha (Figura 5.11). Isso facilita o entendimento da relação entre os componentes e assegura a precisão do ângulo.

Figura 5.11 – Representação de ângulo a partir de linha de simetria

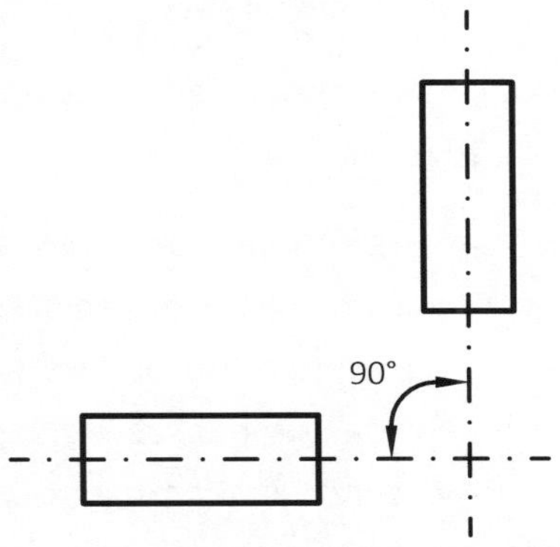


Mesmo à luz das normas brasileiras, o projetista deve ficar atento quando usar linhas tracejadas ou que contenham pontos e traços. A boa interpretação do desenho é fundamental para a perfeita execução do projeto.

O projetista precisa atentar também para as linhas tracejadas – linhas de contorno ou arestas invisíveis –, que devem chegar à linha de contorno ou linha externa no momento do traço (não na interrupção). Da mesma forma, caso existam linhas dessa natureza que terminem em um ponto, a interseção deve acontecer no traço, como no exemplo da Figura 5.12.

Figura 5.12 – Encontro de traços interrompidos

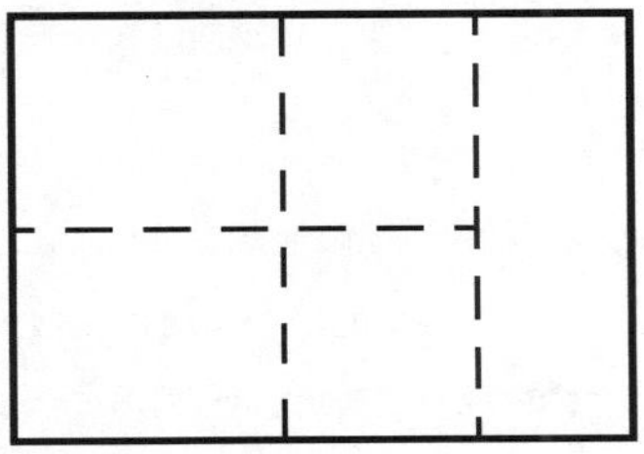

## 5.4 Escalas em desenho técnico

A escala, um dos elementos obrigatórios do desenho técnico, "é uma forma de representação que mantém as proporções das medidas lineares do objeto representado. Em desenho técnico, a escala indica a relação do tamanho do desenho da peça com o tamanho real da peça. A escala permite representar, no papel, peças de qualquer tamanho real" (Ferreira; Silva, 2009, p. 136).

### 5.4.1 Escalas numéricas

Escala é a relação entre distância gráfica e distância natural (real). De acordo com a NBR 8196, "escala é a relação da dimensão linear de um objeto ou elemento representado no desenho para a dimensão real deste objeto ou elemento" (ABNT, 1999a). Em áreas como as engenharias, a arquitetura e o *design* industrial, os desenhos são fundamentais para representar os objetos projetados e, consequentemente, guiar sua construção. Muitas vezes, porém, tais objetos são demasiado grandes, não cabendo em folha de papel alguma, ou extremamente pequenos, com detalhes imperceptíveis a olho nu.

Por exemplo: é praticamente impossível desenhar uma ponte em tamanho real, bem como é improvável que um desenho em tamanho real de um nano-objeto seja suficiente para reproduzir seus componentes.

Para sanar tais problemas, utiliza-se o desenho em escala, a fim de reduzir ou ampliar o desenho, conservando a proporção da peça a ser executada.

Portanto, ao desenhar na medida real do desenho, ampliá-lo ou reduzi-lo, o projetista representa o objeto real em determinada escala.

Lembra-se de quando apresentamos o escalímetro nas Figura 3.6 e 3.7? Na ocasião, você pôde perceber que as marcações de cada lado do instrumento designavam uma escala diferente.

Sendo a escala uma proporção entre o tamanho real de um objeto e o de sua representação (desenho), uma das formas de indicá-la é a da Figura 5.13.

Figura 5.13 – Forma de indicação de escala

Este número faz referência ao tamanho do desenho
1/20
E este ao do objeto representado

A escala apresentada na figura indica que o objeto real é 20 vezes maior do que o desenho que o representa.

A notação mais comum para as escalas é a forma 1:20 (lê-se "um para vinte").

Vemos, então, que, quanto maior for o denominador da fração em relação ao numerador, maior será o objeto que se pretende representar; por sua vez, quanto menor for o denominador, maior será o nível de detalhamento possível e usual.

Em arquitetura, funciona assim: normalmente, desenha-se a casa na escala 1:50, ao passo que banheiros, móveis e outros acabamentos são detalhados nas escalas 1:20, 1:10 e até 1:5.

E as peças de um relógio?

Elas são tão pequenas que é impossível usar escalas cujo denominador é maior que o numerador, necessitando ampliar as peças (Figura 5.14).

Figura 5.14 – Escala de ampliação

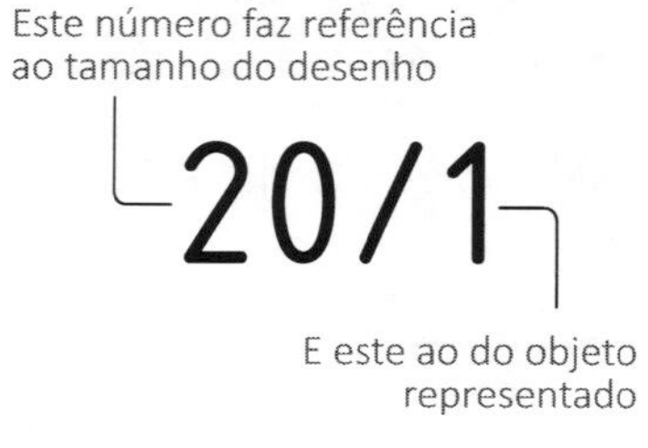
Este número faz referência ao tamanho do desenho
20/1
E este ao do objeto representado

No caso apresentado na figura (escala de ampliação "vinte para um"), as peças do relógio são 20 vezes maiores do que realmente estão representadas.

A escolha da escala é feita em função da complexidade do objeto a ser representado e da intenção da representação proposta, como mostra a Figura 5.15. É fundamental que o desenho final facilite a interpretação das informações representadas. A escala e o tamanho do objeto são parâmetros para a escolha do formato da folha usada para representá-lo.

Veja que o apontador é representado em escala natural, em seguida em uma escala reduzida (1:2) e posteriormente em uma escala ampliada (2:1). As informações do desenho, como tamanho de fonte e cotas, permanecem iguais, garantindo a boa leitura.

Figura 5.15 – Exemplos de escala

3DMAVR/Shutterstock
Fabrício Tacahashi

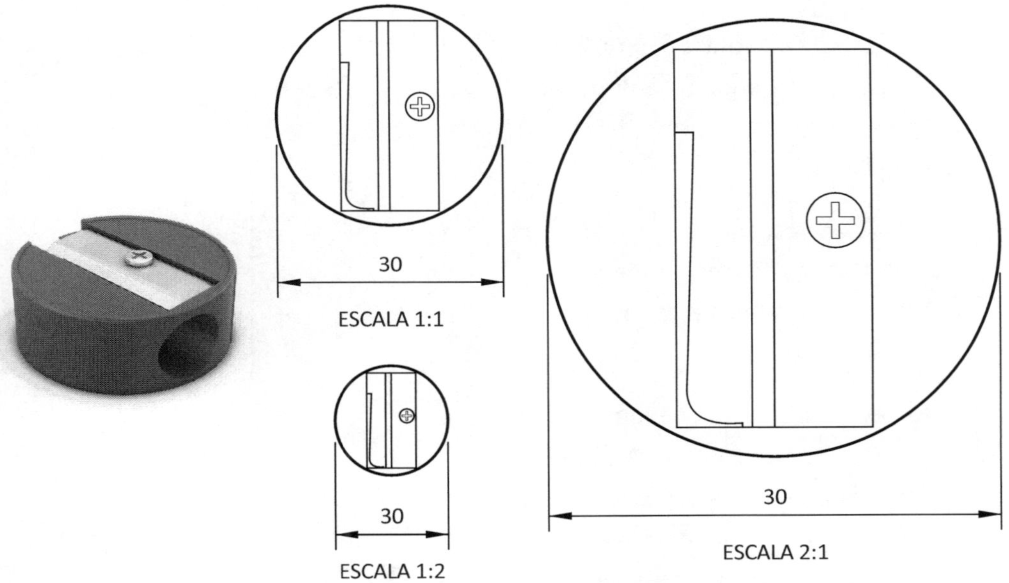


A norma brasileira que determina as condições para o uso de escala em desenho técnico é a NBR 8196, de 1999.

Para designar a escala do desenho, deve-se usar a palavra “ESCALA” ou a abreviatura “ESC”, seguida da indicação da relação entre os tamanhos do desenho e o tamanho real (Figura 5.16).

Figura 5.16 – Tipos de escala

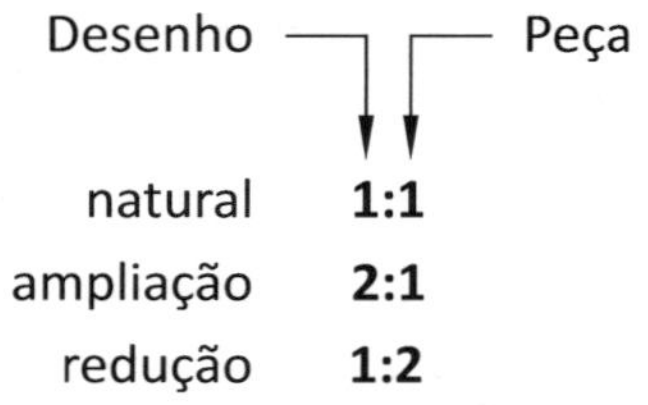


- ESC 1:1 para **escala natural**, quando a dimensão do objeto representado é igual à dimensão real.
- ESC X:1 para **escala de ampliação** (em que X > 1), quando a dimensão do objeto no desenho é maior que a dimensão real.
- ESC 1:X para **escala de redução** (em que X < 1), quando a dimensão do objeto representado é menor que a dimensão real.

A escala deve ser indicada na legenda da folha de desenho. Algumas vezes, porém, em uma única prancha, é necessário usar mais de uma escala – caso em que se deve determinar a escala geral da prancha e anotá-la na legenda, registrando as escalas referentes a cada desenho junto à identificação do detalhe ou da vista em escala distinta. Confira o exemplo da Figura 5.17.

Figura 5.17 – Diferentes escalas em prancha única

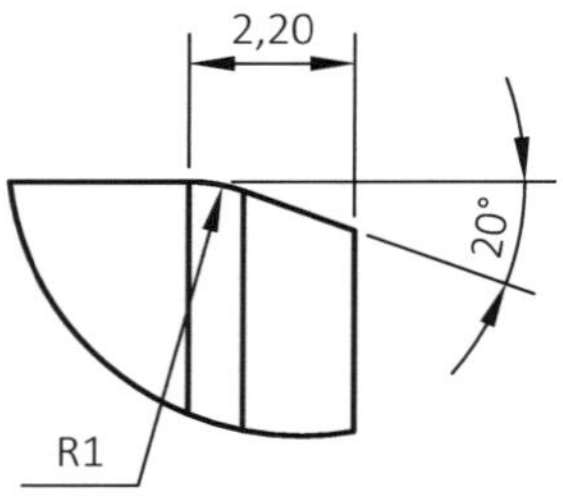


Detalhe A
escala 5:1

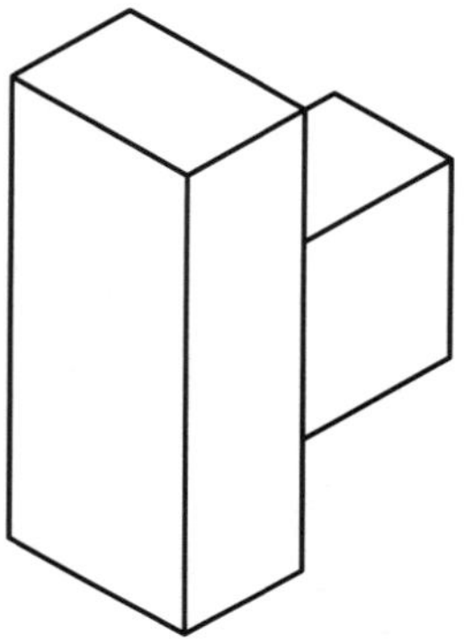

Perspectiva isométrica
escala 1:1

Fabrício Tacahashi

As escalas recomendadas pela ABNT (1999a) para desenho técnico são as seguintes:

- 1:2, 1:5 e 1:10 para escalas de redução;
- 2:1, 5:1 e 10:1 para escalas de ampliação.

A norma também prescreve que as escalas podem ser ampliadas ou reduzidas à razão de 10.

A NBR 6492 (ABNT, 1994a), que trata da representação de projetos de arquitetura, abre espaço para o uso de outras escalas ao recomendar a escala 1:100 ou maior. Nessa área, por vezes, são utilizadas as escalas 1:25 e 1:75. A norma ainda prevê que, caso haja necessidade de representar projetos de grande porte, podem ser usadas escalas menores, sem especificá-las.

Na mesma área, muitas vezes, não há como garantir a impressão de alguns documentos em escala, como em revistas – caso em que se recorre à escala gráfica.

### Exercício rápido

Com base na imagem a seguir, faça um esboço da peça nas escalas determinadas (não é necessário reproduzir os detalhes, podendo-se usar outro exemplo de apontador). Atente ao fato de que a unidade usada na cotagem da imagem é centímetros.

Gelpi/Shutterstock

a. 1:1

b. 2:1

c. 1:2

5.4.2

## ESCALAS GRÁFICAS

Uma escala gráfica expressa diretamente os valores da realidade representada. Mais especificamente, é a representação gráfica de várias distâncias do objeto real sobre uma linha reta graduada. Uma escala gráfica é constituída de um segmento à direita da referência zero – conhecida como *escala primária* – e de um segmento à esquerda da origem – denominado *talão* ou *escala de fracionamento* –, dividido em submúltiplos da unidade escolhida graduada da direita para a esquerda, conforme exemplifica a Figura 5.18.

Figura 5.18 – Exemplos de escala gráfica

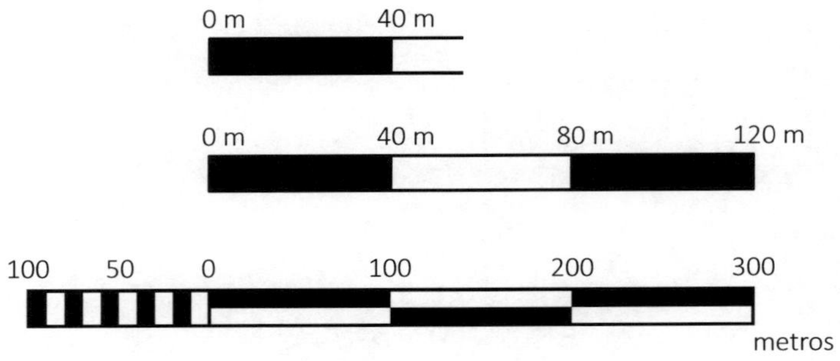


Em arquitetura, a NBR 6492 normaliza as escalas gráficas, recorrentes em materiais como revistas especializadas e mapas. Confira a Figura 5.19.

Figura 5.19 – Escala gráfica em arquitetura

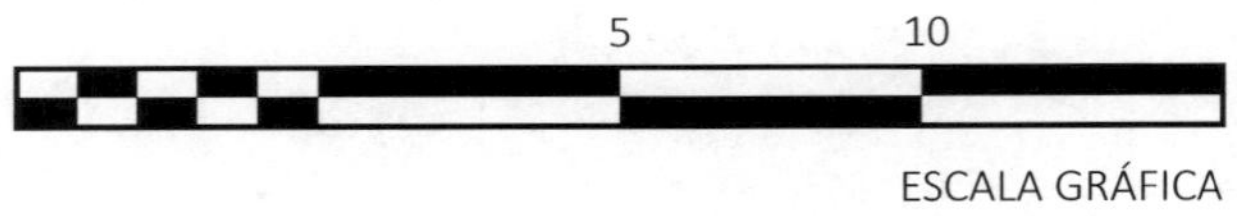

## Síntese

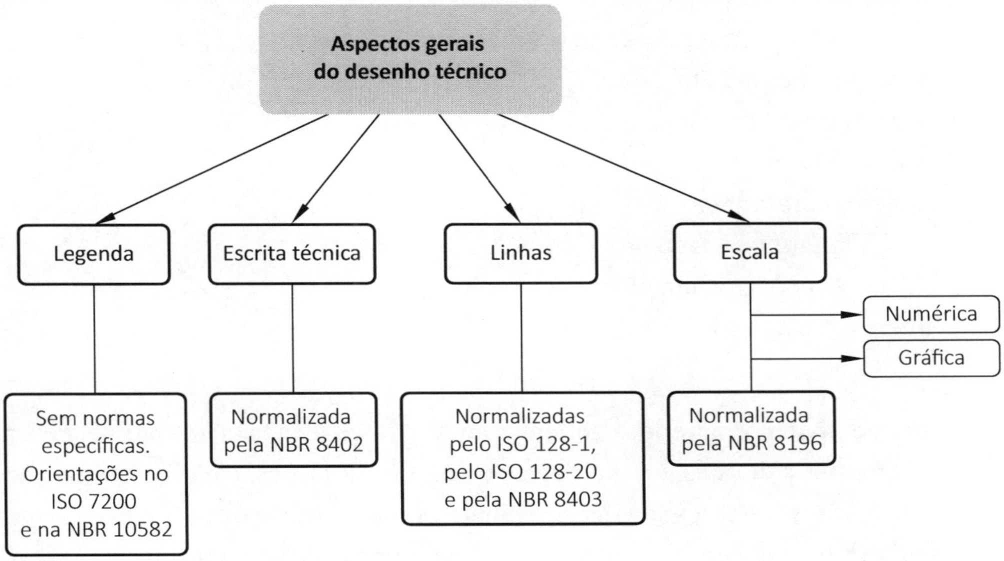


## Questões para revisão

1 O conteúdo da legenda em desenho técnico é fixado por alguma norma brasileira (NBR)? E o espaço destinado a esse elemento?

2 Segundo a NBR 8402, quais são as principais exigências para a escrita de documentos técnicos?

3 Aponte ao menos três boas práticas de projetistas para garantir o cumprimento das exigências da norma brasileira quanto à escrita em desenho técnico.

4 Qual é a principal função das linhas em desenho técnico? Aponte dois de seus usos.

5 Quantos são os tipos de linha definidos pela norma brasileira? Quais são as principais diferenças entre as linhas normalizadas pela NBR e pela ISO?

6 De acordo com a norma, quando há sobreposição de linhas em uma peça, só se deve representar uma delas. Indique a ordem de representação dos tipos de linha proposta pela norma.

[ ] Arestas e linhas de contorno visíveis
[ ] Linha de chamada de cotas
[ ] Linhas de eixo e simetria
[ ] Linha de centroides
[ ] Arestas e linhas de contorno invisíveis
[ ] Planos de corte

7 As linhas de chamada, nos desenhos técnicos, devem ter terminações diferentes conforme a situação. Associe as linhas às respectivas situações:

a] Quando conduz a uma cota.

b] Quando termina dentro de um objeto representado.

c] Quando termina no contorno ou na aresta de um objeto representado.

[ ] 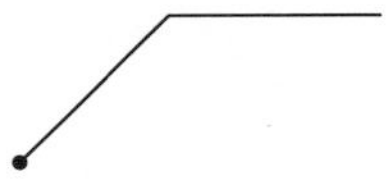

[ ] 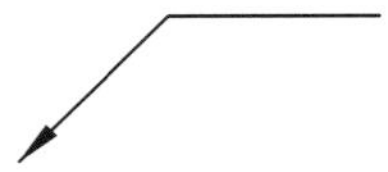

[ ] 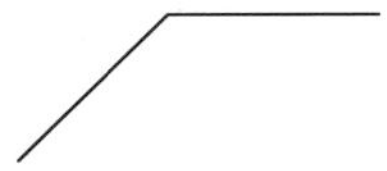

8 Conforme dissemos anteriormente, em muitos casos, linhas diferentes se cruzam em diferentes situações em um desenho. Em tais situações, algumas convenções podem ajudar a compreender os desenhos, sobretudo os esboços. No quadro, faça um esboço do encontro das linhas citadas conforme cada situação.

| | | |
|---|---|---|
| 1 | Se existir uma aresta visível no prolongamento de uma aresta invisível | |
| 2 | Quando uma aresta invisível cruza outra aresta (visível ou invisível) | |
| 3 | Quando uma aresta invisível termina angularmente ou perpendicularmente a um contorno visível | |
| 4 | Quando duas linhas de eixo se interceptam | |
| 5 | Quando duas ou mais arestas terminam em um ponto | |

9 Em uma escala 1:20, o tamanho da representação é maior ou menor que o tamanho do objeto real? Explique sua resposta.

10 Complete a tabela a seguir com os respectivos valores.

| Dimensão da peça | Escala | Dimensão do desenho |
|---|---|---|
| | 1:1 | 47 |
| 50 | | 1 |
| | 1:250 | 50 |
| 375 | 1:5 | |
| | 1:10 | 12 |
| 35 | | 105 |
| 70 | | 7 |
| 11 | 11:1 | |
| 38 | 1:2 | |

## Para saber mais

*Você já pensou em quais são as escalas usadas em mapas?*

*No* site *a seguir você encontra mapas sobre diferentes assuntos.*

IBGE – Instituto Brasileiro de Geografia e Estatística. Mapas. Disponível em: <http://mapas.ibge.gov.br/>. Acesso em: 20 nov. 2017.

*Sabe onde podemos encontrar escalas gráficas? No Google Maps. Dê uma conferida*: <https://www.google.com.br/maps/place/Catedral+Metropolitana+Nossa+Senhora+Aparecida/@-15.7983419,-47.8777281,17z/data=!3m1!4b1!4m5!3m4!1s0x935a3b224c1f9a91:0x55fbb231e9698d19!8m2!3d-15.7983419!4d-47.8755394>. Acesso em: 20 nov. 2017.

*Nesse endereço, pesquisamos a Catedral Metropolitana de Brasília. Que tal você procurar sua casa?*

*Perceba que, ao se aproximar ou se afastar do mapa, a escala gráfica é redimensionada.*

# Capítulo Seis

# Sistemas de representação

Conteúdos do capítulo:

- × Sistema de representação.
- × Diedros e representação de objetos tridimensionais em desenhos bidimensionais.
- × Projeções ortogonais e vistas ortográficas.
- × Montagem de vistas de objetos a partir do objeto tridimensional.
- × Posicionamento das vistas, seus nomes e suas formas de representação.
- × Escolha da vista frontal.
- × Definição das vistas suficientes para representar os objetos tridimensionais.

Após o estudo deste capítulo, você será capaz de:

1. identificar o sistema de representação usado em desenhos técnicos;
2. elaborar vistas de peças simples;
3. compreender os sistemas gráficos de representação de peças;
4. escolher a vista frontal e as vistas necessárias para representar peças.

Como vimos anteriormente, o desenho técnico evoluiu gradualmente para uma eficiente forma de comunicação gráfica entre desenhistas, profissionais e consumidores. Sua principal função é criar um conjunto de documentos (pranchas de desenho) que tragam, em si, instruções claras sobre forma, articulação, estrutura e funcionamento de objetos projetuais de diferentes naturezas. Assim, conforme o intuito do desenho, detalhes dimensionados podem ser incluídos a fim de incrementar o processo comunicativo, representando informações básicas relativas a forma, localização, estrutura e acabamento.

Mas como representar um objeto tridimensional em uma folha de papel?

Gaspard Monge, matemático francês do século XVIII, vislumbrando simplificar os cálculos necessários para projetar métodos de defesa a fim de que nada ficasse exposto ao fogo direto do inimigo em uma disciplina de teoria das fortificações, desenvolveu as bases da chamada *geometria descritiva*.

Um dos mais importantes ramos da geometria, a geometria descritiva visa à representação de objetos tridimensionais em um plano bidimensional. Para tanto, utiliza a chamada *épura* para representar objetos a partir de observadores situados no infinito, determinando direções de retas projetantes, conforme a Figura 6.1.

Figura 6.1 – Épuras tridimensional (A) e bidimensional (B)

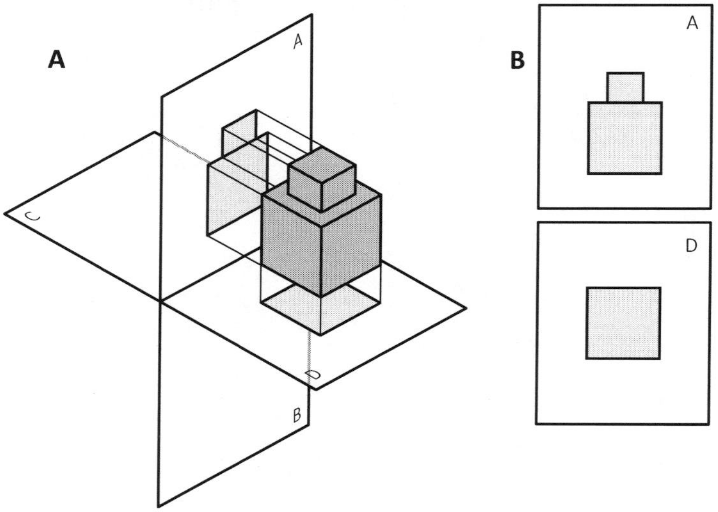


A épura de Monge é, portanto, a planificação da projeção ortogonal.

6.1

## Sistema de representação de Monge

Considerando os planos vertical e horizontal prolongados além de suas interseções, a épura de Monge é construída a partir da divisão do espaço em quatro ângulos diedros, de duas faces.

Tais ângulos são, então, numerados no sentido anti-horário (Figura 6.2) e denominados *primeiro*, *segundo*, *terceiro* e *quarto diedros*.

Figura 6.2 – Diedros do sistema de representação de Monge

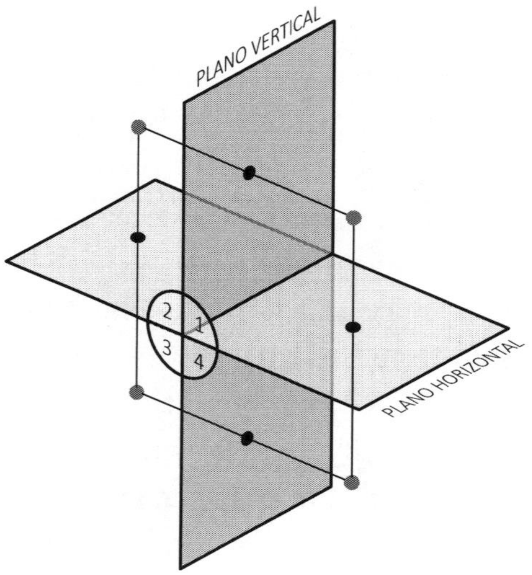

Pode-se representar formas tridimensionais utilizando os rebatimentos de qualquer dos quatro diedros. Entretanto, para garantir maior entendimento dos profissionais envolvidos e, consequentemente, viabilizar o desenvolvimento industrial e facilitar o exercício da engenharia, foi necessário normalizar uma linguagem que simplifica o intercâmbio de informações tecnológicas entre profissionais mundo afora.

As entidades responsáveis pela normatização do desenho técnico, assim, restringiram o uso das projeções ortogonais ao primeiro e ao terceiro diedro apenas, criando dois sistemas para representação de peças:

1. sistema de projeções ortogonais pelo primeiro diedro;
2. sistema de projeções ortogonais pelo terceiro diedro.

O uso de um ou outro sistema depende das normas adotadas em cada país. Nos Estados Unidos, na Inglaterra e no Japão, por exemplo, é mais difundido o uso do terceiro diedro, ao passo que grande parte da Europa e o Brasil utilizam o primeiro diedro. Entretanto, o conhecimento dos dois sistemas é fundamental para a leitura de materiais oriundos de todas as partes do planeta, sobretudo quando se deseja trabalhar em empresas multinacionais. A interpretação errônea de desenhos técnicos pode acarretar grandes prejuízos materiais aos envolvidos.

As Figuras 6.3 e 6.4 contemplam a mesma peça representada conforme ambos os sistemas.

**Figura 6.3** – Projeção pelo primeiro diedro (sistema europeu)

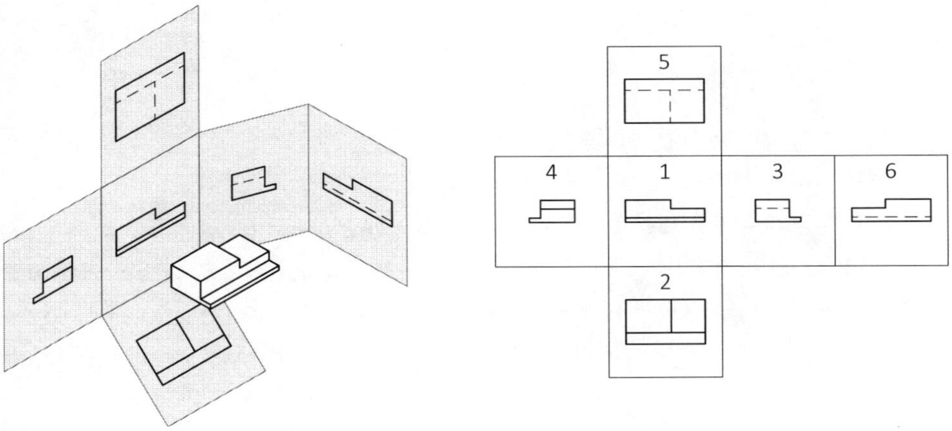


Fabrício Tacahashi

Figura 6.4 – Projeção pelo terceiro diedro (sistema americano)

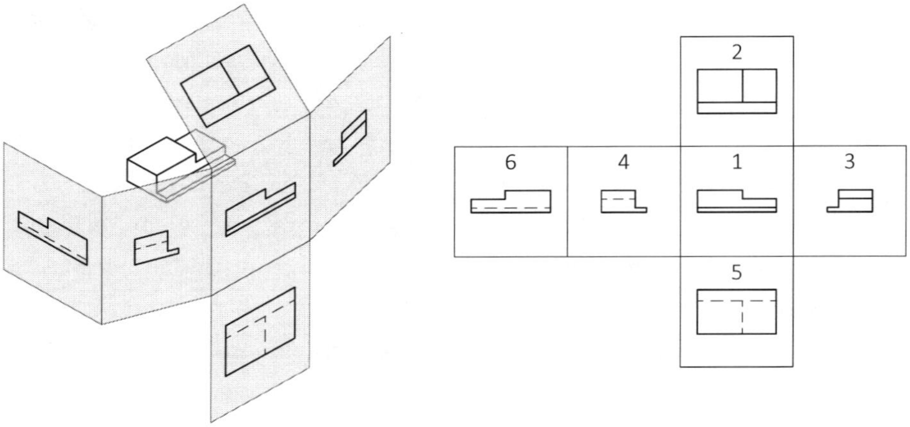


Para facilitar a identificação do sistema de representação usado, a legenda da prancha deve conter o respectivo símbolo.

Figura 6.5 – Símbolos dos sistemas de representação

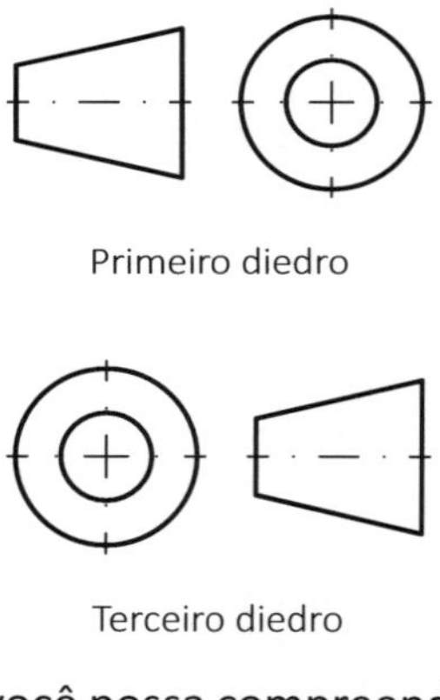


Para que você possa compreender as diferenças entre os dois sistemas, primeiramente trataremos das projeções ortogonais. Para tanto, utilizaremos o sistema de projeções ortogonais pelo primeiro diedro, conforme previsto nas normas brasileiras.

6.2

## Projeções ortogonais

Tome um ponto P (entidade elementar) no espaço e um plano α qualquer, conforme a Figura 6.6. O plano constitui uma representação plana e resulta de uma projeção desse ponto. Nesse caso, a direção definida pela projeção plana do ponto e pelo observador é designada projetante.

Figura 6.6 – Projeção ortogonal

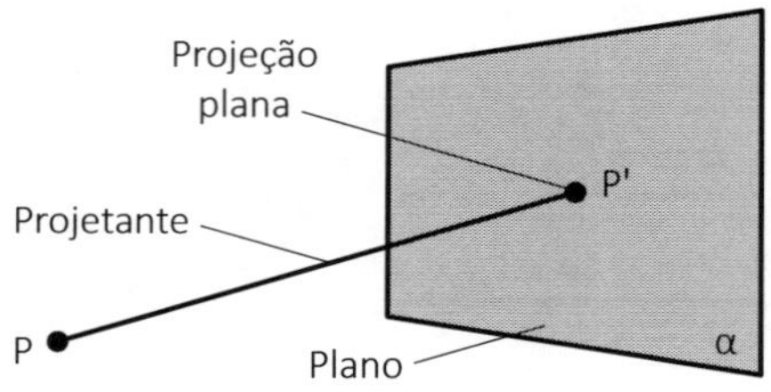


De acordo com o conceito representado pela figura anterior, percebemos que, considerando um único plano e um só ponto, podem ser obtidas infinitas projeções (Figura 6.7).

Figura 6.7 – Várias projeções

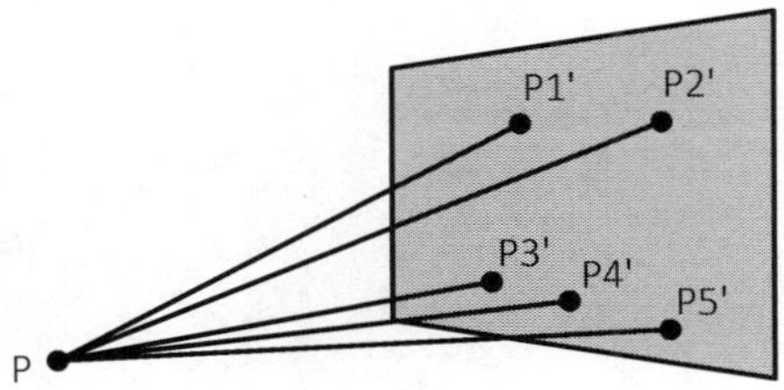


Caso haja apenas uma representação possível, caracterizando solução única, o conceito de ortogonalidade foi incorporado às tais projeções (Figura 6.8). Conforme a Figura 6.9, portanto, viabiliza-se a representação de objetos tridimensionais em planos bidimensionais.

Figura 6.8 – Ortogonalidade

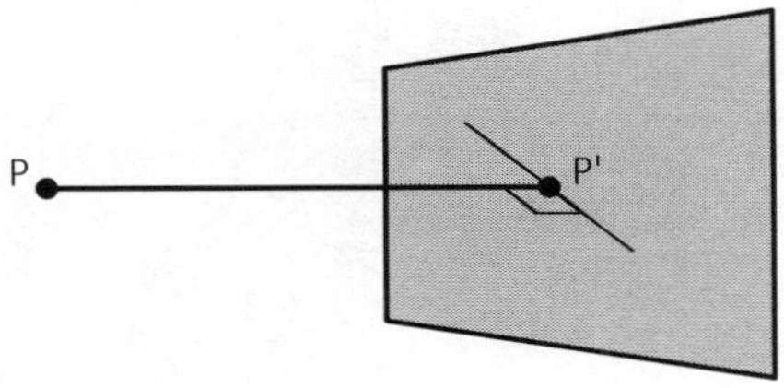


Figura 6.9 – Projeção de objeto tridimensional em plano bidimensional

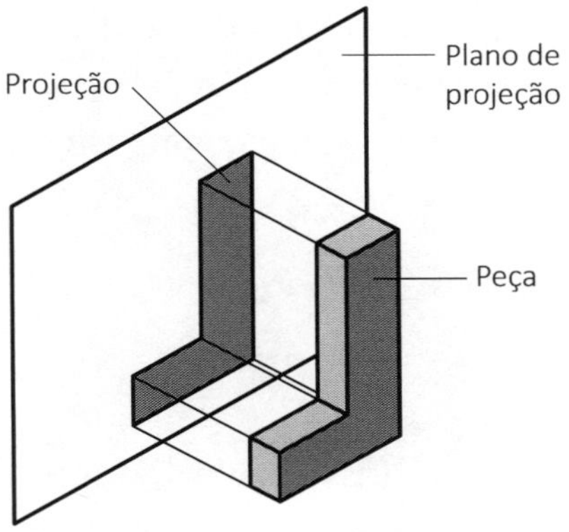


Assim, a representação dos objetos em desenhos técnicos projetivos, desde Monge, passou a ser feita a partir de sua projeção em um plano. Tais projeções são denominadas *ortogonais* (do grego *orthos*, que significa "reto", e *gonos*, o equivalente a "ângulo"). A Associação Brasileira de Normas Técnicas (ABNT) adota a projeção ortogonal (Figura 6.10), por ser a representação mais fiel à forma do objeto em questão.

Figura 6.10 – Projeção ortogonal de objeto tridimensional

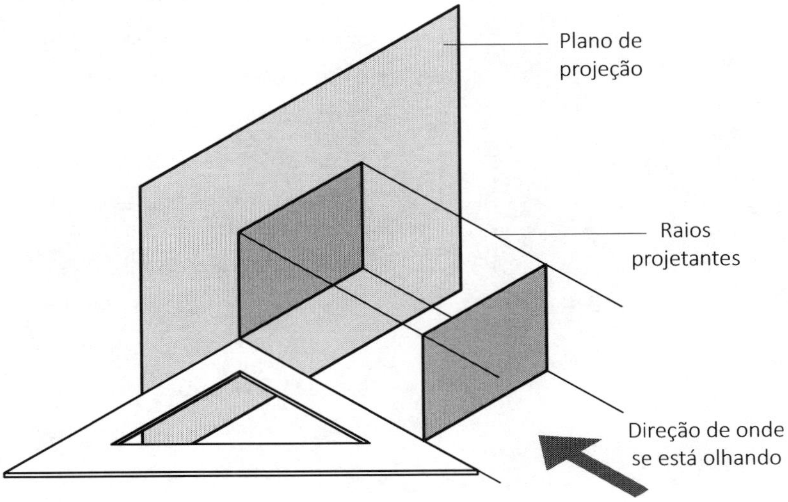

A projeção ortogonal de uma figura geométrica *F* sobre um plano *α* é o conjunto das projeções ortogonais de todos os pontos de F sobre α. Perceba, na Figura 6.11, que os raios projetantes tangenciam os vértices de F.

Figura 6.11 – Raios projetantes

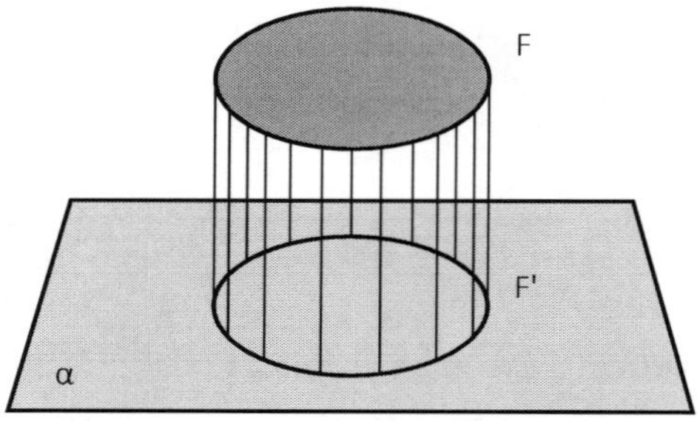


A representação pressupõe os raios projetantes, paralelos entre si e perpendiculares em relação ao plano de projeção.

Que tal mais alguns exemplos? Note os retângulos da Figura 6.12.

Figura 6.12 – Representações ortogonais

**A**

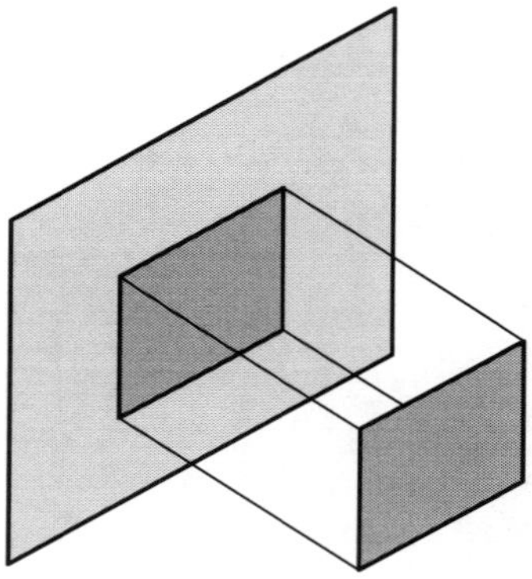

*(continua)*

*(Figura 6.12 – conclusão)*

**B**

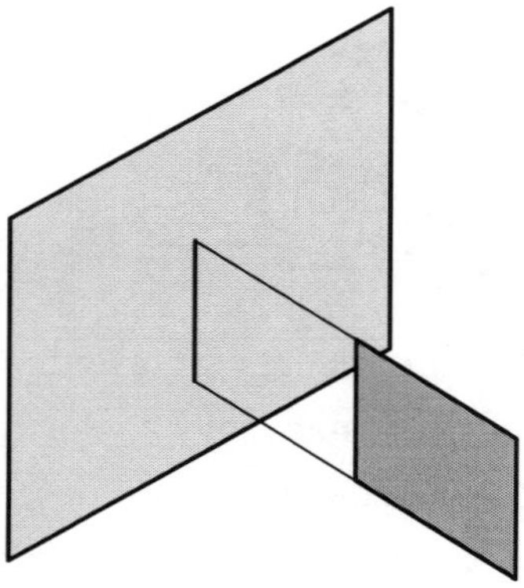

**C**

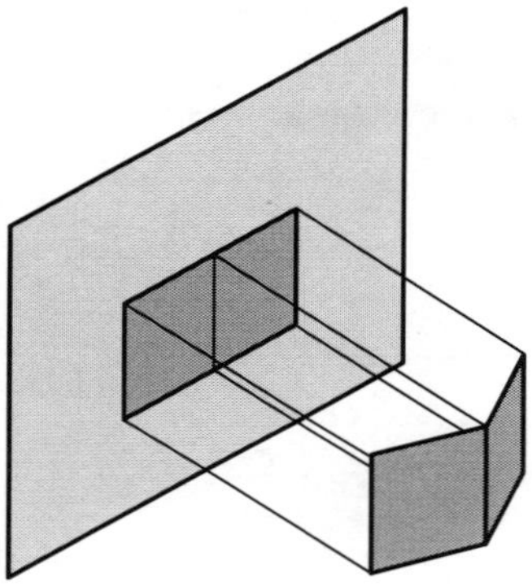

Perceba que toda superfície paralela a um plano de projeção (A) nele se projeta de acordo com sua forma e sua verdadeira grandeza. Já quando a superfície é perpendicular ao plano (B), a projeção resultante é uma linha. Finalmente, arestas resultantes das interseções de superfícies (C) são representadas por linhas.

Muitas vezes, porém, a projeção ortogonal em determinado plano não representa corretamente a forma do objeto em questão. Na Figura 6.13, perceba que, apesar de as formas serem diferentes, o resultado das projeções é igual.

Figura 6.13 – Projeção em um só plano: vista frontal

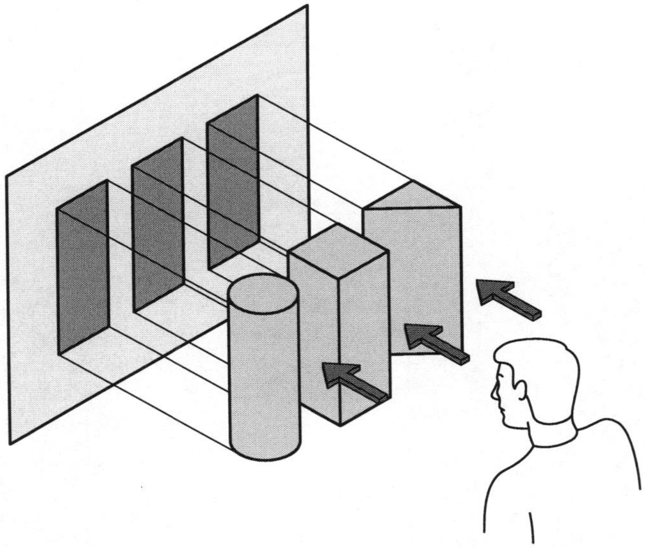
Fabrício Tacahashi

A fim de melhor representar os objetos e evidenciar a existência de uma terceira dimensão, é necessário fazer uma segunda projeção ortogonal – desta vez, observando os sólidos por outro lado. Que tal olharmos os mesmos objetos por cima, como na Figura 6.14?

Figura 6.14 – Projeção ortogonal: vistas superior e frontal

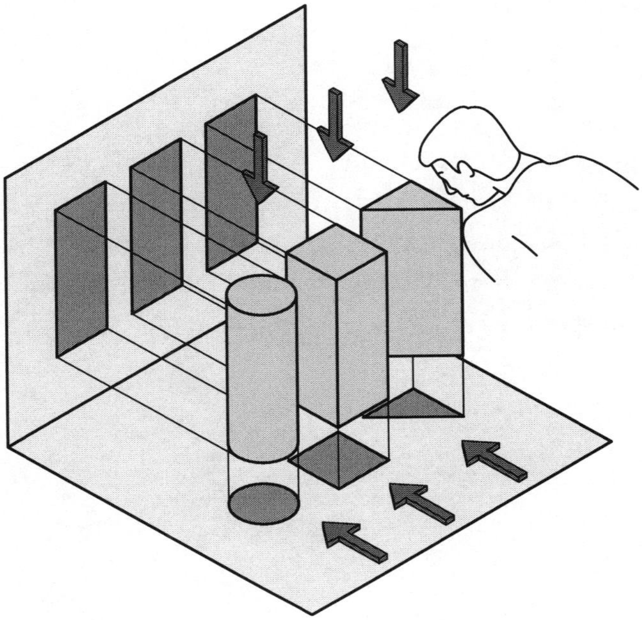
Fabrício Tacahashi

A Figura 6.15 apresenta o rebatimento do plano horizontal até a formação de um único plano, na posição vertical.

Figura 6.15 – Rebatimento do plano horizontal

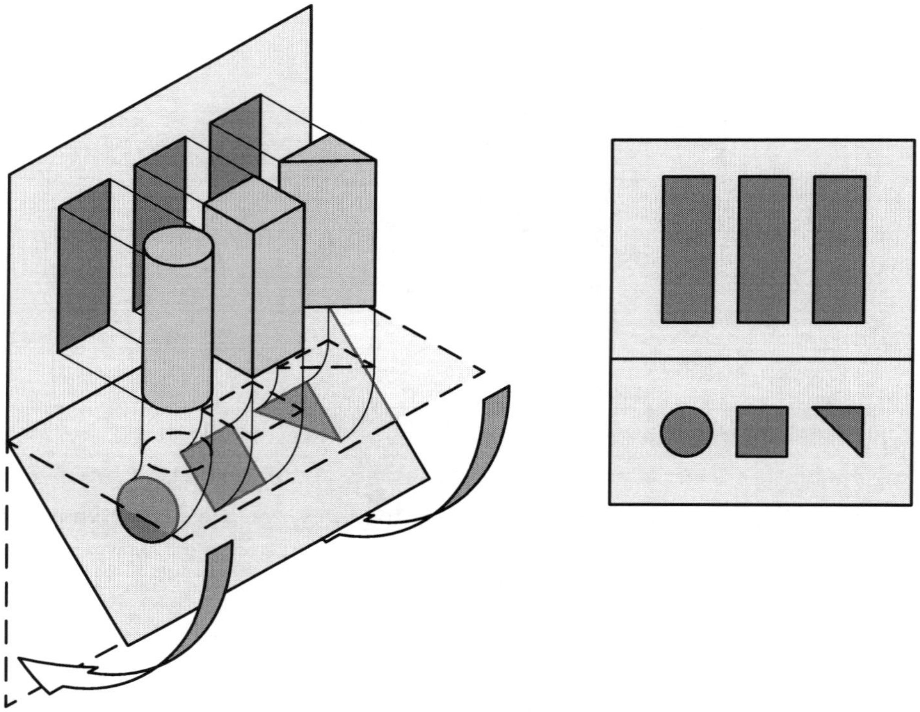

Fabrício Tacahashi

Ao observar cada par de projeções ortogonais e sabendo que correspondem, respectivamente, às representações dos três sólidos vistos por posições diferentes, pode-se compreender, a partir das figuras planas, a forma espacial de cada sólido representado. Tais projeções são chamadas de *vistas*. Nosso exemplo contempla as vistas frontal e superior dos objetos.

Portanto, como você pode ver na Figura 6.16, a projeção de um objeto no plano vertical representa seu comprimento e sua altura (A), ao passo que a projeção horizontal representa sua largura e seu comprimento (B).

Figura 6.16 – Representação de dimensões pela projeção

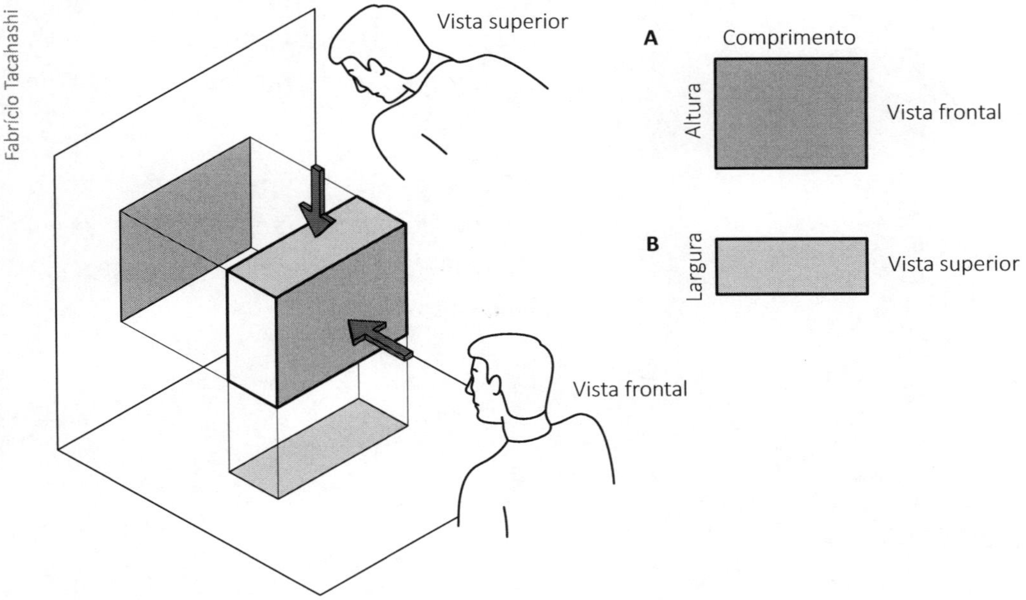


Perceba, na Figura 6.17, como ficariam as vistas frontal e superior da casa representada (A). A partir de duas projeções ortogonais e considerando a janela e a porta, temos o resultado apresentado em B.

Figura 6.17 – Projeções de uma casa

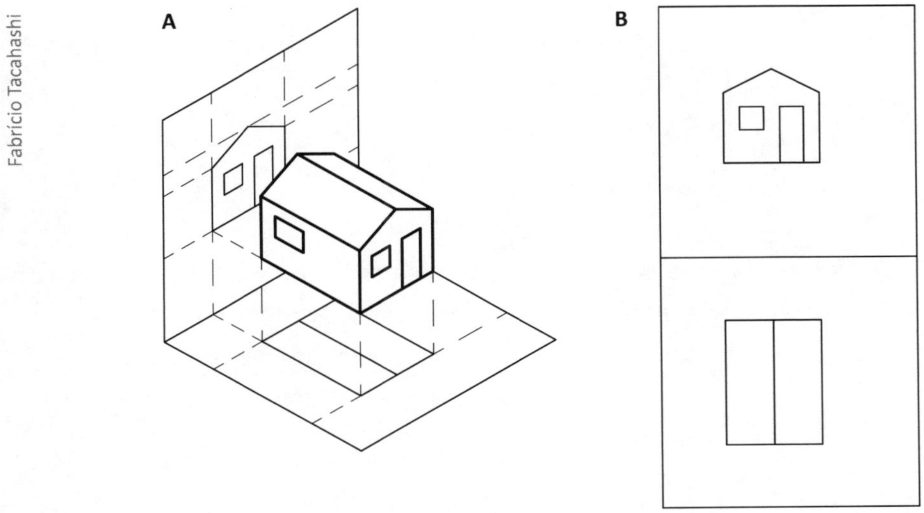


Repare que a casa conta com ainda, ao menos, uma janela não retratada nas projeções. Tome como exemplo a peça da Figura 6.18.

Figura 6.18 – Resultados diferentes nos planos de projeção para a mesma peça

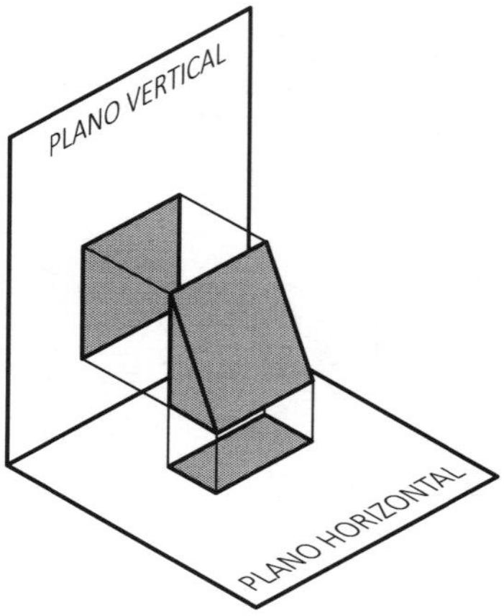


Como na casa, as duas projeções apresentadas não representam inteiramente a peça. Para representar esse prisma regular, é preciso, ao menos, de mais uma projeção.

Portanto, quanto mais complexa for a forma do objeto representado, maior será o número de vistas necessárias para representá-lo no plano.

Figura 6.19 – Três projeções de um objeto

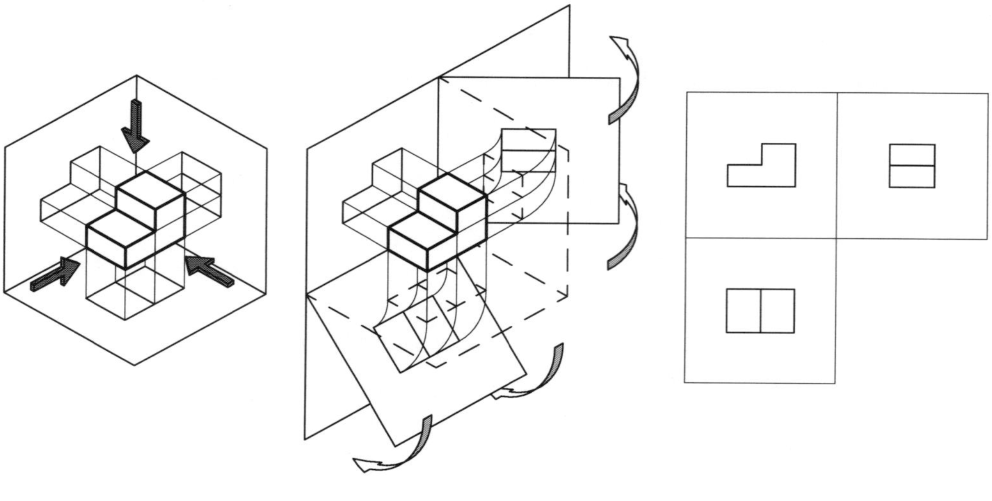

Fabrício Tacahashi

Na Figura 6.19, foi usada uma terceira projeção, de um plano lateral, para que a representação da peça fosse fiel à realidade.

As normas de desenho técnico convencionam que o lado projetado no plano vertical é considerado a frente da peça e que todas as projeções devem ter seu sentido de rebatimento reposicionado para a posição vertical, como na figura anterior.

Seguindo tal raciocínio, chegamos a seis vistas, fruto das seis projeções ortogonais possíveis (Figura 6.20).

Figura 6.20 – Seis vistas possíveis

Fabrício Tacahashi

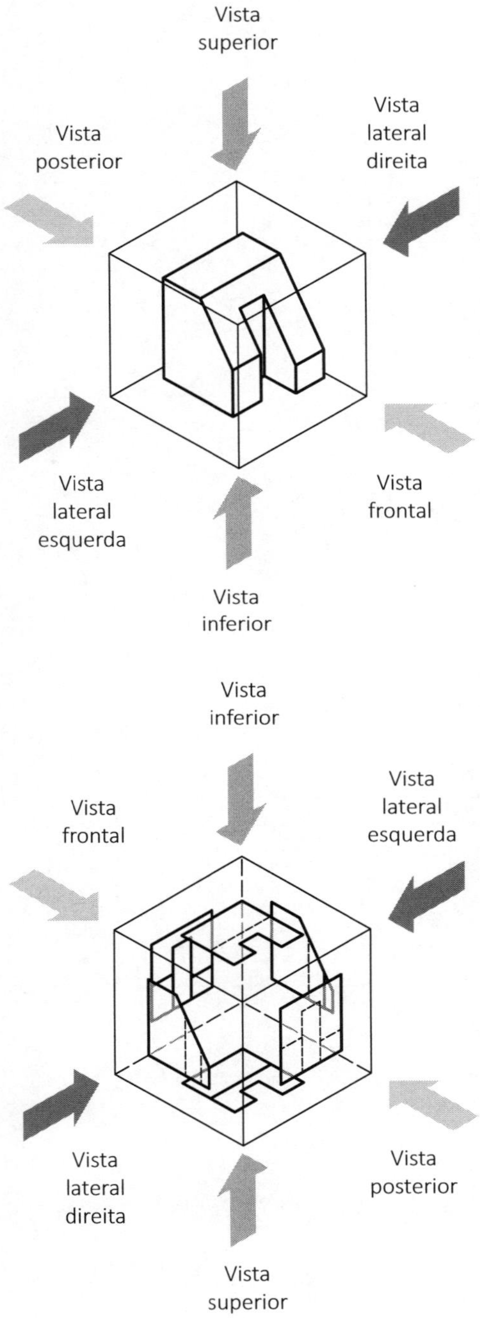


Repare que projeção ortogonal é a base das representações ortográficas. Um modelo tridimensional disposto no primeiro diedro paralelamente aos planos é um exemplo desse tipo de projeção. Uma projeção ortogonal também pode resultar de uma projeção cilíndrica perpendicular ao plano. Isso gera as representações ortogonais. Ao final do processo, os planos de projeção rebatem em épura, evidenciando as representações ortogonais.

É importante perceber que, considerando a relação entre o observador, o objeto e o plano de projeção, tem-se a vista lateral direita, por exemplo, projetada na face esquerda do cubo. O mesmo se repete de forma análoga nas demais faces.

A partir daí, ao se proceder a uma planificação das faces do cubo tomando como referência fixa a que contém a vista frontal, obtém-se um conjunto de seis vistas, conforme a Figura 6.21.

Figura 6.21 – Processo de planificação e resultado final

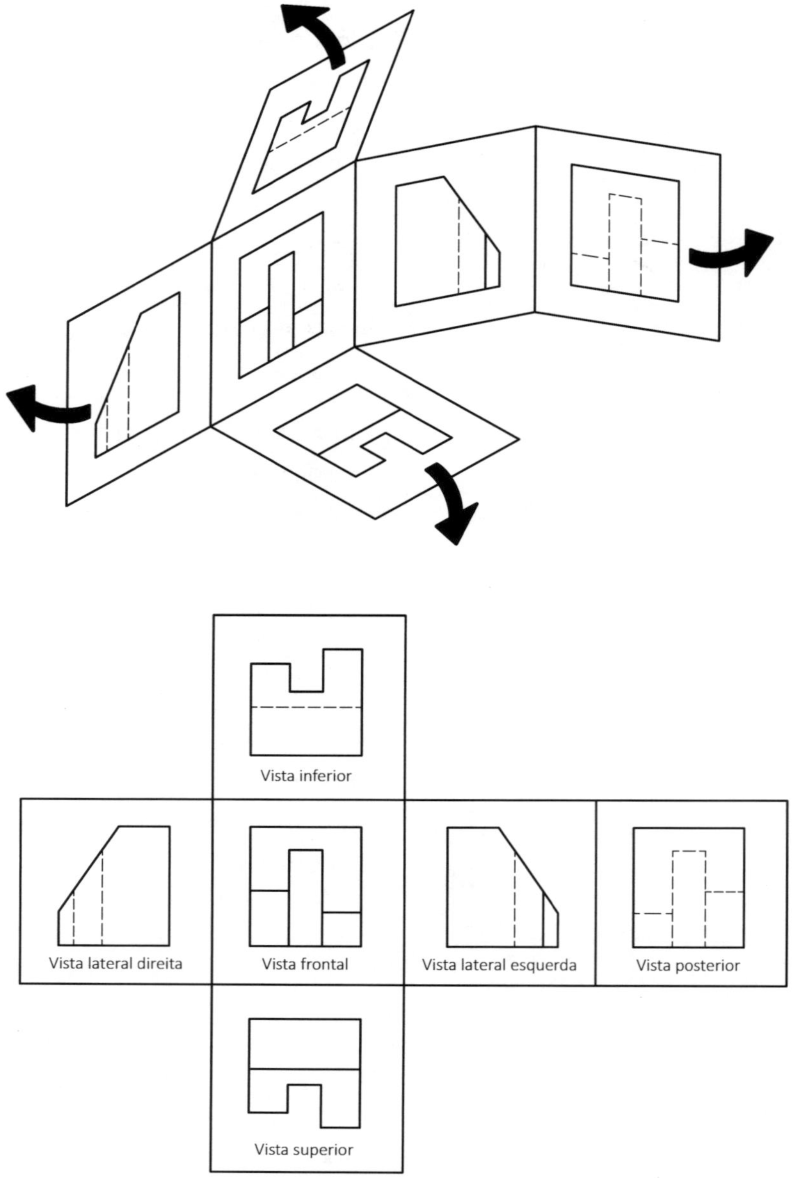


Fabrício Tacahashi

Repare que algumas linhas são tracejadas: em desenho técnico, representam arestas ocultas, conforme estudamos no Capítulo 5.

Os rebatimentos normalizados para o primeiro diedro mantêm, em relação à vista de frente, as seguintes posições:

→ A vista de cima fica embaixo.

→ A vista de baixo fica em cima.

→ A vista da esquerda fica à direita da vista frontal e à esquerda da vista posterior.

→ A vista da direita fica à esquerda.

→ A vista posterior fica ao lado da vista esquerda.

Observe que, em um conjunto completo de vistas, não há necessidade de nomear cada uma, pois o objeto tridimensional deve ser construído de acordo com o entendimento das projeções normalizadas, conforme a Figura 6.22.

Figura 6.22 – Projeções normalizadas

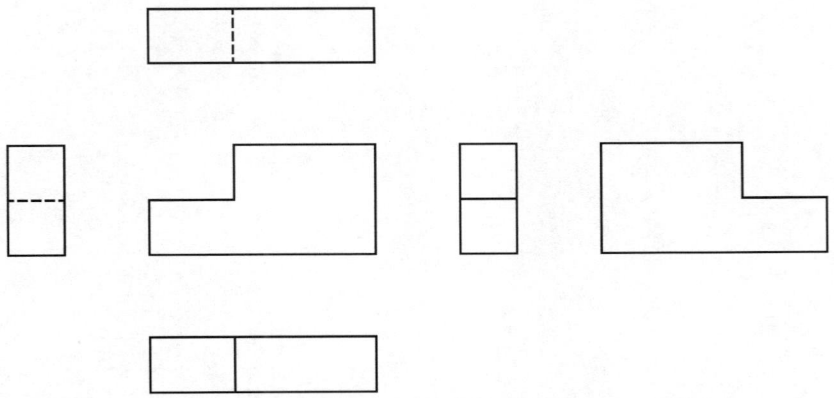

O objeto correspondente a tais projeções é contemplado pela Figura 6.23.

Figura 6.23 – Objeto tridimensional correspondente às projeções normalizadas

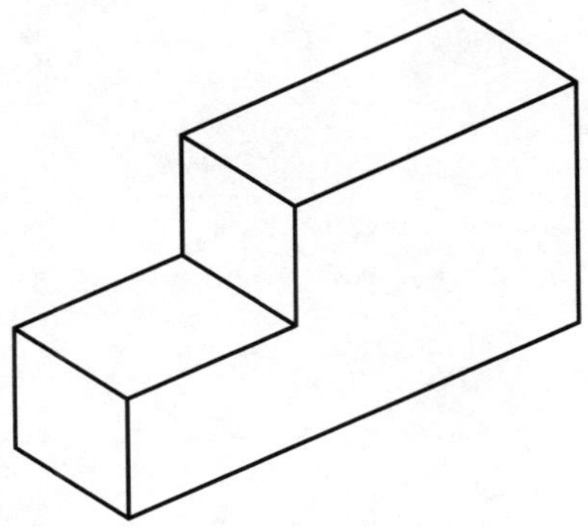

## Exercícios rápidos

1 Considerando o que você acabou de aprender, complete os desenhos das projeções e nomeie cada uma das vistas apresentadas.

a]

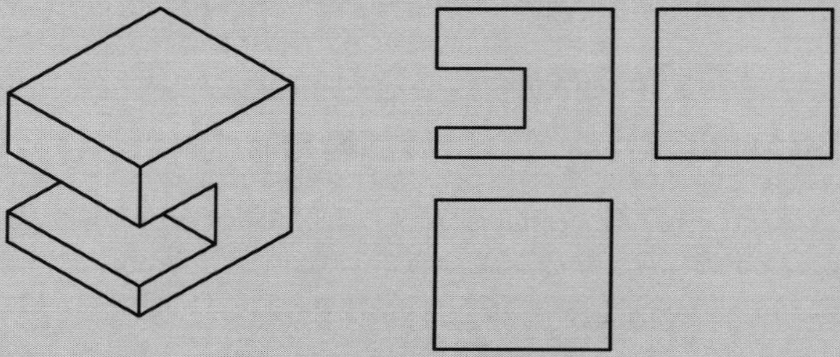

b]

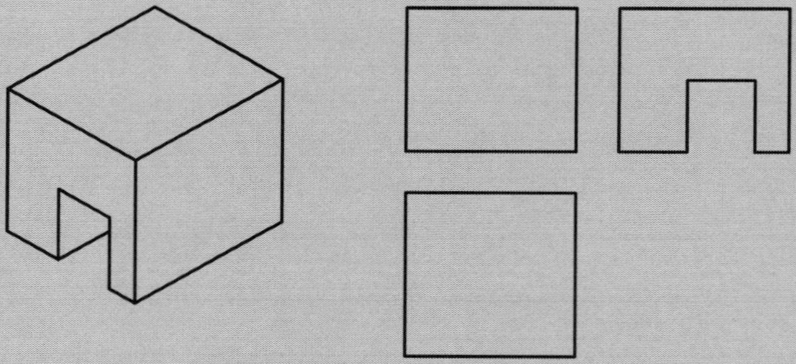

c]

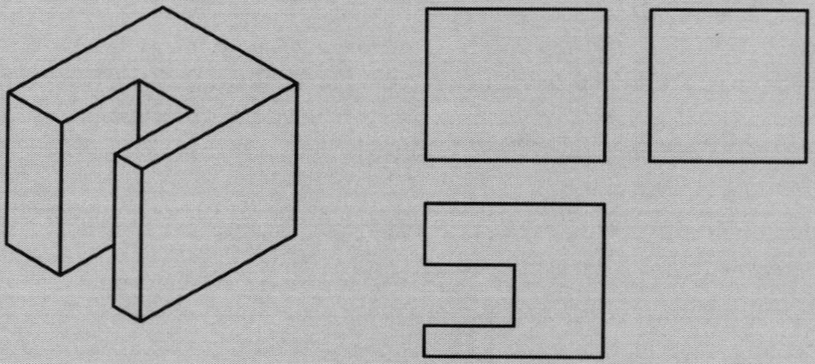

Fabrício Tacahashi

2 Com base no exercício anterior, observe as alterações em cada vista. Anote o que observou.

3 Vamos complicar um pouco? Nomeie cada vista e complete as projeções.

a]

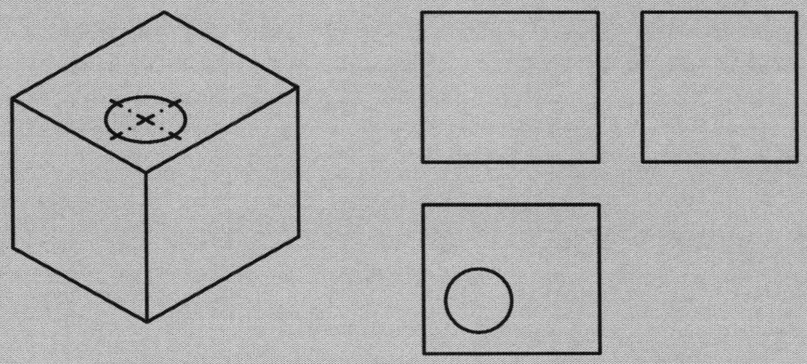

b]

c]

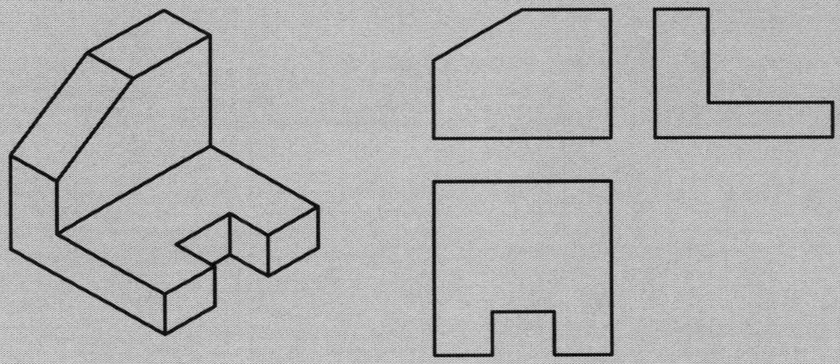

Em inúmeros casos, é desnecessária a produção das seis vistas, sobretudo quando se trata de peças que guardam em si alguma forma de simetria. Mesmo na peça da Figura 6.20, de aparente complexidade, não seriam necessárias todas as vistas para representá-la fielmente. Cabe ao desenhista escolher as que melhor representam o objeto.

É importante enaltecer que se deve olhar para o desenho sabendo que as vistas, embora bidimensionais, representam o mesmo objeto observado de diversas posições.

**Exercício rápido**

Faça um esboço simples das projeções necessárias e suficientes para representar a Figura 6.23, do exemplo anterior. Quantas e quais são? Para fazer esse desenho, use uma folha sulfite A4 com margens e legenda conforme o padrão.

6.2.1

## Escolha das vistas adequadas

Costuma-se trabalhar com as projeções necessárias e suficientes porque propiciam uma visualização bem determinada e inequívoca da peça, sem repetição de informação.

Mas como condensar as informações no menor número de vistas possível?

Primeiramente, deve-se escolher o lado da peça ou do objeto a ser considerado como frente.

Para tanto, analisando a peça em posição de trabalho ou equilíbrio, toma-se como frente o lado que melhor define sua forma. Quando bem-definida por mais de um lado, costuma-se usar o de maior comprimento.

Na peça da Figura 6.24, por exemplo, qualquer dos lados poderia ser considerado frente, mas a opção pelo indicado na Figura 6.25 reduz o número de vistas necessárias para o devido entendimento.

Figura 6.24 – Objeto tridimensional e todas as vistas

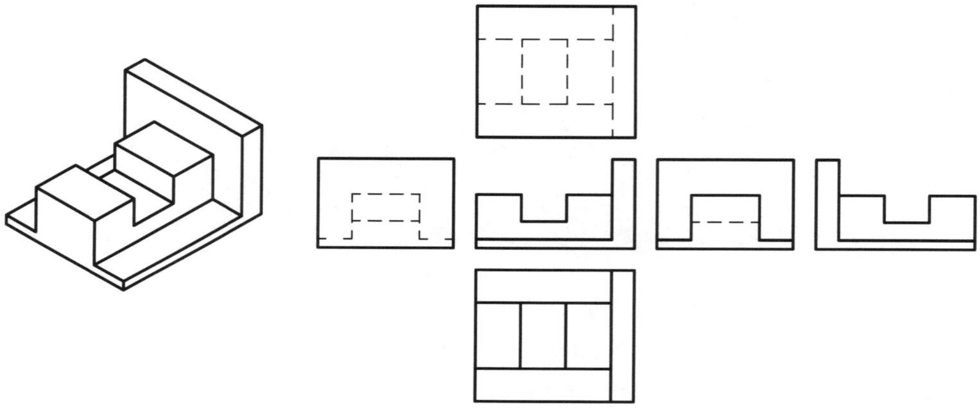

Fabrício Tacahashi

Figura 6.25 – Vistas necessárias

Fabrício Tacahashi

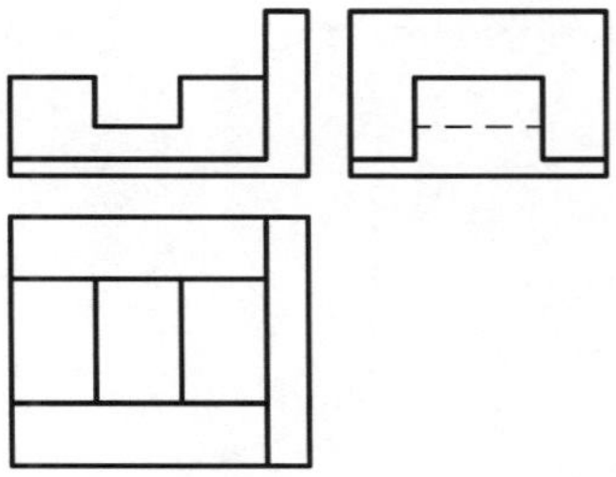

No capítulo seguinte trataremos do desenho da perspectiva, importante recurso de representação. Mas, antes, que tal fixar e reforçar os conteúdos trabalhados até agora?

## Síntese

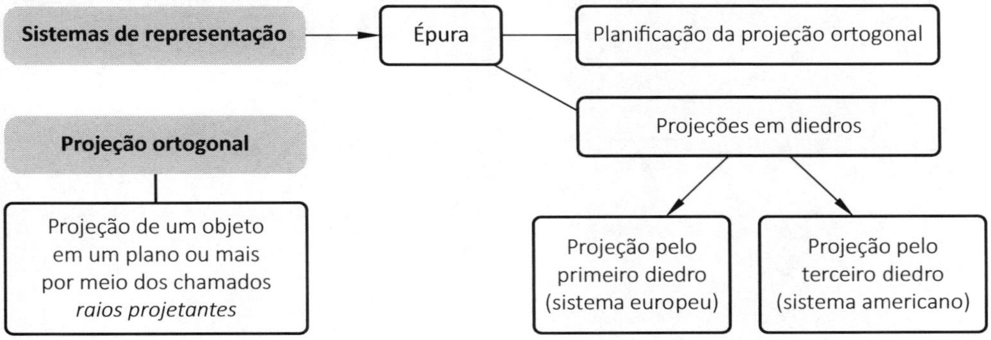


## Questões para revisão

1 Com base na imagem a seguir, nomeie cada um dos diedros e aponte quais são os diedros normalizados.

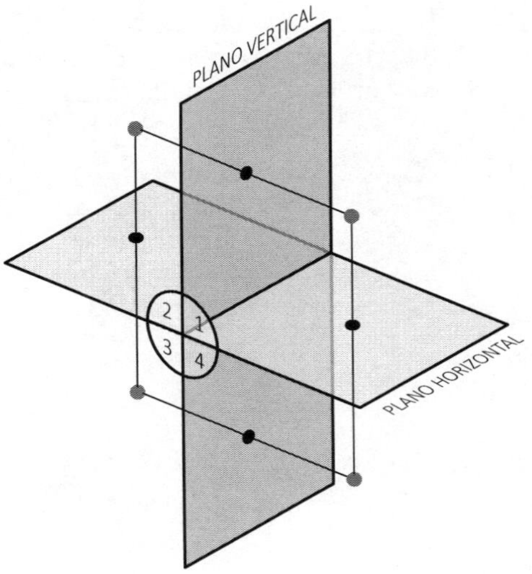

2 No Brasil, qual sistema de projeção é comumente utilizado?

3 Identifique o sistema de representação utilizado em cada um dos desenhos a seguir.

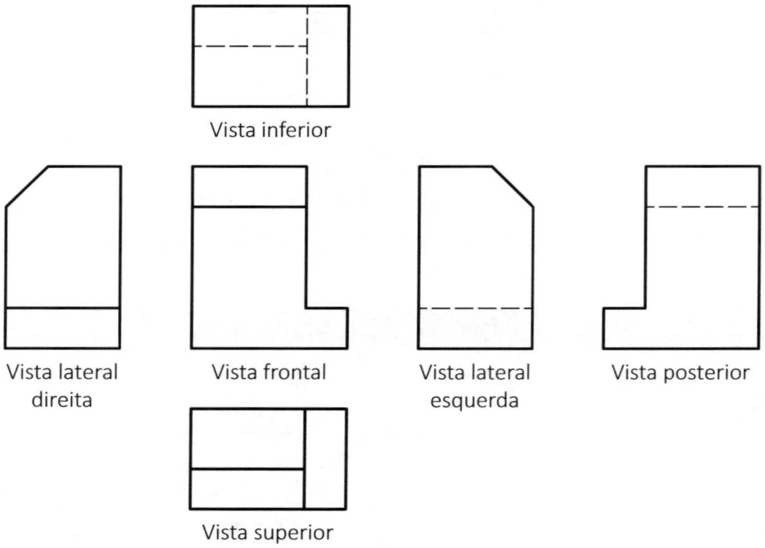


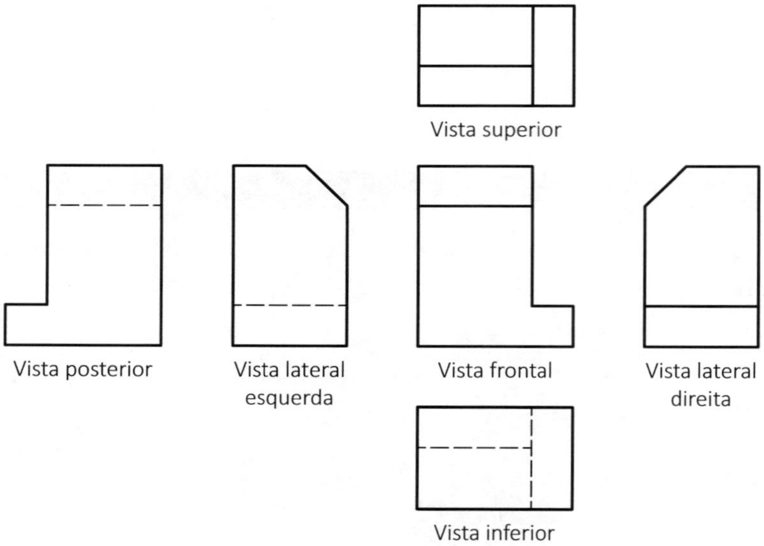


Fabrício Tacahashi

4 Desenhe a vista necessária faltante no espaço assinalado.

a]

Fabrício Tacahashi

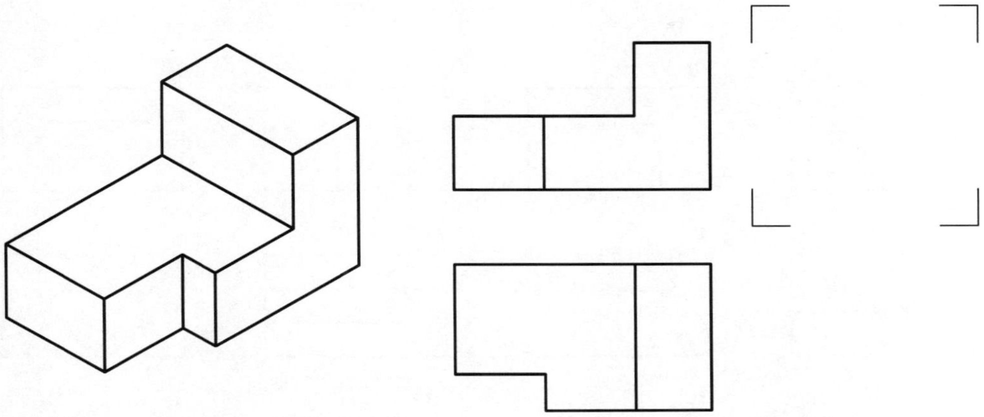

b]

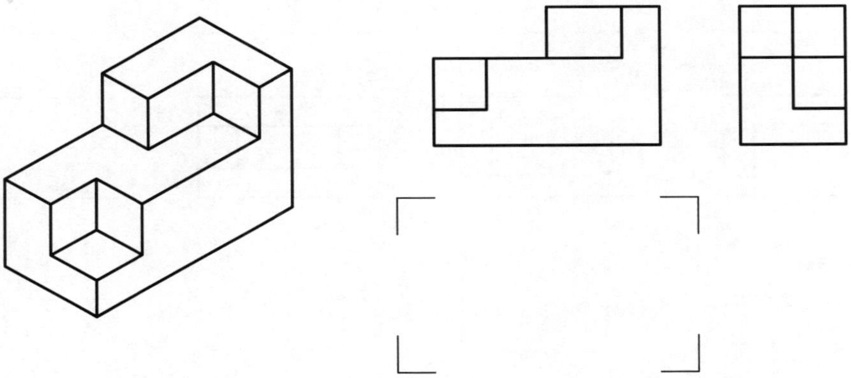

c]

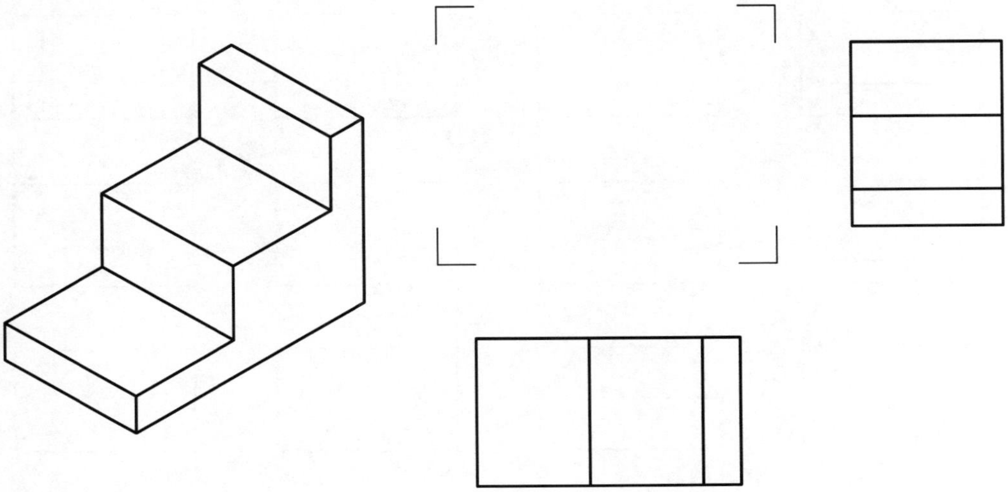

5 Associe, nos desenhos a seguir, as vistas correspondentes (planta e elevação).

Fabrício Tacahashi

**Planta**

a]
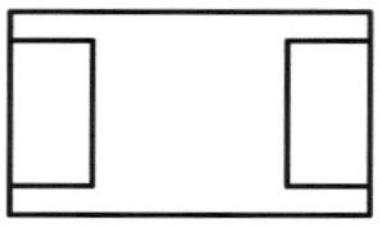
b]
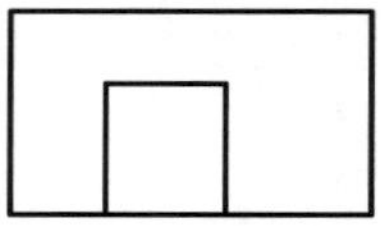
c]
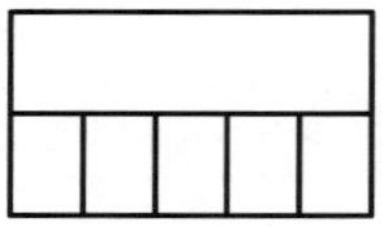
d]
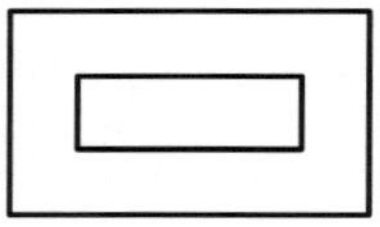

e]
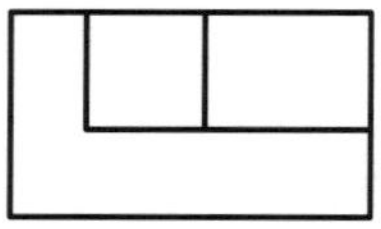
f]
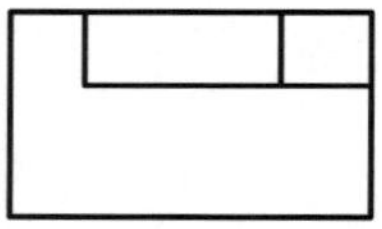
g]
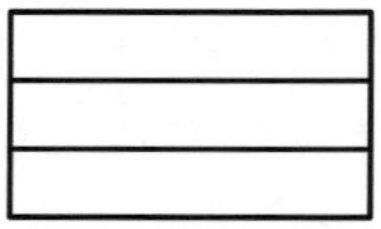
h]
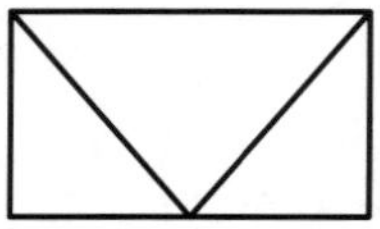

i]
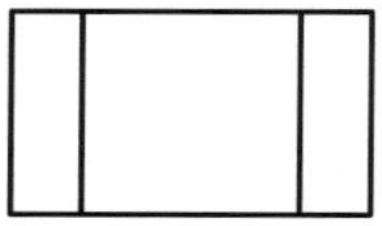
j]
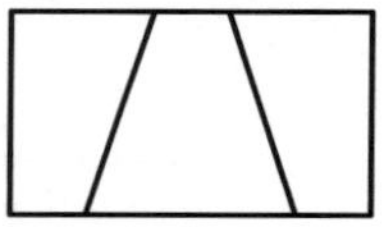
k]
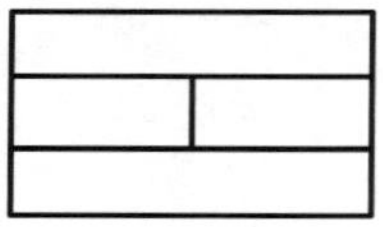
l]
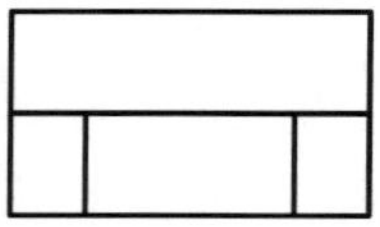

m]
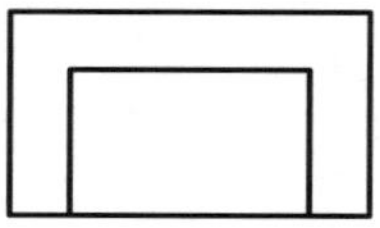
n]
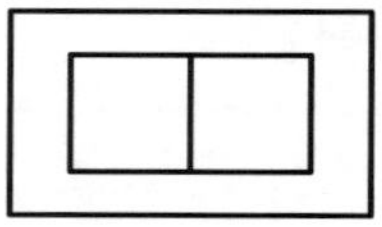
o]
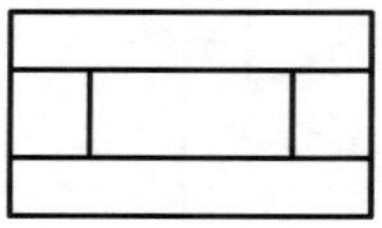
p]
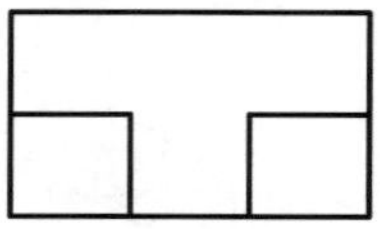

**Elevação**

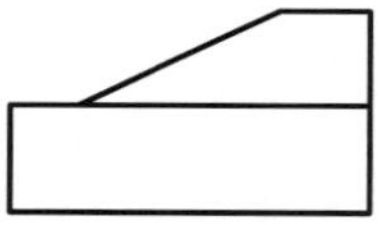
1 ___
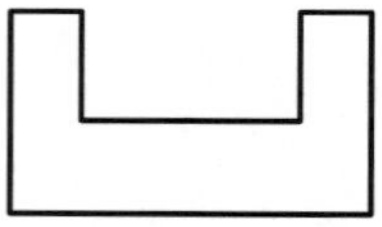
2 ___
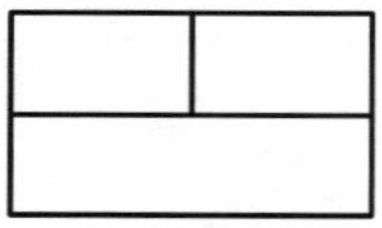
3 ___
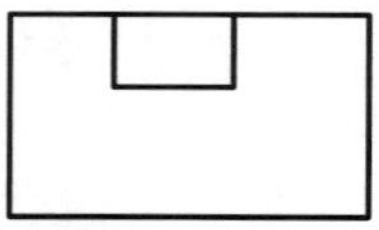
4 ___

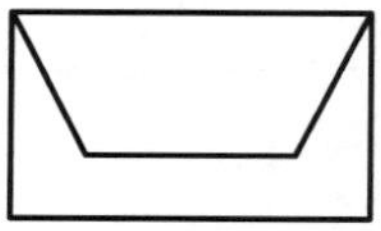
5 ___

6 ___
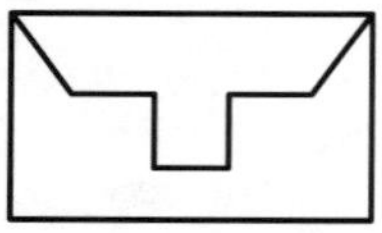
7 ___
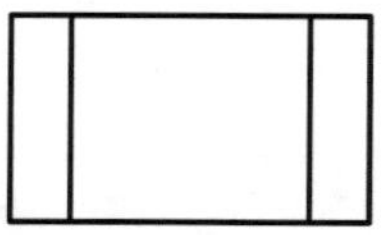
8 ___

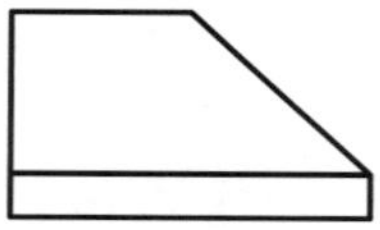
9 ___
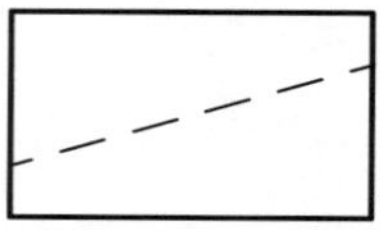
10 ___
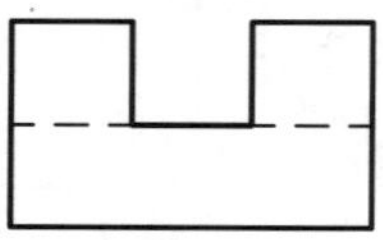
11 ___
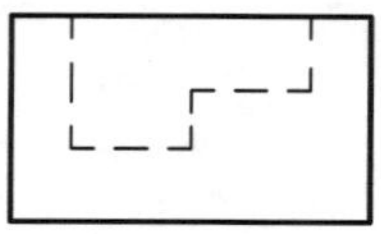
12 ___

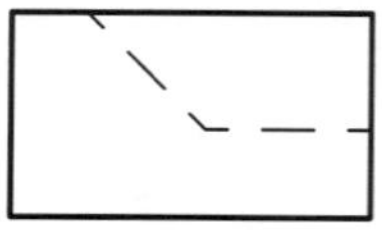
13 ___
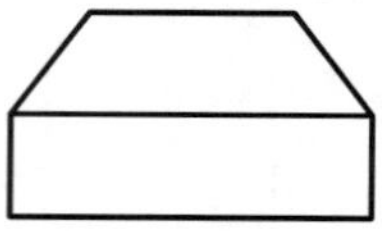
14 ___
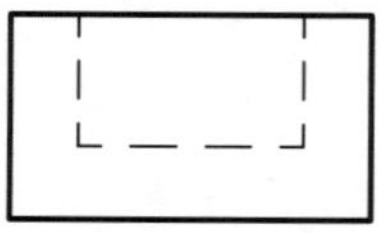
15 ___
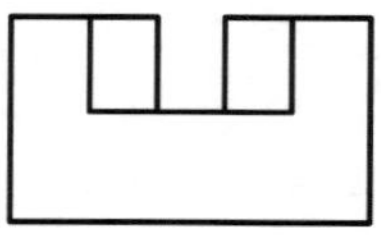
16 ___

6 Desenhe, usando régua e esquadro, todas as vistas das seguintes peças. Para obter as medidas, utilize sua régua graduada.

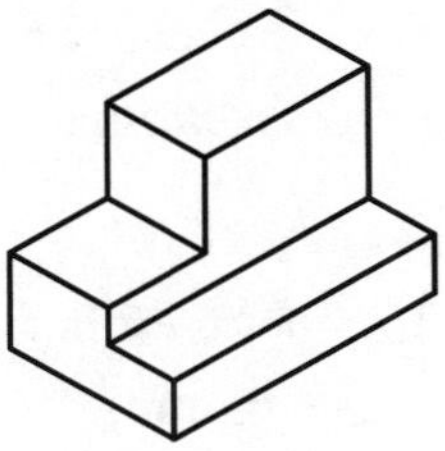

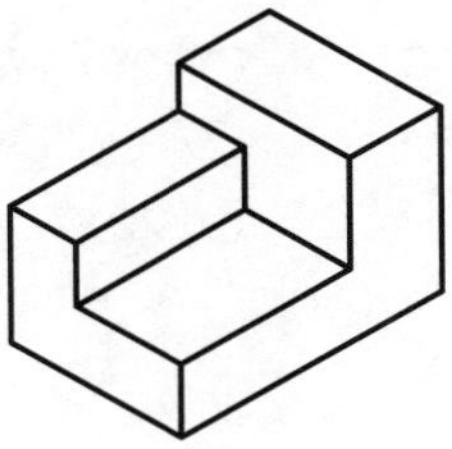

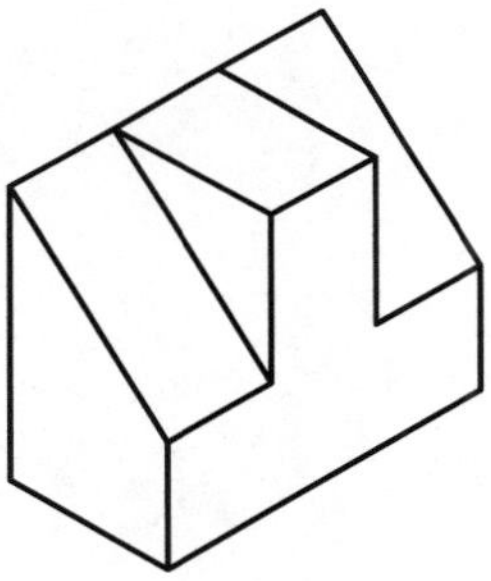

7 Aponte, em relação às peças do exercício 6, as vistas necessárias para sua representação precisa.

8 (CESPE – 2012 – ANAC) Acerca das técnicas de desenho técnico, base de conhecimento do desenho arquitetônico, julgue o item a seguir.

Considerando-se que, em desenho técnico, representam-se objetos por meio das suas vistas ortográficas, é correto afirmar que o objeto mostrado na figura a seguir está representado nas vistas ortográficas de frente, superior e lateral direita.

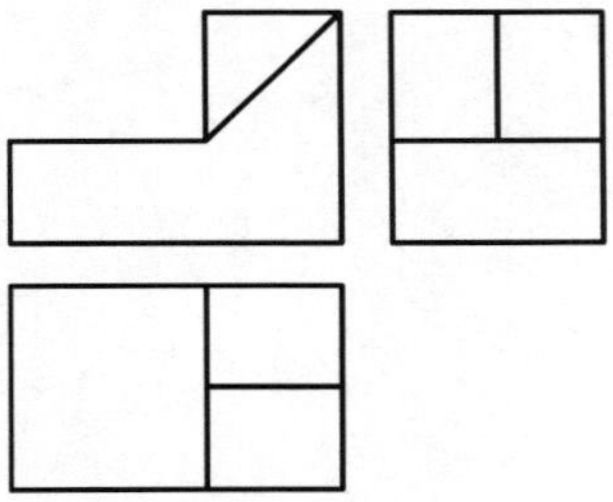

[ ] Certo

[ ] Errado

9 (CESPE – 2009 – FUB)

Fabrício Tacahashi

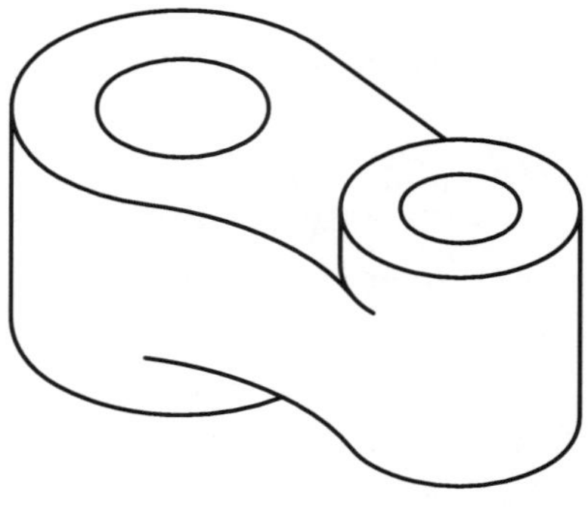

Considerando a figura anterior em perspectiva, julgue os itens seguintes.

O desenho a seguir representa a vista superior da figura em perspectiva.

Fabrício Tacahashi

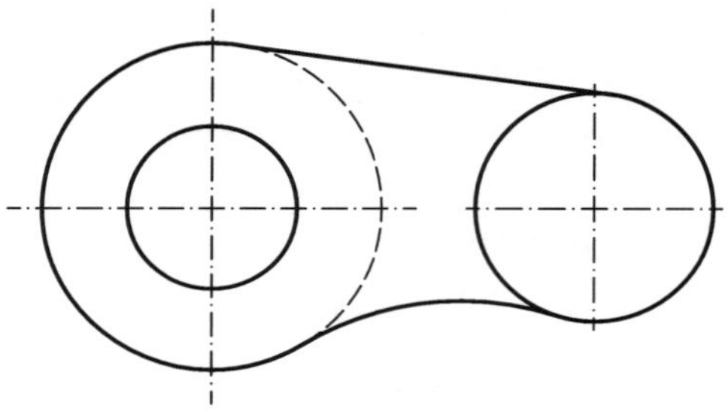

[ ] Certo
[ ] Errado

## PARA SABER MAIS

*Ainda está com dúvidas? Que tal assistir à aula de projeções ortogonais do novo Telecurso? Ela é para o ensino técnico, mas pode ajudar você nesse primeiro contato com o desenho técnico:*

TELEAULAS Telecurso. **Projeções ortográficas e diedros**: desenho técnico (Profissionalizante). Aula 6. Disponível em: <https://www.youtube.com/watch?v=ngL93yEow7w>. Acesso em: 1º dez. 2017.

# Capítulo

# SETE

# Cortes e seções em peças

Conteúdos do capítulo:

- × Corte e seção em peças e objetos.
- × Funções e importância dos cortes e seções.
- × Representação dos cortes e seções.
- × Tipos de corte.

Após o estudo deste capítulo, você será capaz de:

1. identificar a necessidade de uso de cortes;
2. elaborar cortes precisos e adequados;
3. usar as normas técnicas para a representação de cortes;
4. elaborar meios cortes e cortes de peças simétricas.

Você já aprendeu, além das regras básicas para o desenho técnico, os instrumentos usados para essa atividade e o conceito de projeção ortogonal, fundamental para a representação de objetos tridimensionais no plano. Para dar continuidade ao estudo das representações em desenho técnico, neste capítulo trabalharemos cortes e seções em peças.

Muitas vezes, durante a execução ou a representação do projeto, a complexidade das arestas invisíveis nas representações das projeções ortogonais de uma peça implica o desenvolvimento de outro material de representação, que viabilize a identificação de tais imprecisões. Isso acontece, normalmente, quando essas arestas são muitas ou quando sua importância equivale à das arestas exteriores.

Em arquitetura, por exemplo, representar somente as fachadas de um edifício não basta para entender como se organizam seus espaços internos: paredes, portas, escadas, balcões, caixilhos – enfim, elementos de extrema importância e que, portanto, devem ser bem representados no projeto.

Você acredita que, com a simples representação tracejada das arestas invisíveis, isso seria possível?

Bem como na arquitetura, semelhante complexidade permeia as engenharias e o *design*: componentes de motores, linhas de produção, automóveis, eletrodomésticos e até calçados, por exemplo, precisam de outros recursos representacionais para serem plenamente compreendidos.

Um processo de representação intitulado *corte* foi desenvolvido para tornar clara e legível a representação do interior de objetos. É um modo simples, cômodo e exato.

De acordo com a própria designação, trata-se de um corte na peça. Retira-se uma camada da peça para verificar seu interior, trazendo à tona suas arestas internas, anteriormente invisíveis.

Cortar a peça, porém, pressupõe considerar uma série de critérios e normas específicas. Como primeiro critério, deve-se entender como e por qual "espaço" da peça foi estabelecido o corte para, posteriormente, perceber se as arestas visíveis na representação são realmente visíveis ou se aparecem apenas a partir do corte em questão.

Em outras palavras, a representação em corte consiste em imaginar a peça seccionada por um ou mais planos. A partir daí, pode-se abri-la e suprimir um de seus pedaços. A ideia da representação em corte é imaginar que a peça está "partida", separada em duas partes, para expor seus detalhes internos.

Ao olharmos uma laranja, por exemplo, não imaginamos como ela é por dentro. Mas, ao cortarmos a fruta ao meio (como na Figura 7.1), vislumbramos sua estrutura, seus gomos, seu conteúdo e tudo o mais.

Figura 7.1 – Corte da laranja

JPA/Shutterstock

Como cortamos a laranja? Precisamos mostrar para quem a vê partida como foi feito o corte.

Figura 7.2 – Notações de corte

JPA/Shutterstock

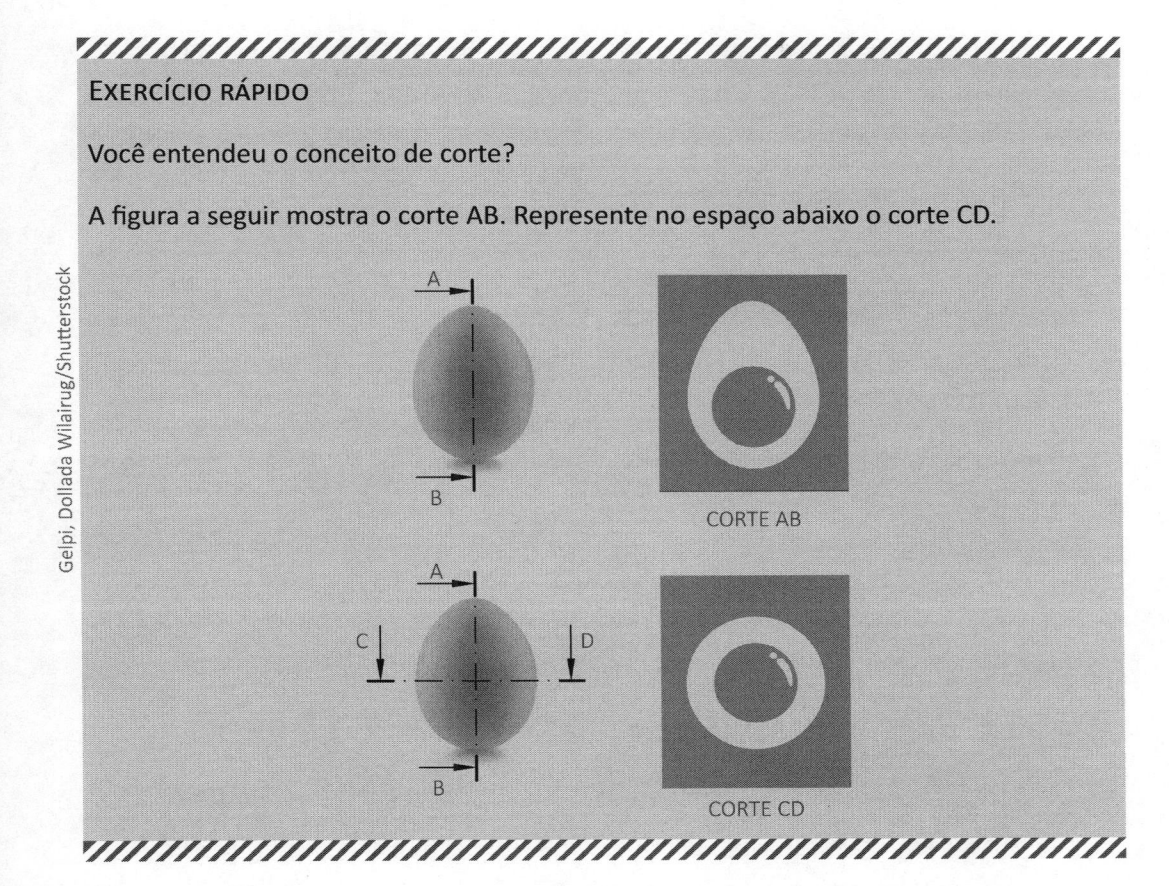

## Exercício rápido

Você entendeu o conceito de corte?

A figura a seguir mostra o corte AB. Represente no espaço abaixo o corte CD.

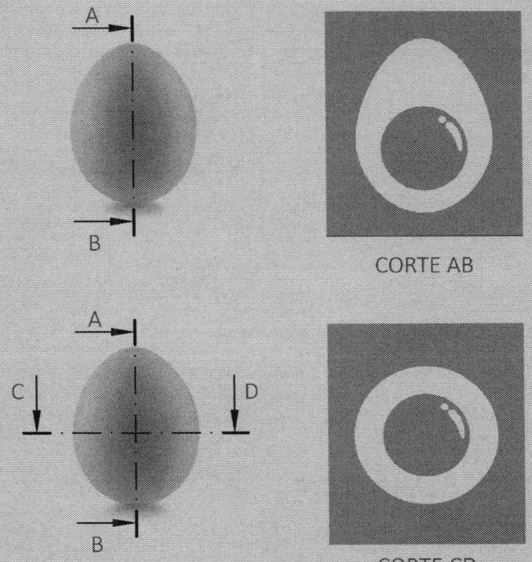


Gelpi, Dollada Wilairug/Shutterstock

Brincadeiras à parte, a Figura 7.3 expõe como o corte é feito em uma peça.

Figura 7.3 – Cortes de uma peça

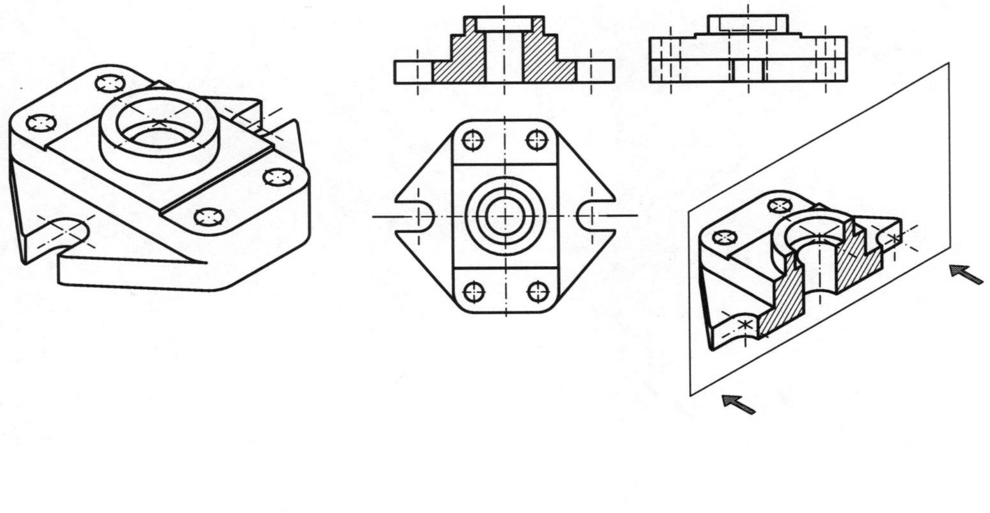

Fabrício Tacahashi

Em desenho técnico, a construção de cortes é contemplada pela NBR 12298 (ABNT, 1995c) e pela NBR 10067 (ABNT, 1995b).

- O plano de corte é indicado por meio de uma linha traço e ponto estreita (G3), tal qual a linha de simetria, com a diferença de que deve ter, nas extremidades, um traço largo para acomodar a identificação do corte em questão.
- O plano de corte deve ser identificado com letras maiúsculas, e o ponto de vista, por meio de setas.

Repare que as setas indicam para onde estamos "olhando", e, no exemplo, a linha de corte coincide com a linha de simetria. A linha de corte é sempre indicada na vista superior da peça.

Observe que a parte sólida da peça – o corte – é representada por uma **área hachurada**.

Vejamos se você compreendeu.

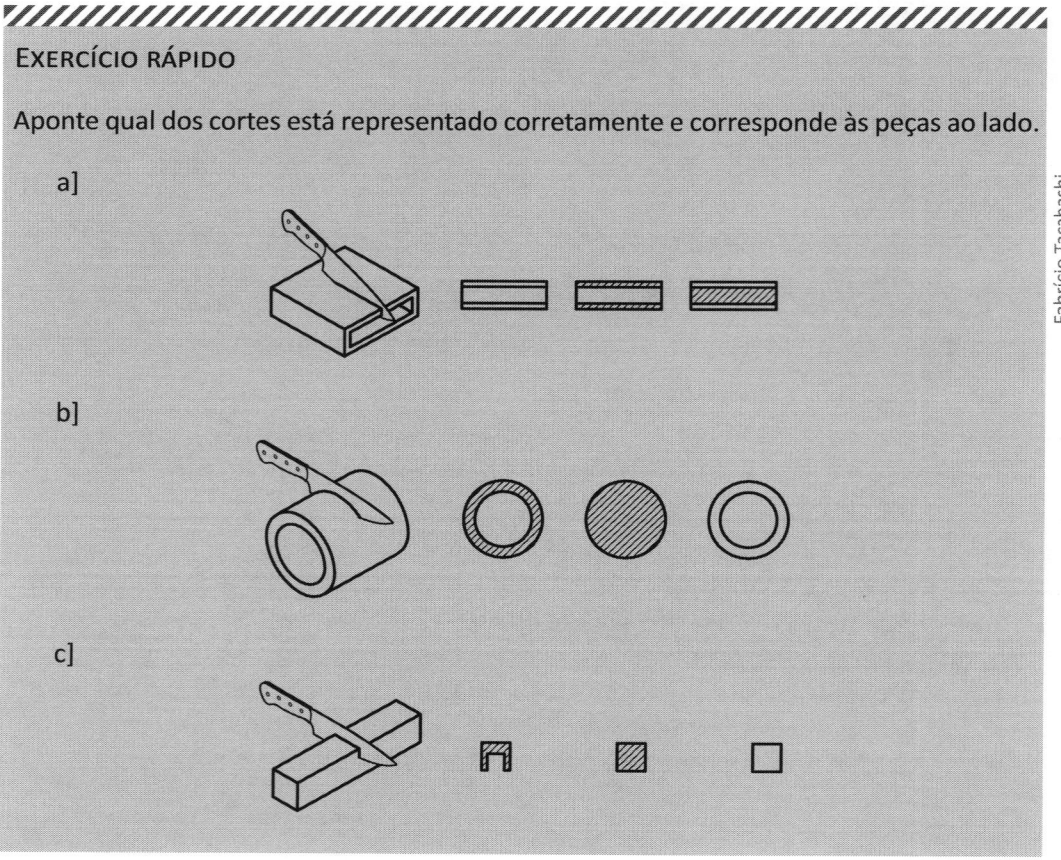

## Exercício rápido

Aponte qual dos cortes está representado corretamente e corresponde às peças ao lado.

a]

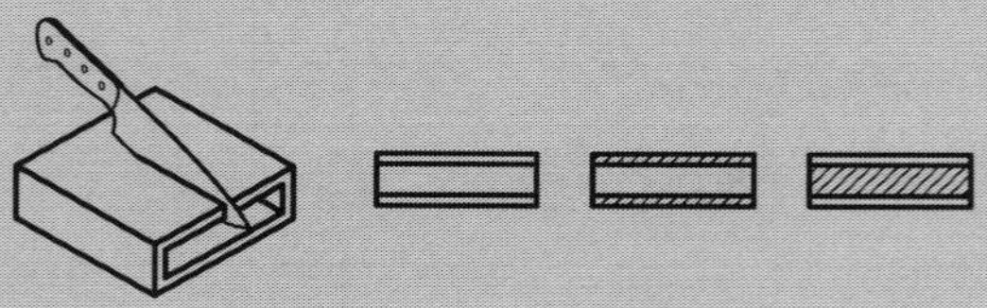

b]

c]

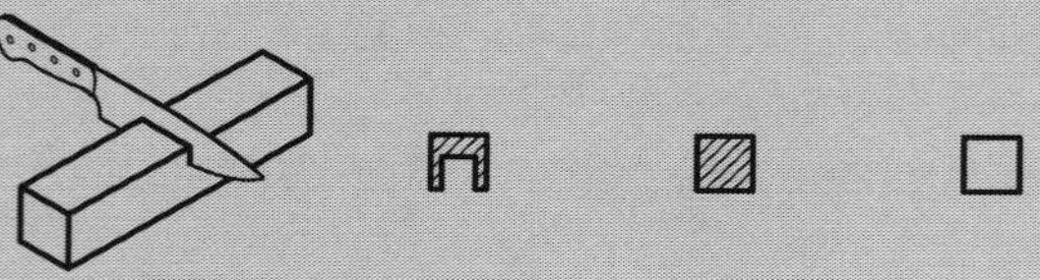

Fabrício Tacahashi

d]

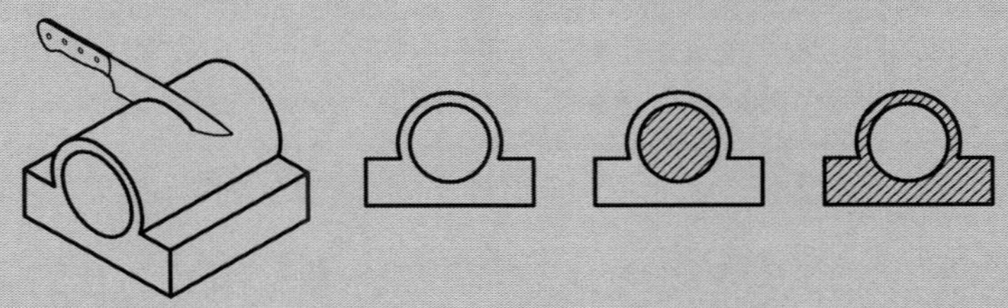

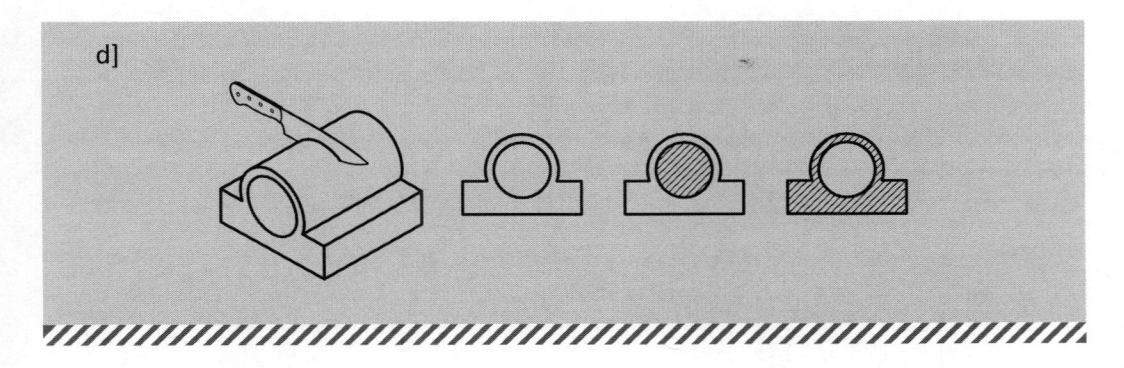

E quando o corte acontece em uma casa, como na Figura 7.4? Observe o exemplo a seguir.

Figura 7.4 – Corte de uma edificação

Fabrício Tacahashi

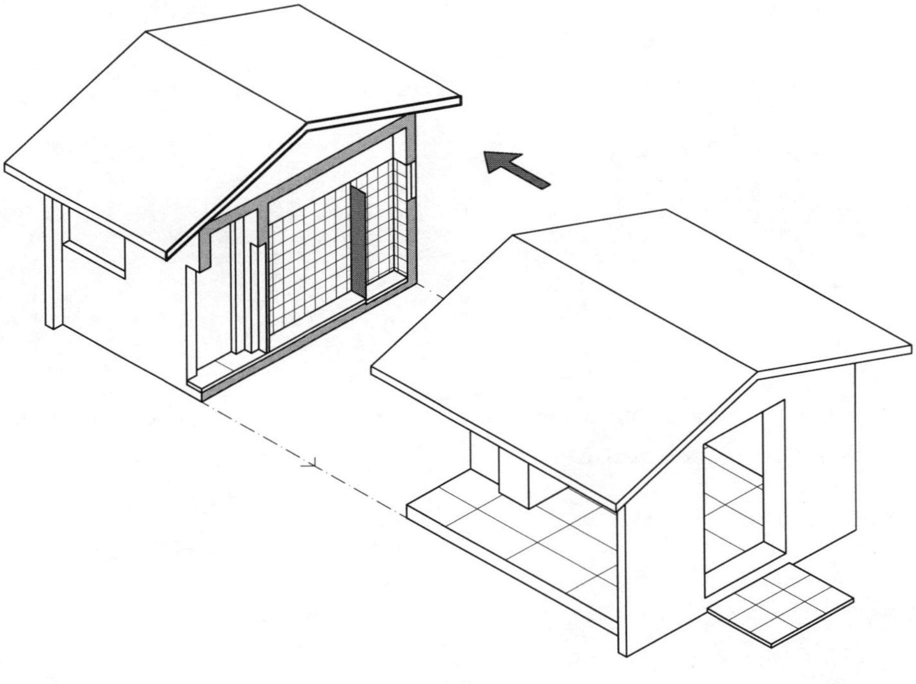

Fonte: Montenegro, 2001.

Se você olhar para o lado para o qual a seta está apontada, verá algo semelhante à Figura 7.5.

Figura 7.5 – Detalhe do corte de edificação

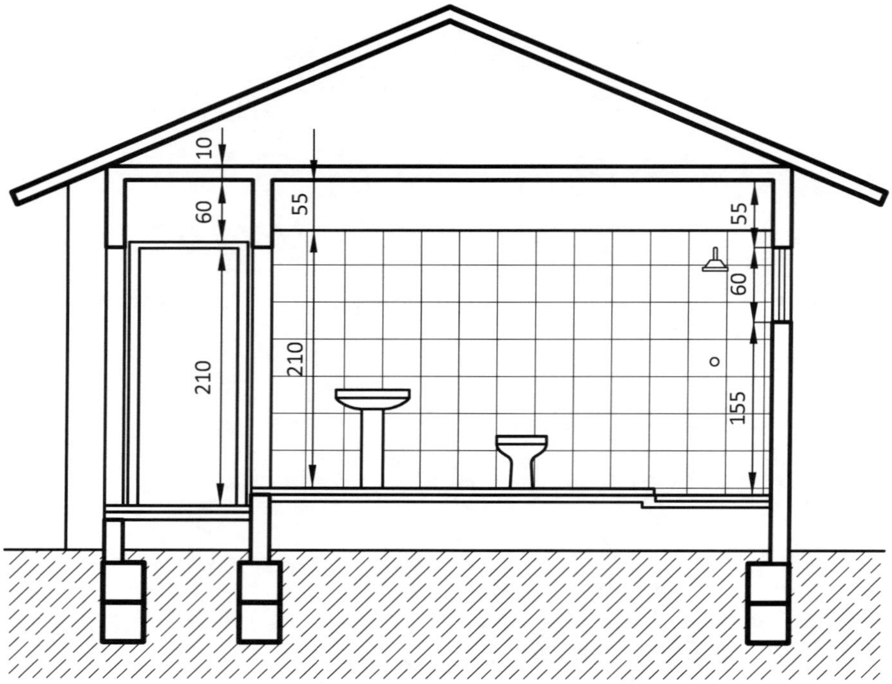


Fonte: Montenegro, 2001.

Um corte de arquitetura contém diversos elementos que não estavam visíveis.

7.1

## Regras da representação de cortes em engenharia

Existem regras específicas para a representação dos cortes. No Brasil, eles são normalizados pela NBR 10067 (ABNT, 1995b).

Para desenhar um corte de acordo com as normas, deve-se atentar aos seguintes itens:

- A representação da vista cortada compreende a superfície obtida pelo plano de corte e tudo o que se vê além dele. Na Figura 7.8, por exemplo, além da parte cortada, é possível ver o contorno da peça, representado por uma linha contínua.
- A porção da peça supostamente retirada não pode ser omitida nas demais vistas, uma vez que o corte é imaginário e a peça não está, de fato, cortada.
- As zonas em que a peça foi cortada são assinaladas por meio de hachuras conforme a NBR 12298 (ABNT, 1995c).

Para cortes, o padrão são linhas finas, equidistantes e em 45°, conforme o modelo da Figura 7.6.

Figura 7.6 – Representação de área de corte por meio de hachuras

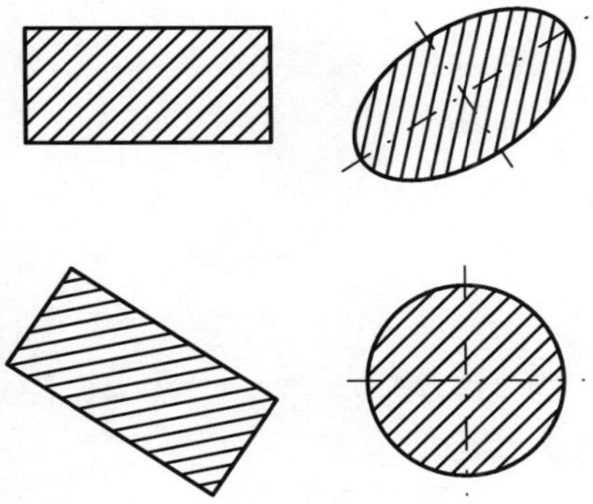

Perceba que a textura está a 45° em relação à vista frontal, mesmo que o objeto não esteja paralelo à linha horizontal, como o segundo retângulo. Caso haja um conjunto de peças representado, é preciso alterar o sentido da hachura, usando um ângulo de 135°.

- Sempre que possível, os planos de corte devem passar pelos eixos de simetria da peça a ser cortada.
- Ao desenhar os cortes, deve-se buscar representar a complexidade dos objetos. Para o desenho ficar inteligível, é essencial evitar ao máximo o uso das linhas de contorno invisíveis.
- As superfícies de corte (à exceção do corte parcial) devem ser sempre delimitadas por linhas traço e ponto com extremidades largas, conforme a Figura 7.7.

Figura 7.7 – Linha de corte

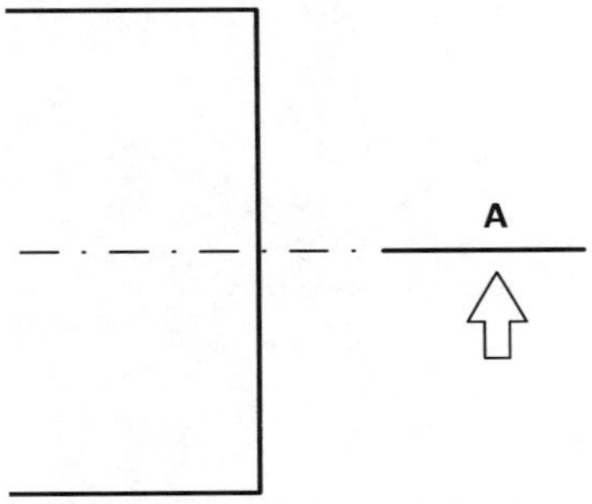


- Por vezes, pode-se fazer uma translação do plano de corte para representar elementos não contemplados pelas peças produzidas. Esse artifício, muito usado na engenharia mecânica, reduz o número de desenhos que compõem a representação de peças e objetos.

Confira o exemplo da Figura 7.8.

Figura 7.8 – Corte com translação

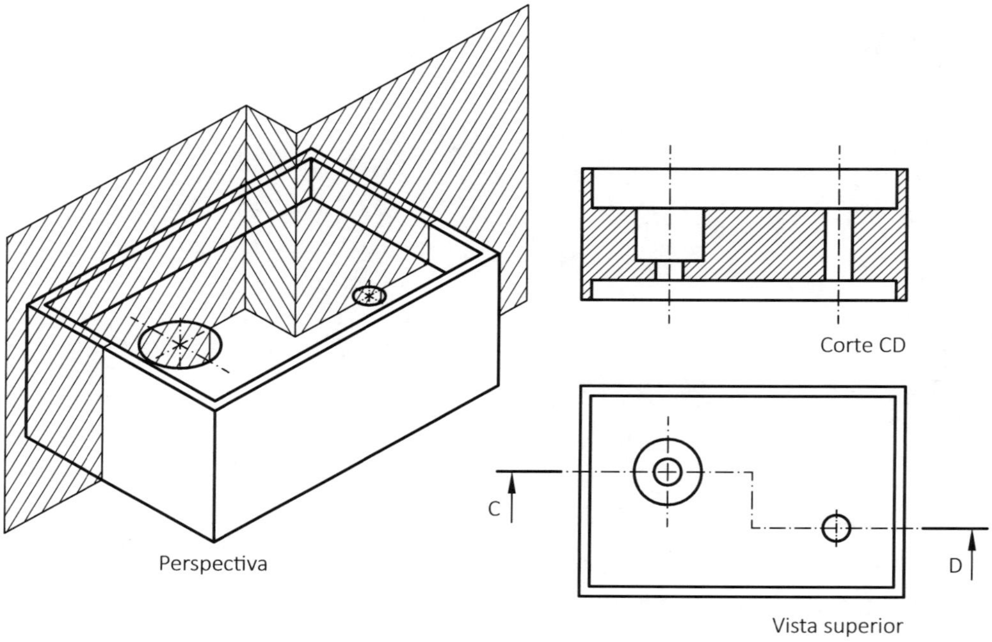




Para representar os dois furos presentes na peça, o corte CD sofreu uma translação.

→ A Figura 7.9, por seu turno, representa um registro de gaveta em vista frontal e um do corte. Perceba a quantidade de informações constantes na vista. O corte melhora o entendimento da peça, mas arestas invisíveis foram suprimidas para tornar o desenho mais claro. Outra questão perceptível ao analisar a imagem é o uso de hachuras com o sentido alterado, para que seja possível compreender as peças que compõem o registro.

Figura 7.9 – Registro de gaveta

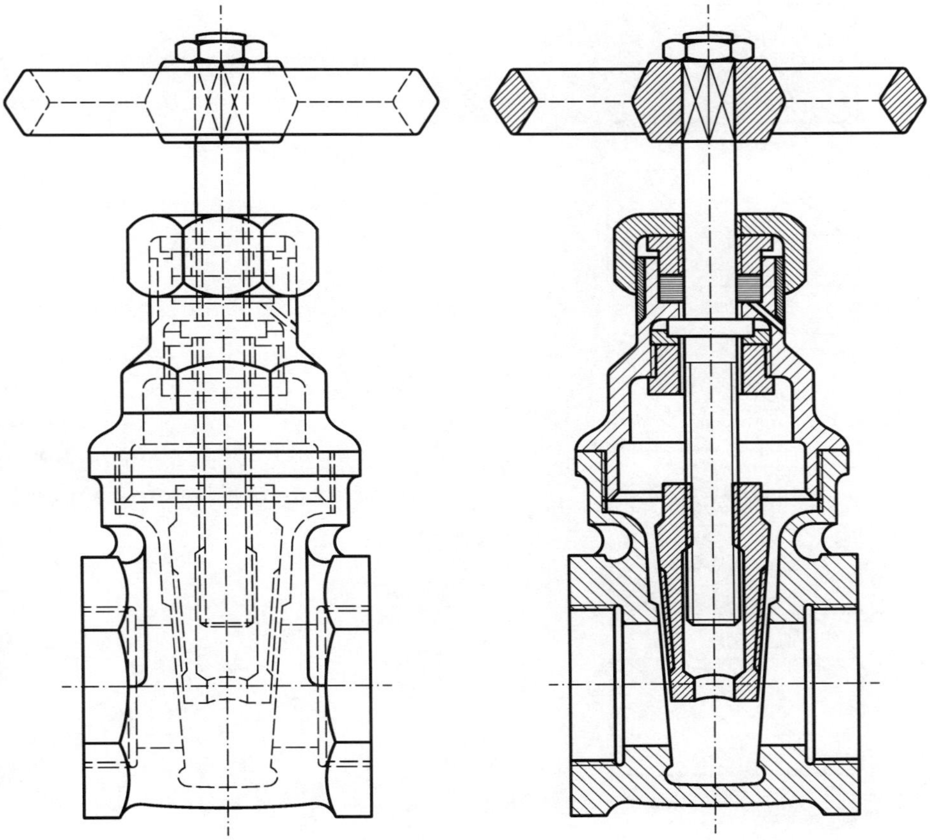

Em muitas áreas, sobretudo na engenharia, um corte pode substituir a vista tradicional correspondente. Em razão de se tratar de uma vista cujo observador está dentro da peça, pode-se chamá-la de *vista cortada*.

Em geral, a vista cortada ocupa a posição da projeção ortogonal correspondente – o que, entretanto, não é imprescindível: caso julgue importante mostrar todas as vistas, por exemplo, pode-se colocar o corte em outro lugar da folha, desde que acompanhado pela designação correta.

A NBR 12298 também trata da representação de materiais em corte. Como dissemos, o padrão de hachura para cortes são as linhas em 45°, mas outros materiais têm hachuras próprias, conforme a Figura 7.10.

Figura 7.10 – Hachura de materiais

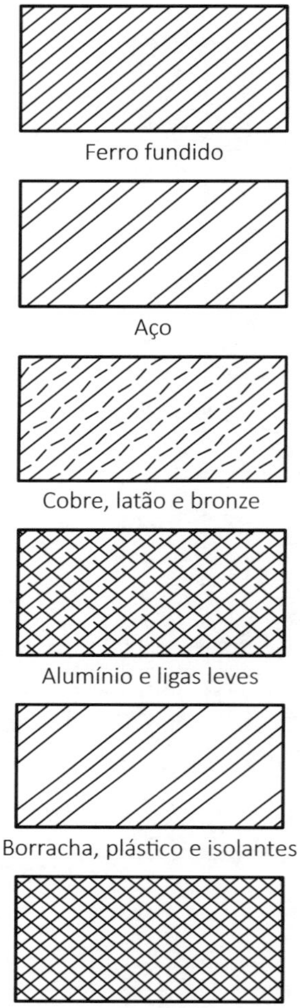


Quando o **plano secante**, ou **plano de corte**, corta inteiramente a peça em seu eixo, tem-se um corte total, atingindo a peça em toda a sua extensão, inclusive suas partes maciças.

Os cortes apresentados anteriormente são totais. Há dois outros tipos de corte: o meio corte e o corte parcial.

7.1.1

## Meio corte

O meio corte é aplicado em apenas metade da extensão da peça, à luz dos seguintes pressupostos:

- mostrar tanto o interior quanto o exterior.
- ser usado unicamente em peças ou modelos simétricos de forma longitudinal e transversal.

A Figura 7.11 mostra um meio corte. Perceba a simetria da peça e a posição do corte.

Figura 7.11 – Meio corte

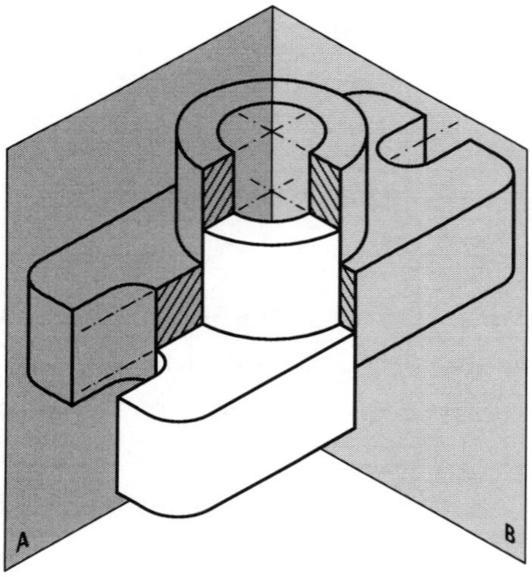


Fabrício Tacahashi

Planos de corte

*(continua)*

*(Figura 7.11 – conclusão)*

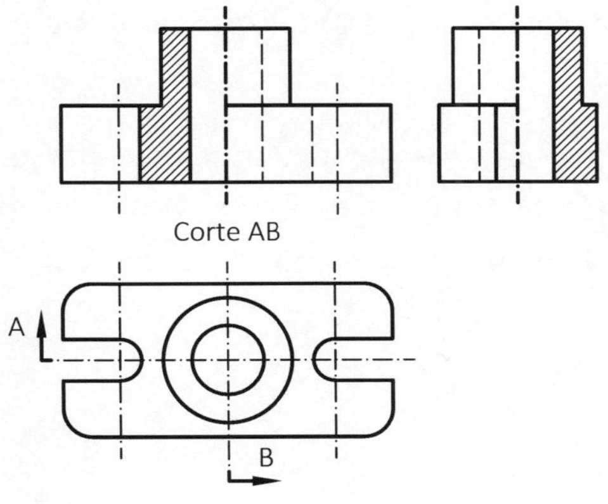


Por vezes, objetos não simétricos têm detalhes que merecem um corte em uma área específica: trata-se do corte parcial.

7.1.2

## Corte parcial

O corte parcial é delimitado pela linha de ruptura ou fratura, que pode ser representada de duas formas: linha contínua fina à mão livre (A) e linha contínua fina em zigue-zague (B), conforme a Figura 7.12.

**Figura 7.12** – Linhas de ruptura

Fabrício Tacahashi

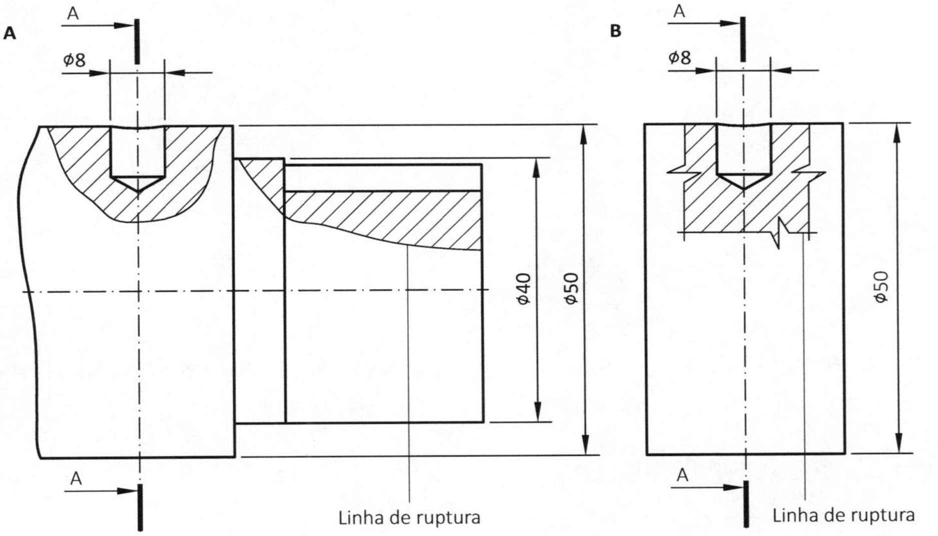


Apesar de as duas notações serem possíveis, em engenharia, encontram-se muito mais linhas finas à mão livre do que em zigue-zague. Já na arquitetura, o segundo modelo é mais comum.

7.2

## Seções

É possível entender as partes internas que compõem uma peça recorrendo ao uso das seções, que indicam, de maneira simplificada, partes das peças e seus perfis. Esse recurso evita o uso de vistas desnecessárias e garante o perfeito entendimento da composição e da estrutura da peça.

A Figura 7.13 demonstra como é a seção da peça (A), devidamente representada por B, ao passo que C e D representam respectivamente as vistas superior e frontal – portanto, sem as especificidades da peça à mostra. Assim, pode-se verificar a importância do uso de seções.

Figura 7.13 – Conceito de seção

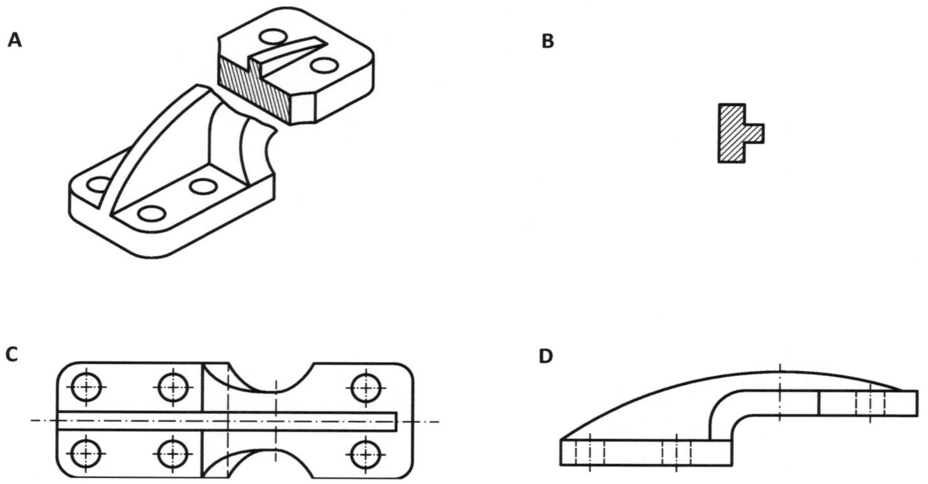


Fabrício Tacahashi

Há diversas formas de usar seções, mas em todas elas só se representa a região seccionada da peça, sem qualquer outro detalhe.

Como ilustramos na Figura 7.14, é possível fazer diversas seções em uma peça: pode-se nomear cada uma (A) ou optar por indicá-las sucessivamente (B).

Figura 7.14 – Seções múltiplas

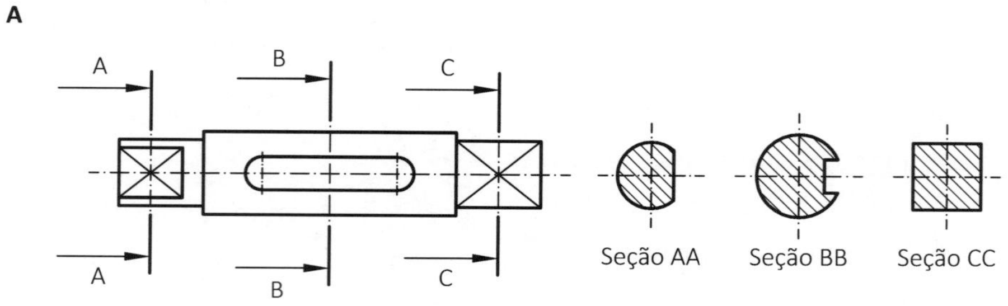


Fabrício Tacahashi

*(continua)*

*(Figura 7.14 – conclusão)*

**B**

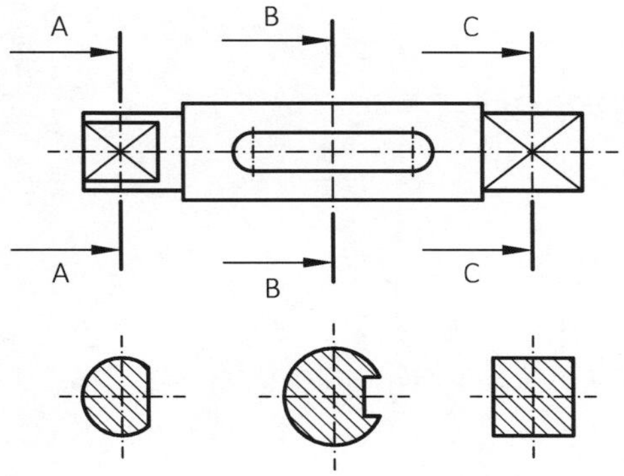


Cabe ao projetista ou a outro profissional que esteja desenhando as pranchas optar pela combinação de cortes e seções que melhor represente o objeto em questão.

Ele pode, inclusive, desenhar a seção sobre a própria peça, como na Figura 7.15.

Figura 7.15 – Seção na peça

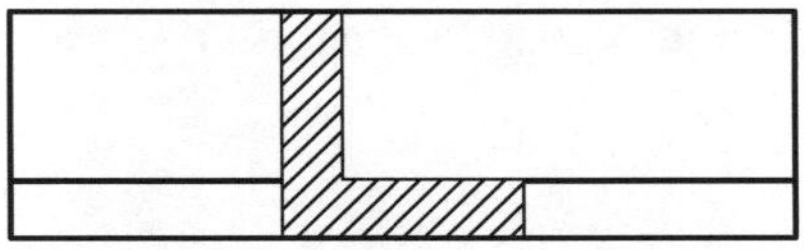

Pode, igualmente, desenhá-la em uma interrupção da peça, como na Figura 7.16.

Figura 7.16 – Seção na interrupção

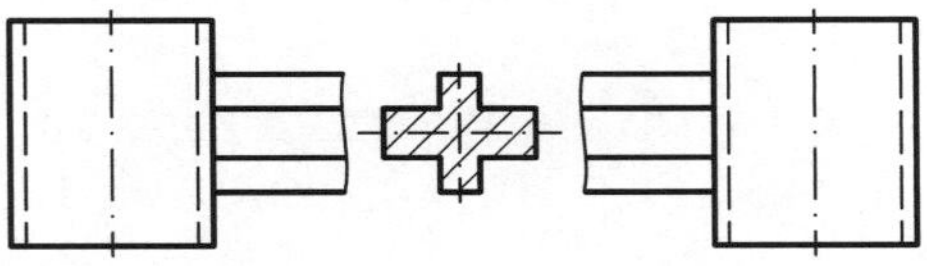

Fabrício Tacahashi

## Síntese

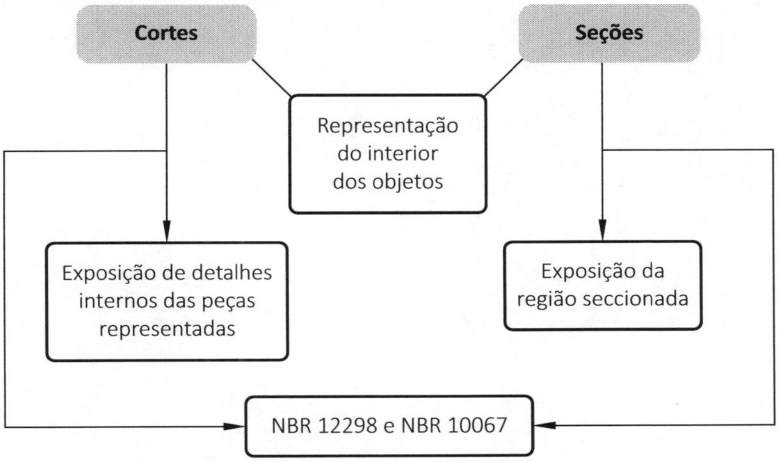


## Questões para revisão

1 Qual é a principal função de um corte?

2 Em desenho técnico, existem algumas orientações para a construção de cortes. Quais são as duas principais?

3 Aponte ao menos duas regras gerais de representação de cortes, de acordo com a NBR 10067.

4 Qual é a função de uma translação no plano de corte?

5 Podemos substituir uma das vistas de um objeto por um corte? Nesse caso, como o corte pode ser chamado?

6 A NBR 12298 trata da representação de materiais em corte. O padrão de hachura para cortes são as linhas em 45°, mas outros materiais têm hachuras próprias. Use o seguinte modelo para treinar as hachuras solicitadas em uma folha sulfite A4.

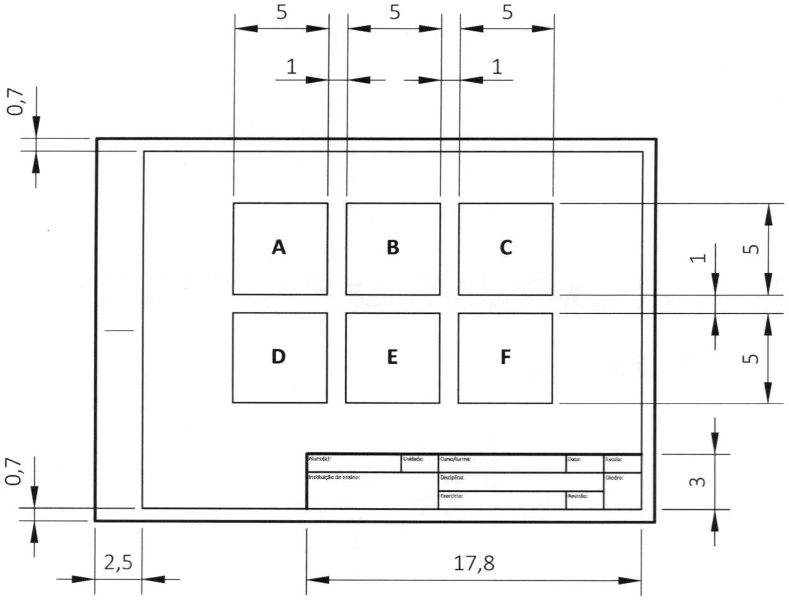


A. Ferro fundido
B. Cobre, latão e bronze
C. Aço
D. Chumbo e zinco
E. Alumínio e ligas leves
F. Borracha, plástico e isolantes

7 Defina o tipo de corte apresentado na peça a seguir.



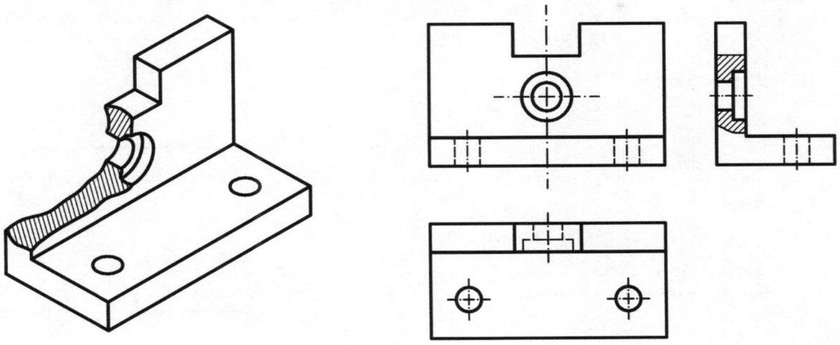

a] Meio corte.
b] Corte total.
c] Corte parcial.
d] Vista cortada.
e] Corte composto.

8 Defina o tipo de corte apresentado na peça a seguir.



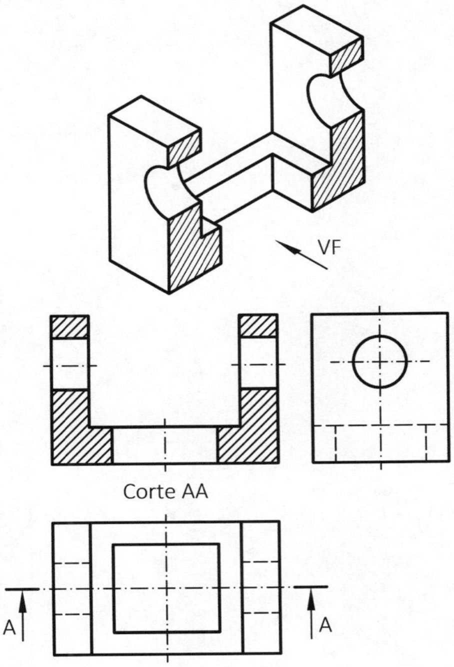


a] Meio corte.
b] Corte total.
c] Corte parcial.
d] Vista cortada.
e] Corte composto.

Fabrício Tacahashi

9 Defina o tipo de corte apresentado na peça a seguir:

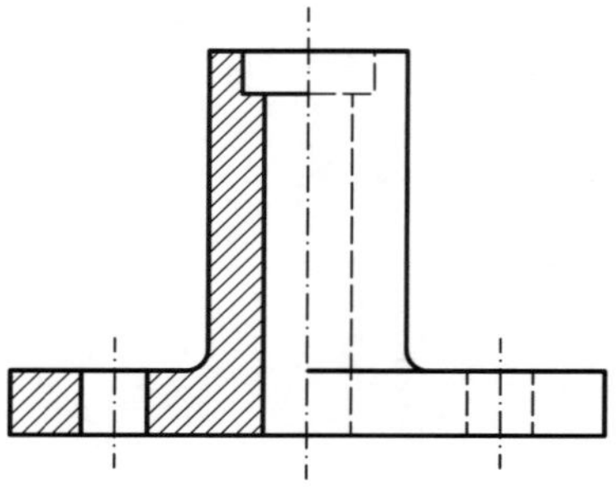

Corte AA

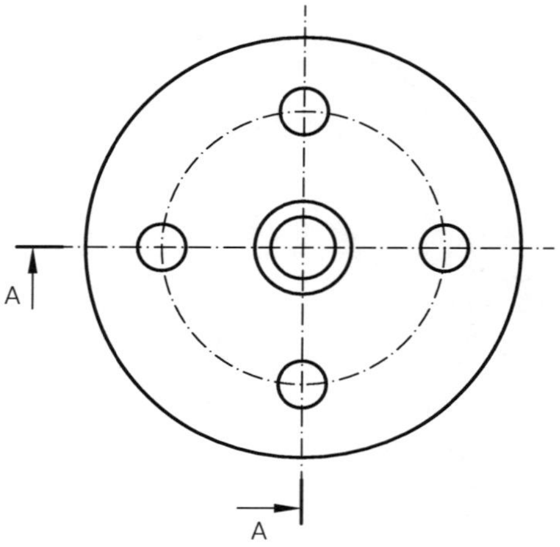


a] Meio corte.
b] Corte total.
c] Corte parcial.
d] Vista cortada.
e] Corte composto.

10 Com base nas seguintes peças, trace um plano de corte adequado a sua boa representação.

a]

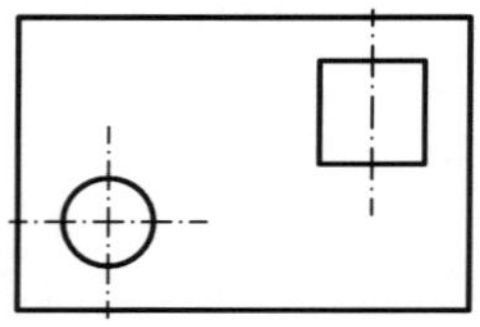

b]

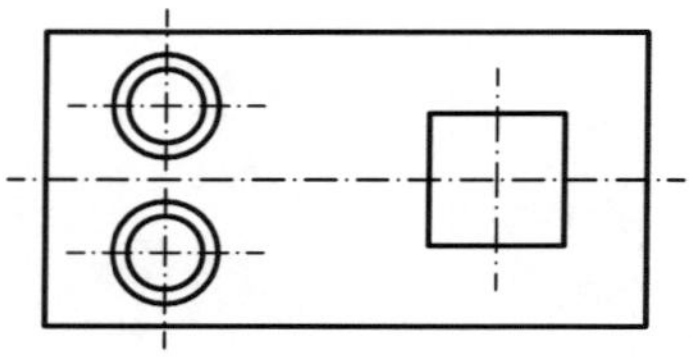

c]

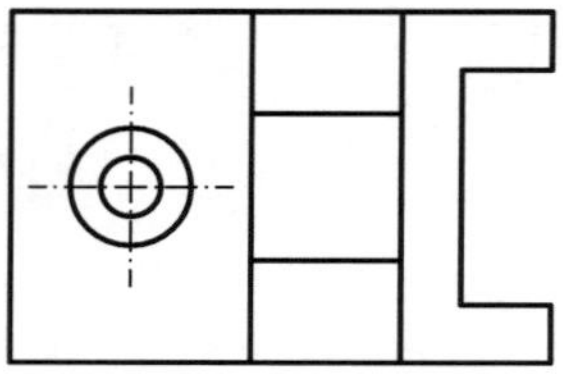

d]

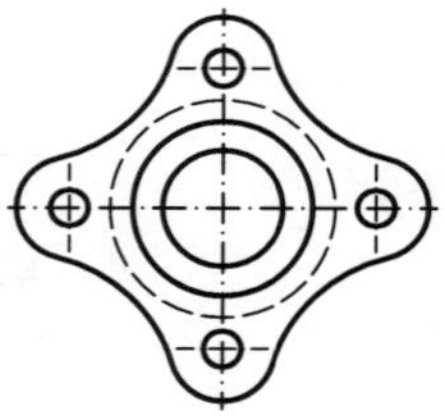

e]

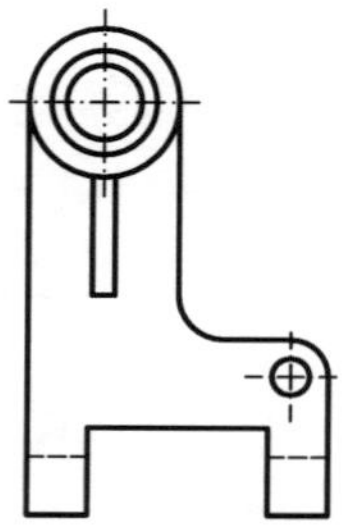

11 Com base nas perspectivas a seguir, verifique se estão corretas as vistas das peças A e B. Desenhe o corte na vista superior e, em seguida, aponte qual vista terá de ser substituída.

**A**

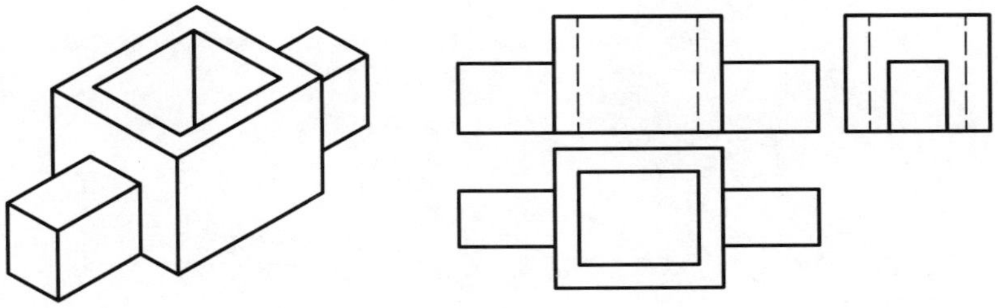

Fabrício Tacahashi

**B**

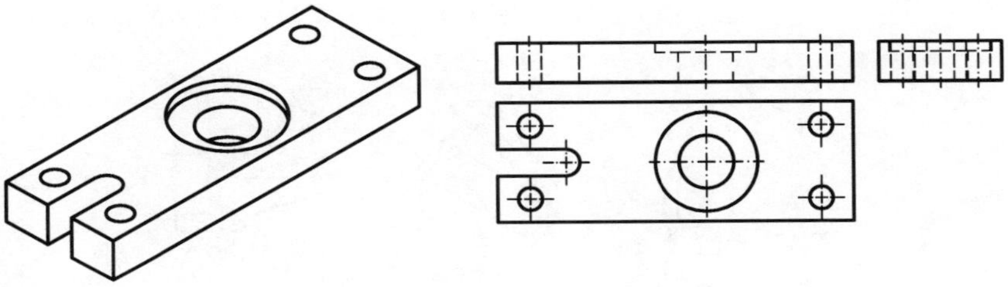

12 A partir das perspectivas apresentadas, faça, à mão livre, a hachura correspondente às áreas cortadas.

a]

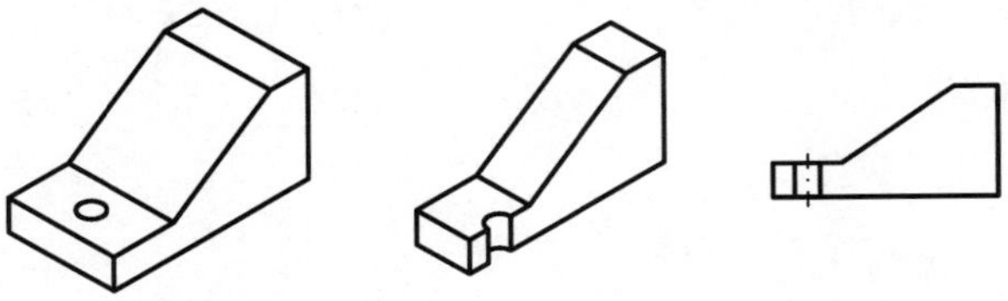

Fabrício Tacahashi

b]

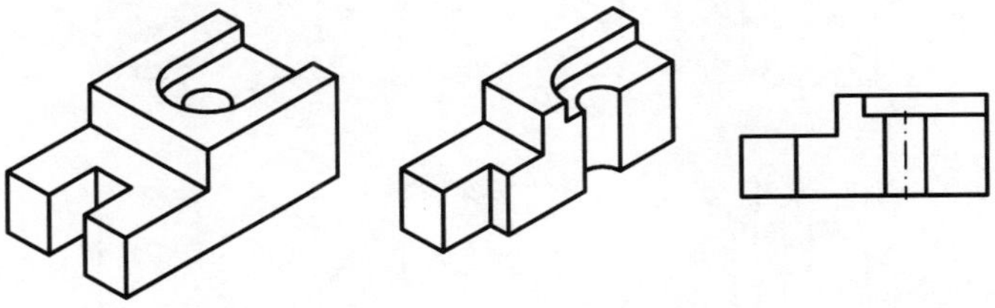

c]

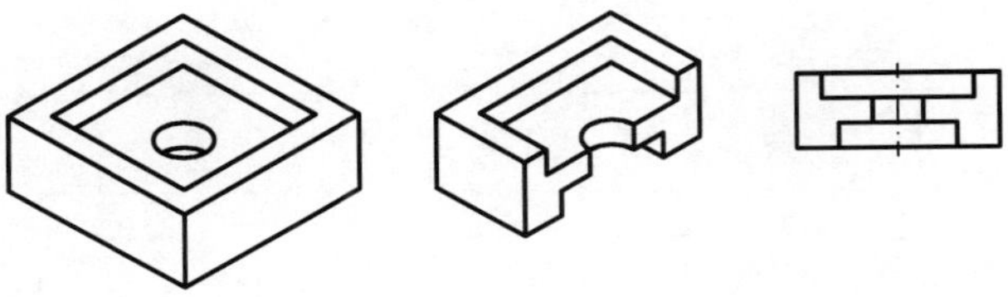

d]

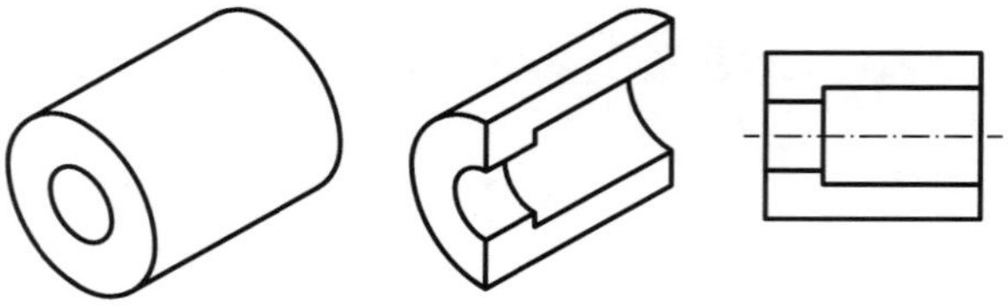

e]

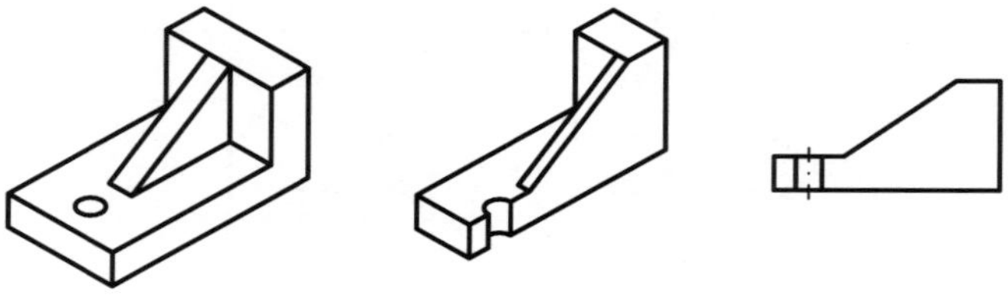

f]

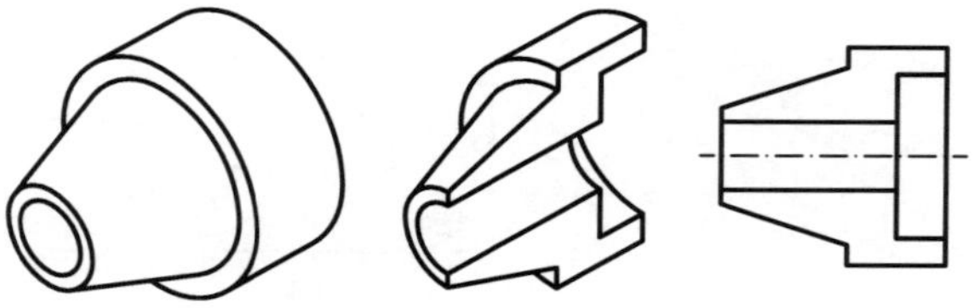

13 Complete os desenhos com corte e meio corte. Observe o exemplo a seguir.

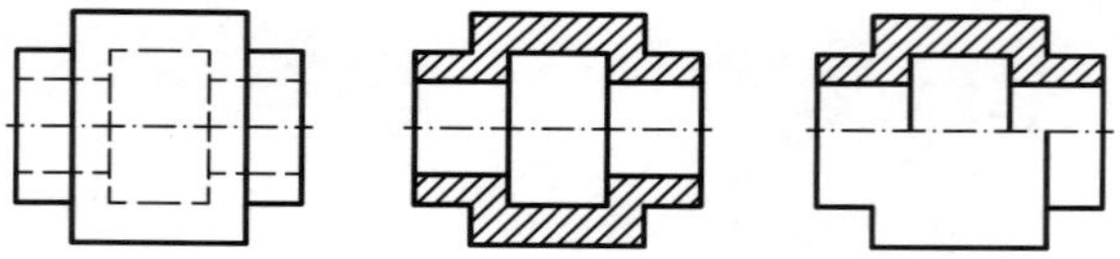

Fabrício Tacahashi

a]

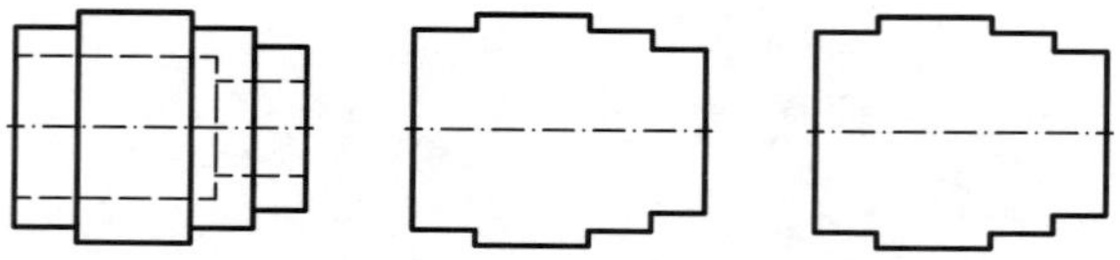

b]

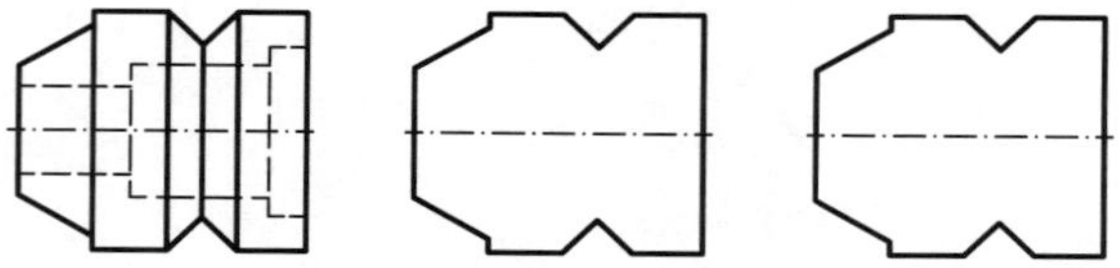

c]

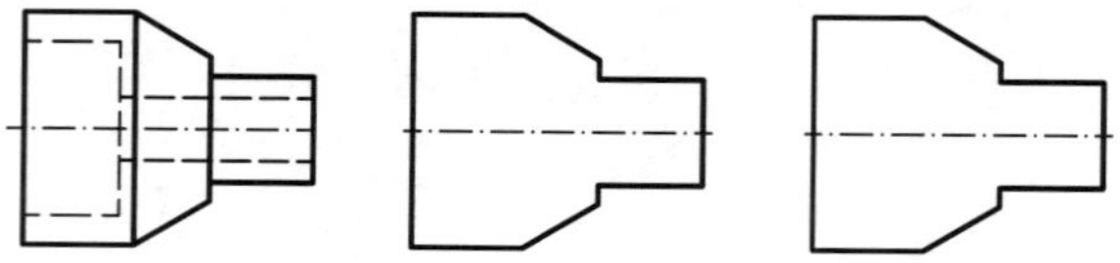

## Para saber mais

*Que tal pesquisar algumas peças para saber como funcionam? Procure na internet ou em livros. Aproveite e desenhe seus cortes.*

Peter Sobolev/Shutterstock

Rolamento

lukethelaka/Shutterstock

Engrenagem

Viktor Chursin/Shutterstock

Flange

MR Gao/Shutterstock

Porca

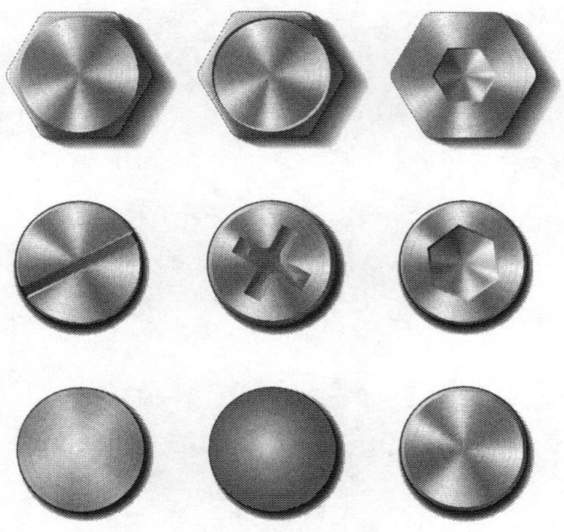

tassel78/Shutterstock

Rebite

# Capítulo

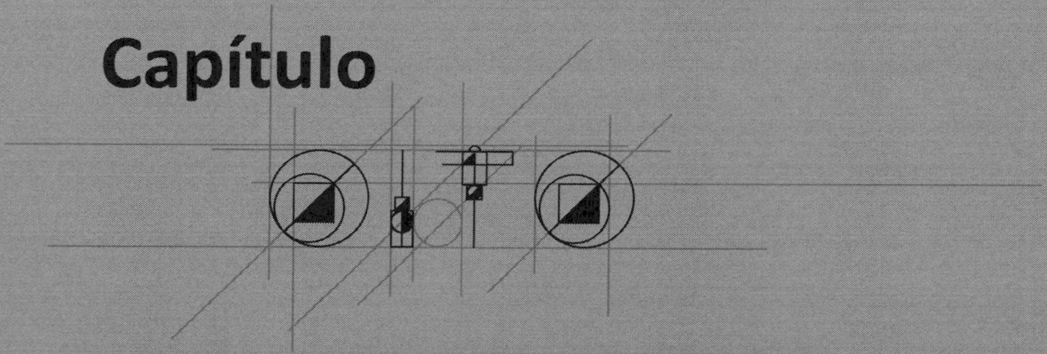

# Perspectivas

## Conteúdos do capítulo:

- Perspectiva e suas origens.
- Perspectiva cônica.
- Funcionamento e principais conceitos relativos à construção de perspectivas.
- Diversos tipos de perspectiva axonométrica.
- Construção de perspectivas axonométricas.

## Após o estudo deste capítulo, você será capaz de:

1. identificar e classificar perspectivas;
2. desenhar perspectivas cônicas com um e dois pontos de fuga;
3. desenhar perspectivas isométricas;
4. identificar a forma de um objeto tridimensional por meio de suas vistas e representá-lo em perspectiva.

Desde a Antiguidade, o ser humano buscou retratar sua realidade em pinturas. Tal forma de representação, porém, nem sempre tencionava ser fiel à realidade. No Egito, por exemplo, os objetos eram representados conforme seu valor, tanto espiritual quanto temático. Essa forma de representação pressupunha que as figuras fossem compreendidas por inúmeras pessoas – daí, aliás, a importância da chamada *lei da frontalidade*. Semelhante forma de representação influenciou profundamente gregos e romanos na Antiguidade Clássica, mas, a despeito disso, a representação fiel à realidade despertava o interesse de estudiosos.

Os gregos, à época, fizeram uma experiência geométrica bastante similar à descoberta da perspectiva que conhecemos atualmente (Mandarino, 2011). Ao posicionar um mesmo objeto em diferentes pontos, considerando um observador e um plano (quadro), usaram a "projeção" de tais objetos no plano com o intuito de representá-los, como na Figura 8.1.

Figura 8.1 – Experiência grega

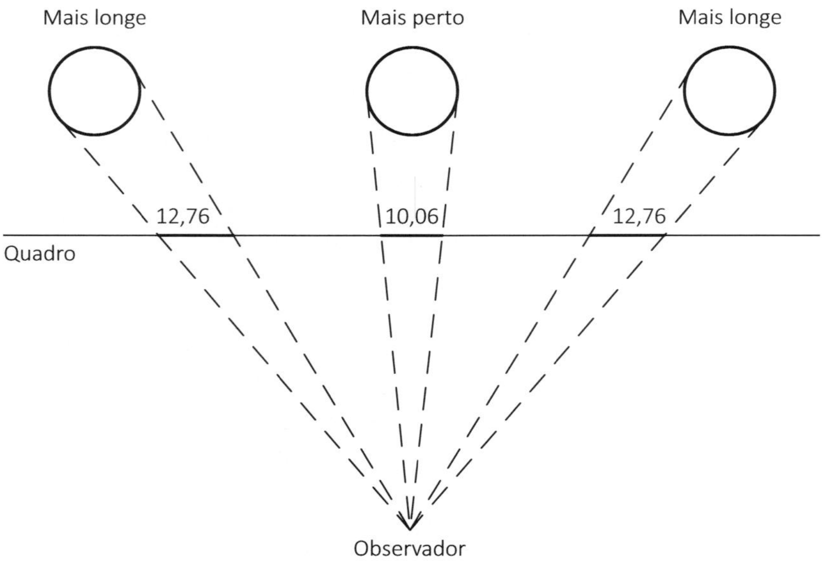


Fonte: Mandarino, 2011, p. 15.

Os gregos então perceberam que, ao contrário do que viam no mundo real, os objetos mais distantes eram, no fim de contas, representados em tamanho maior do que os mais próximos.

Havia, portanto, imenso interesse e um grande problema na busca pela forma ideal de representar os objetos tridimensionais no plano o mais fielmente possível à realidade.

No Renascimento, contudo, o interesse pela representação fiel intensificou-se. No período de transição entre a Idade Média e o Renascimento ocorreu o estabelecimento das regras de perspectiva com um ponto de fuga, o que alterou profundamente a arte e a arquitetura. Juntas, geometria e óptica mostraram que a representação da profundidade em objetos pressupunha o uso de linhas convergentes para representar as linhas paralelas no fundo físico.

Filippo Brunelleschi, arquiteto e escultor florentino, foi pioneiro no uso da técnica, inspirando uma série de artistas a incorporá-la a suas pinturas. Assim, a perspectiva, tão bem praticada pelos artistas renascentistas, tornou-se um dos principais fundamentos da pintura europeia até meados do século XIX, quando outras correntes, mirando qualidades artísticas além da fiel representação da realidade, difundiram-se.

O maior mérito da perspectiva é representar a realidade tridimensional no plano de forma bastante próxima ao modo como a enxergamos. A perspectiva capta os fatos visuais e os consolida (ou os representa de forma fixa) a partir de conceitos geométricos, tomando como base um observador fixo por meio do qual aquela visão de mundo se constrói.

A palavra *perspectiva* vem do termo latino *perspicere*, cujo significado é "ver através de". Eis, na sequência, uma interessante experiência a ser feita.

**Exercício rápido**

Posicione-se de um lado da janela e, sem se mover do lugar, nem virar o rosto, desenhe no vidro com uma caneta de retroprojetor o que você está "vendo através da janela".

Parabéns, você fez sua primeira perspectiva!

Assim, ganha-se uma ilusão de profundidade, uma autêntica revolução na forma de representar o espaço. A perspectiva é a representação gráfica dos objetos conforme eles aparecem a nossa vista, com três dimensões. Tal recurso é, ainda hoje, bastante empregado – tanto nas artes quanto na arquitetura, na engenharia e no *design* – como forma de auxiliar no entendimento de estruturas tridimensionais projetadas.

Existem, porém, diversas variações da representação em perspectiva – no "Exercício rápido", propomos que você desenhasse uma perspectiva cônica. Há, ainda, as perspectivas isométricas e as cavaleiras, tipos de perspectiva axonométrica.

Apesar de a perspectiva ter perdido espaço nas artes nos dois últimos séculos, nas engenharias, na arquitetura e no desenho industrial, conserva papel fundamental, uma vez que ajuda projetistas, membros de equipes multidisciplinares, profissionais da área e clientes a entender diferentes objetos e suas especificidades.

Vamos conhecer melhor os tipos de perspectiva e suas aplicações?

## 8.1 Perspectiva cônica (exata, rigorosa ou linear)

A perspectiva cônica pode ser definida como uma representação sobre uma superfície plana ou curva da forma aparente dos corpos bi ou tridimensionais, vistos a partir de determinado ponto. Conforme pontuado, ela procura retratar os objetos de forma semelhante àquela como são vistos pelo olho humano.

Figura 8.2 – Componentes da perspectiva cônica

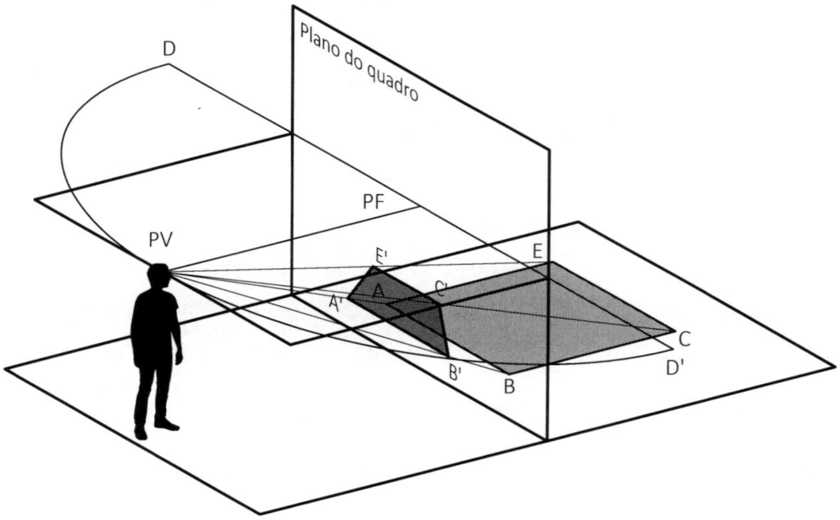


Fabrício Tacahashi

A figura mostra os elementos que compõem a perspectiva cônica:

- O quadro é a superfície plana na qual se representa o objeto visto pelo observador, ou seja, a perspectiva do objeto.
- O ponto de vista (PV), ou ponto de observação, corresponde ao ponto do espaço ocupado pela vista do observador. Caso o observador rotacione sua cabeça, o ponto se modifica.
- O plano geometral ou plano da Terra é aquele sobre o qual se faz a projeção ortogonal dos objetos a serem representados, portanto, é a superfície que abriga os objetos representados na perspectiva. Ele não precisa ser uniforme, mas serve de referência para a localização dos objetos representados.
- A linha de Terra (LT) é a interseção do plano geometral com o quadro.
- A linha do horizonte é a interseção do quadro com o plano horizontal que passa pela vista do observador. Há, portanto, uma correspondência entre a altura dos olhos do observador e a linha do horizonte: a altura a que se encontra o observador é igual à altura da linha do horizonte.

- O raio visual é a reta que vai da vista do observador até um ponto luminoso de um objeto. Para as perspectivas, costuma-se representar os principais pontos que compõem o objeto.
- O ponto principal é designado pelo raio do feixe cônico que sai da vista do observador, é perpendicular ao quadro (α) e cruza a linha do horizonte.
- O ponto de fuga (PF) corresponde aos lugares para os quais convergem as linhas que se dirigem ao horizonte.

As perspectivas podem apresentar um ou mais pontos de fuga. Observe as imagens a seguir.

Figura 8.3 – Perspectiva canônica com um ponto de fuga

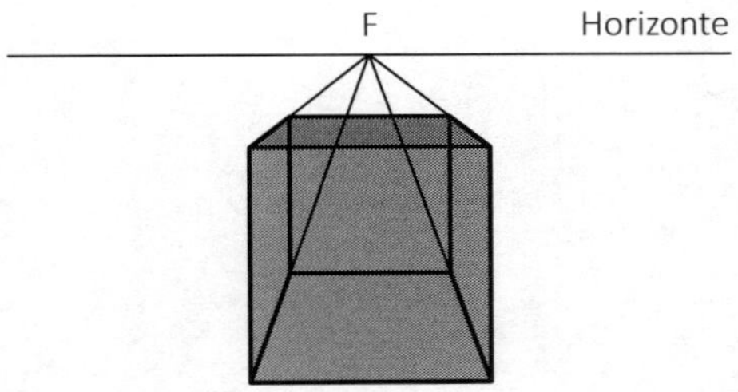


Fabrício Tacahashi

Na Figura 8.3, uma das faces do objeto está na frente do observador, caso em que o ponto principal corresponde ao ponto de fuga. Assim, todas as linhas horizontais que compõem o objeto serão representadas por linhas que convergem no ponto de fuga.

Já na Figura 8.4, o objeto está posicionado de forma oblíqua em relação ao observador – caso em que as linhas horizontais de sua representação convergirão em dois diferentes pontos de fuga.

Figura 8.4 – Perspectiva canônica com dois pontos de fuga

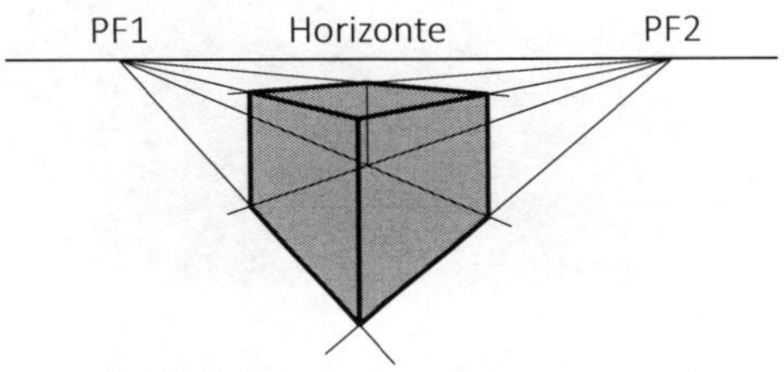


Fabrício Tacahashi

Já uma representação como a da Figura 8.5 permite a percepção de que há objetos posicionados de forma oblíqua, e outros, de forma perpendicular ao observador, propiciando vários pontos de fuga.

Figura 8.5 – Perspectiva cônica com diversos pontos de fuga

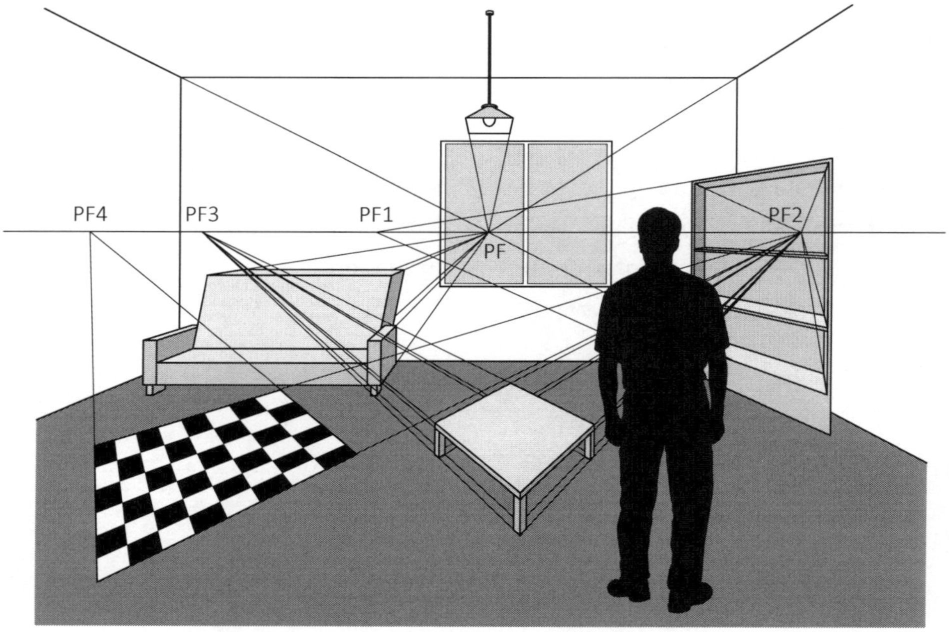


Fabrício Tacahashi

Perceba que a linha do horizonte (Figura 8.6) corresponde, de fato, ao horizonte.

Figura 8.6 – Linha do horizonte e ponto de fuga

Microgen/Shutterstock

E você? Já havia percebido isso?

## Exercício rápido

Procure em seu computador ou na internet uma imagem que represente edificações e mostre a linha do horizonte. Verifique se os traços que compõem a fotografia convergem para um ou mais pontos situados nessa linha. Você pode, inclusive, optar por imagens aéreas.

8.2

# Perspectivas axonométricas

As perspectivas axonométricas – do grego: *axsôn*, que significa "eixo", e *métron*, que corresponde a "medida" – são construídas a partir de um tipo de projeção cilíndrica (segundo um observador situado no infinito), em que as figuras são referendadas a um sistema ortogonal de três eixos (x, y e z) que formam um triedro. Essa perspectiva é, portanto, uma projeção cilíndrica ortogonal sobre um plano oblíquo em relação às três dimensões do corpo que tenciona representar.

Nessas perspectivas – também chamadas de *cilíndricas* ou *paralelas* –, o observador é considerado no infinito e, consequentemente, seus raios visuais são paralelos. Apesar de isso ser impossível na realidade, esse artifício resulta em perspectivas com grande valor de representação. No desenho técnico, as perspectivas cavaleiras e isométricas são vastamente utilizadas.

As perspectivas axonométricas são classificadas em dois tipos:

1. axonometria oblíqua (perspectivas militar e cavaleira);
2. axonometria ortogonal (perspectivas isométrica, dimétrica e anisométrica).

As perspectivas axonométricas são muito usadas como ferramenta de representação de objetos em áreas como *design*, arquitetura e, especialmente, engenharia. Isso se deve à simplicidade de sua construção e ao fato de proporcionarem imagens semelhantes às da perspectiva exata quando o ângulo visual desta é igual ou inferior a 30°.

São muito comuns nas disciplinas que envolvem representações de peças tridimensionais, encaixes, camadas de objetos que se relacionam, enfim. Nas imagens usadas para gerar as representações contempladas pelo capítulo sobre projeções ortogonais, por exemplo, recorremos a perspectivas axonométricas do tipo isométrico.

## 8.2.1 AXONOMETRIA OBLÍQUA (PERSPECTIVAS MILITAR E CAVALEIRA)

Nas perspectivas paralelas oblíquas – também conhecidas como *cavaleiras* ou *militares* –, um observador (no infinito) gera retas projetantes paralelas que incidem de forma não perpendicular no plano do quadro (Figura 8.7). Caso uma das faces do objeto projetado seja paralela ao quadro, deve ser desenhada em verdadeira grandeza, ou seja, as medidas na perspectiva correspondem às medidas nas demais representações em escala, como cortes e vistas. As demais, por sua vez, sofrerão distorção. O fator de correção (redução) a ser utilizado na mensuração das arestas depende do ângulo de incidência das projetantes.

Figura 8.7 – Perspectiva cavaleira e perspectiva militar

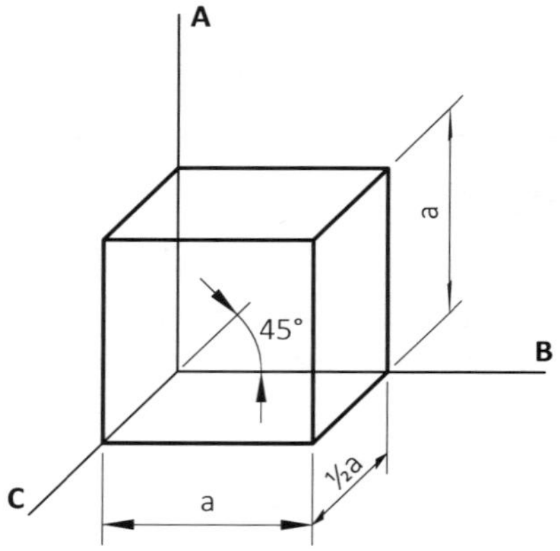


*(continua)*

*(Figura 8.7 – conclusão)*

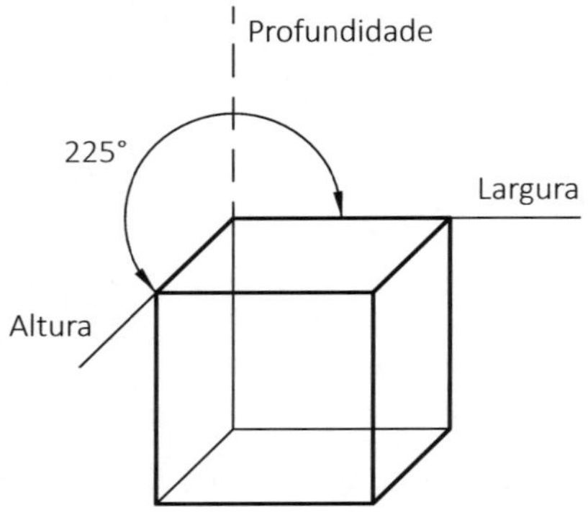


A perspectiva cavaleira faz referência aos desenhos das praças militares, cuja execução costumava recorrer a técnicas de projeções cilíndricas. Essa forma de representação usa uma das três faces do triedro como plano do quadro, de modo que se torna possível conservar a forma da face de frente e perspectivar as demais, reduzindo a face que está no eixo *x* (face de fuga).

A perspectiva cavaleira pode ser desenhada usando diferentes ângulos, conforme a Figura 8.8.

Figura 8.8 – Ângulos da perspectiva cavaleira

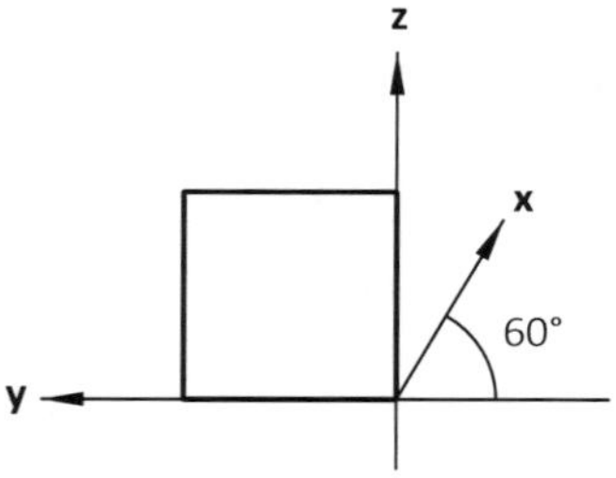


*(continua)*

(Figura 8.8 – conclusão)

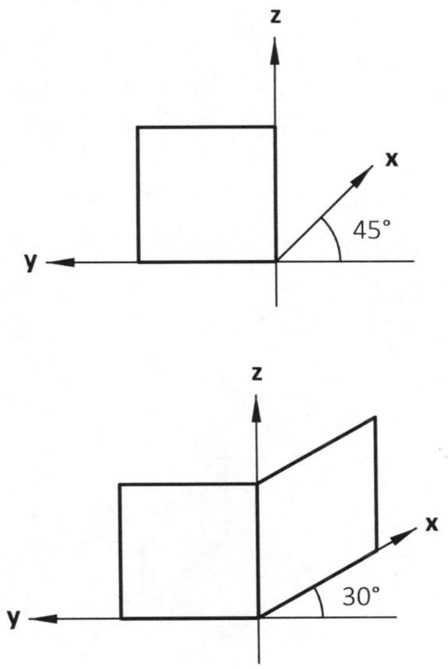


Na perspectiva militar, por sua vez, os eixos *x* e *y* formam entre si um ângulo reto. Para construí-la, as medidas do eixo *z* têm de ser reduzidas em dois terços.

Figura 8.9 – Ângulos da perspectiva militar

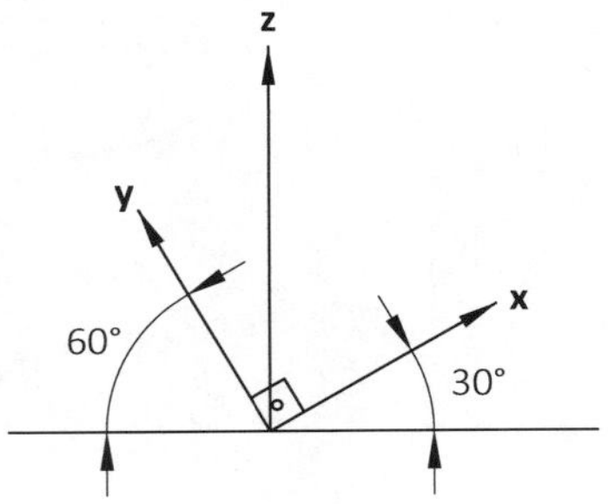


**Exercício rápido**

Desenhe a seguinte peça em perspectiva cavaleira (45°) e militar (45°). Para tanto, use uma folha A4, com as margens conforme o padrão.

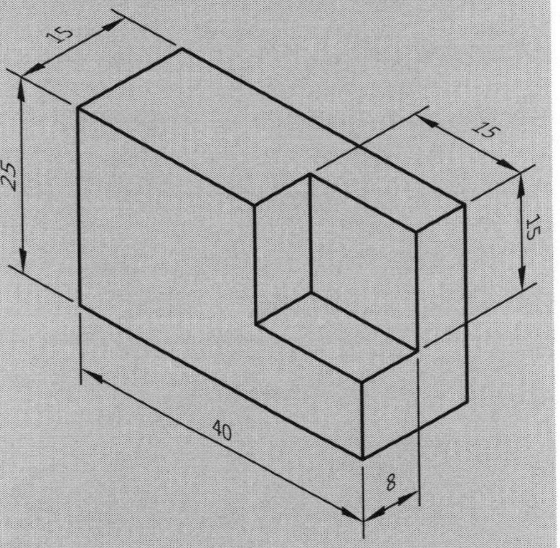


Fabrício Tacahashi

8.2.2

## Axonometria ortogonal (perspectivas isométrica, dimétrica e anisométrica)

Entre as diversas formas de axonometria, destacam-se a isometria, a dimetria e a anisometria (Figura 8.10). Na isometria (A), os três eixos são separados por ângulos de 120°. Na dimetria (B), há dois ângulos iguais e um diferente. Finalmente, na trimetria ou anisometria (C), todas as distâncias entre eixos têm tamanhos diferentes.

Figura 8.10 – Axonometrias ortogonais

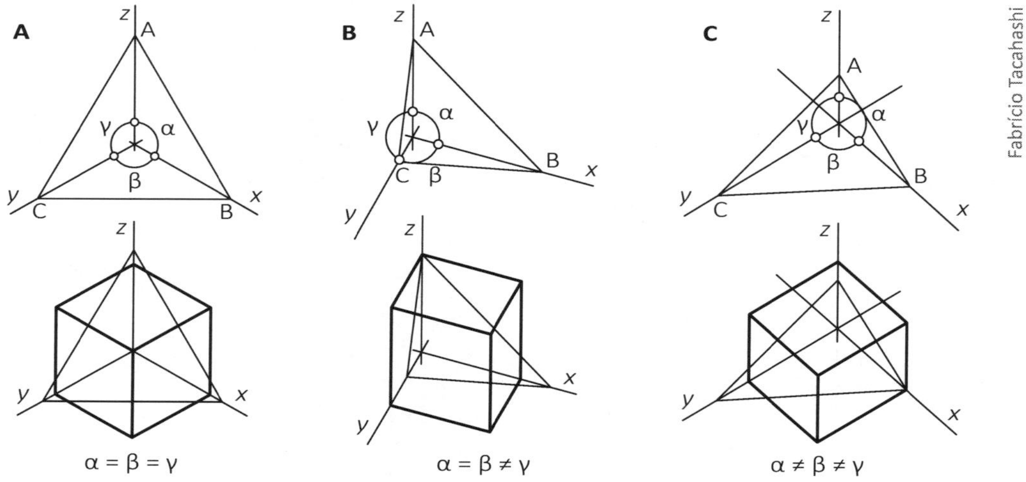


Entendeu os tipos de perspectiva? Confira, no Quadro 8.1, um cubo desenhado em diferentes tipos de perspectiva.

Quadro 8.1 – Tipos de perspectiva

| Cônica | Cilíndricas ou paralelas | | | |
|---|---|---|---|---|
| **Cônica** | **Cavaleira** | **Isométrica** | **Dimétrica** | **Trimétrica** |
| Simula com o máximo realismo a visão humana. Usa pontos de fuga. | Uma face (dois eixos) paralela ao quadro. | As três faces (três eixos) com a mesma inclinação em relação ao quadro. | Umas das faces (um eixo) tem inclinação diferente das outras em relação ao quadro. | As três faces (três eixos) estão diferentemente inclinadas em relação ao quadro |
| 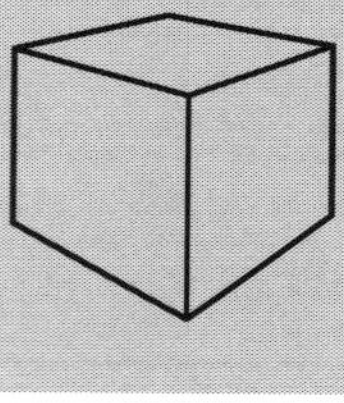 |  |  |  |  |

Como dissemos anteriormente, as perspectivas isométricas, juntamente com as cavaleiras, são as mais usadas na engenharia, inspirando peças, tubulações, maquinários, linhas de produção e outros elementos.

Está preparado? Vamos trabalhar!

8.3

## Construção de perspectivas isométricas com instrumentos

Na perspectiva isométrica, representa-se o objeto tridimensionalmente usando três eixos cartesianos (x, y e z), que formam entre si ângulos de 120°, conforme a Figura 8.11.

Figura 8.11 – Eixos cartesianos e ângulos

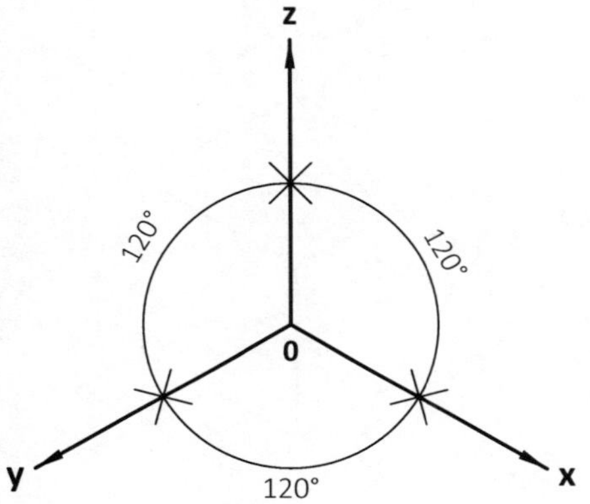


Na construção de perspectivas, é comum prolongar os eixos *x* e *y* a partir do ponto de origem (O), formando ângulos de 30° com a horizontal, ao passo que o eixo *z* (vertical) é preservado. Confira, no exemplo a seguir, a representação de um cubo.

Figura 8.12 – Representação de um cubo

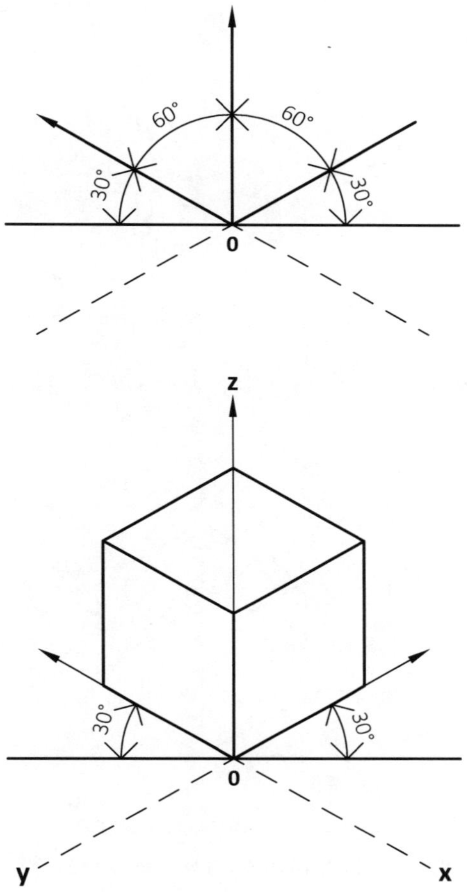


A construção de objetos em perspectiva isométrica requer uma régua paralela ou T e um par de esquadros.

Sugerimos o uso dos esquadros de 30° e 60° para traçar as linhas dos eixos *x* e *y* (horizontais no mundo real) e do esquadro de 45° para as linhas verticais (z), conforme a Figura 8.13.

Figura 8.13 – Desenho com esquadros

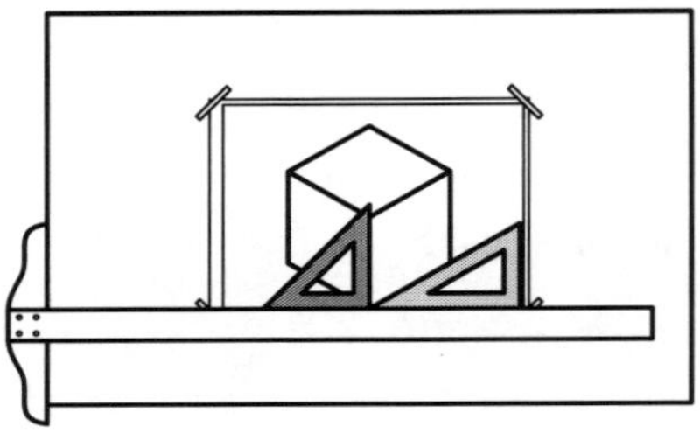

Assim, cada eixo no sistema de coordenadas corresponde a uma das dimensões do objeto: altura, largura e comprimento (Figura 8.14).

Figura 8.14 – Dimensões de um objeto por eixo

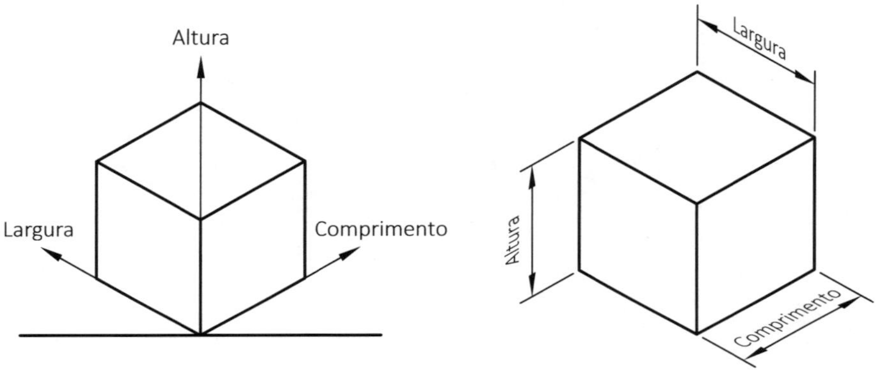


Acompanhe, no Quadro 8.2, a construção da perspectiva isométrica do seguinte objeto (Figura 8.15), proposta por Granato, Santana e Claudino (2016).

Figura 8.15 – Objeto tridimensional

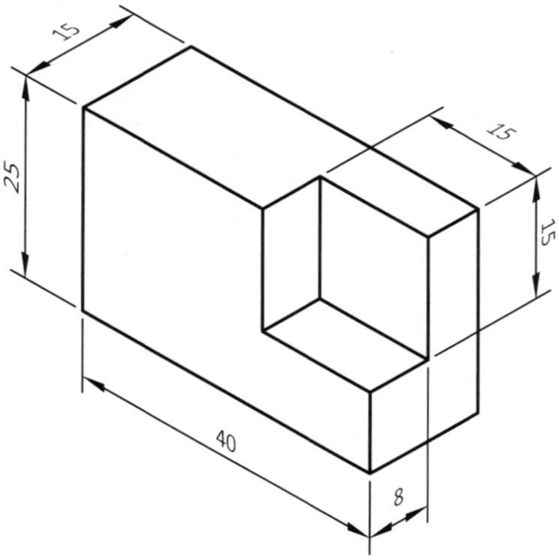


Fonte: Granato; Santana; Claudino, 2016.

Fabrício Tacahashi

Quadro 8.2 – Construção de perspectiva isométrica



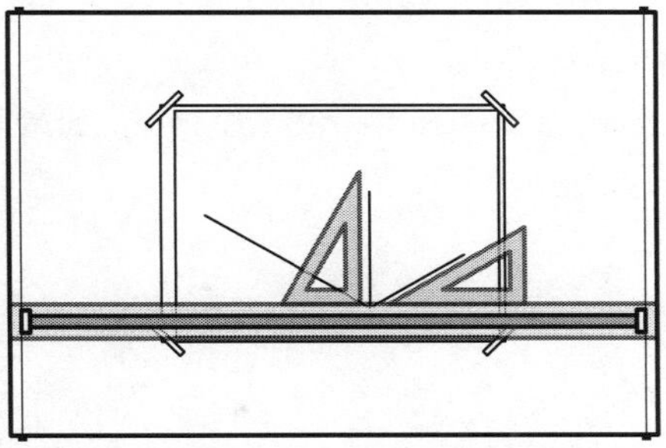

Para começar, fixe a folha na prancheta, alinhada à régua paralela ou T. Apoie o esquadro de 30° ou 60° na régua e trace os eixos isométricos, 30° e 150°.

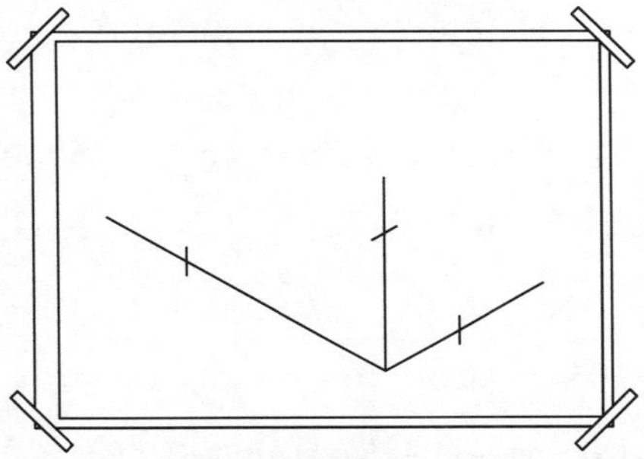

Em seguida, use os eixos para marcar as dimensões totais do objeto.

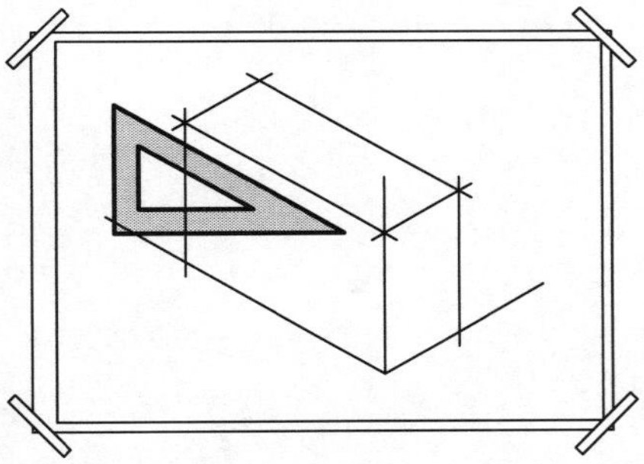

Para finalizar a estrutura básica da peça, trace duas retas perpendiculares a partir das marcações feitas e, uma vez marcadas as alturas da peça, use seu esquadro de 30° para fechar seu volume.

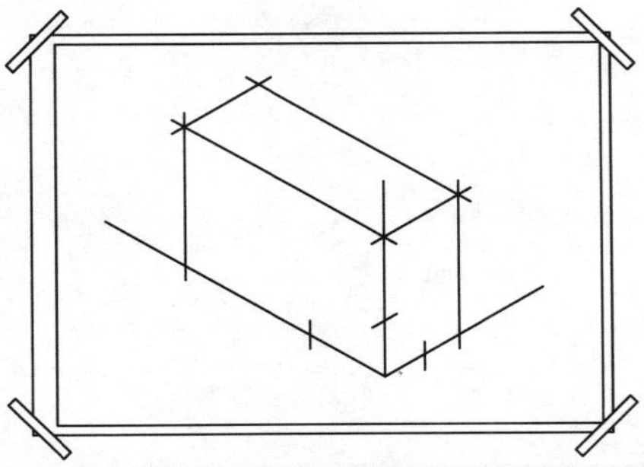

Passe aos detalhes, marcando, nos eixos, as dimensões parciais do objeto.

(continua)

(Quadro 8.2 – conclusão)

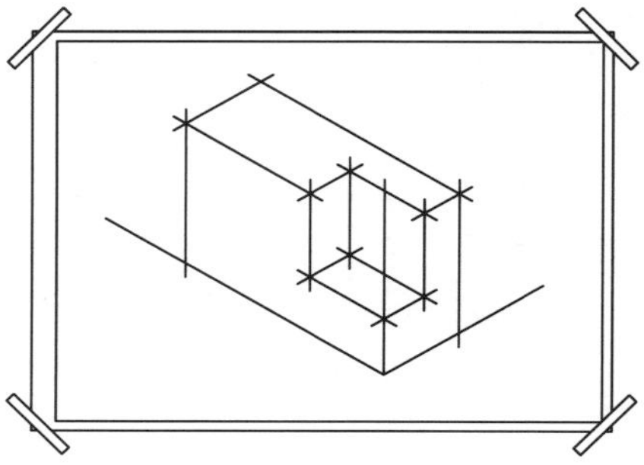

Use seu esquadro e, com linhas paralelas aos eixos, trace os segmentos que completam o volume.

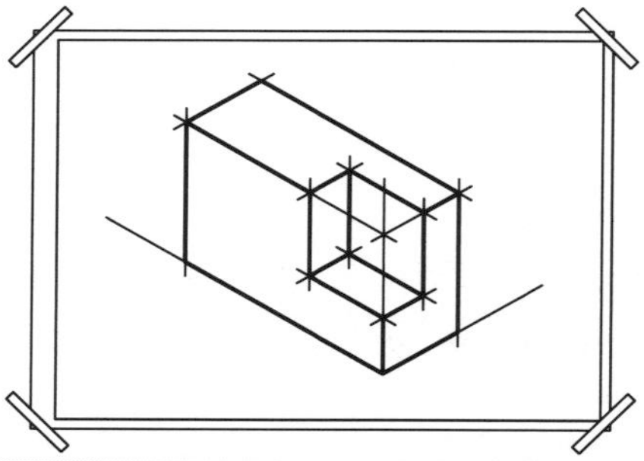

Finalmente, reforce os traços que correspondem às arestas do objeto de forma que as linhas construtivas percam destaque e fiquem em segundo plano.

Fonte: Elaborado com base em Granato; Santana; Claudino, 2016.

Entendeu como construir uma perspectiva isométrica? Vamos treinar?

## Exercício rápido

Reproduza, usando sua régua paralela e seus esquadros, a imagem a seguir. Use uma folha A4 com margens e legenda de acordo com as normas. Antes de desenhar, verifique uma escala adequada ao tamanho de sua folha de papel.

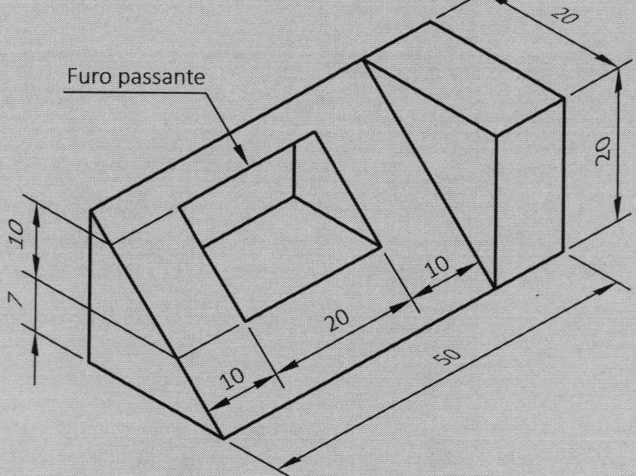


Fabrício Tacahashi

8.3.1

## Círculos isométricos

A perspectiva isométrica do círculo é representada por uma elipse inscrita na face do cubo isométrico. Essa construção não é possível com instrumentos convencionais de desenho, evocando a necessidade de substituí-la por uma falsa elipse, uma oval regular, construída por meio de compasso.

Para construí-la, veja o passo a passo no Quadro 8.3.

Quadro 8.3 – Construção de círculos isométricos

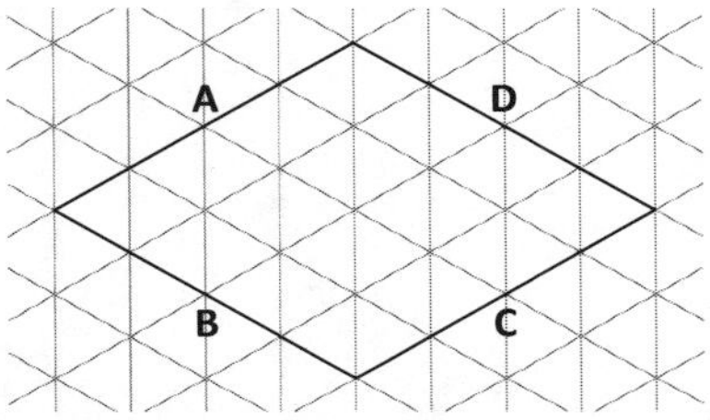


Em um quadrado isométrico, marque os pontos A, B, C e D, que correspondem às intersecções entre a circunferência e o eixo de coordenadas.

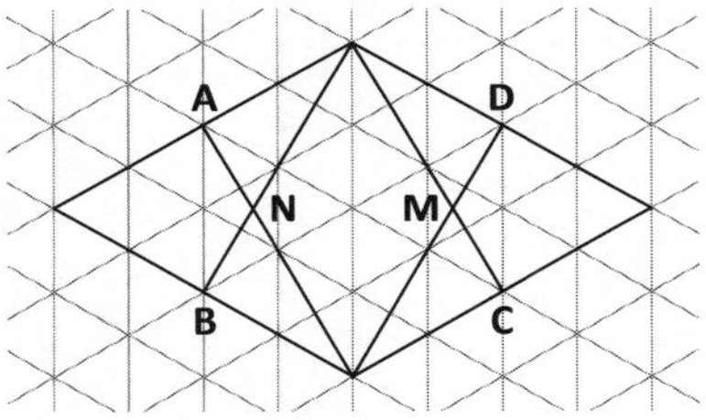


A seguir, trace linhas no formato de uma espécie de diamante que liga cada um dos pontos (A, B, C e D) às extremidades superior e inferior do paralelogramo (vértices superiores e inferiores). O cruzamento dessas linhas dá origem aos pontos M e N, caracterizando os centros dos arcos que então construiremos

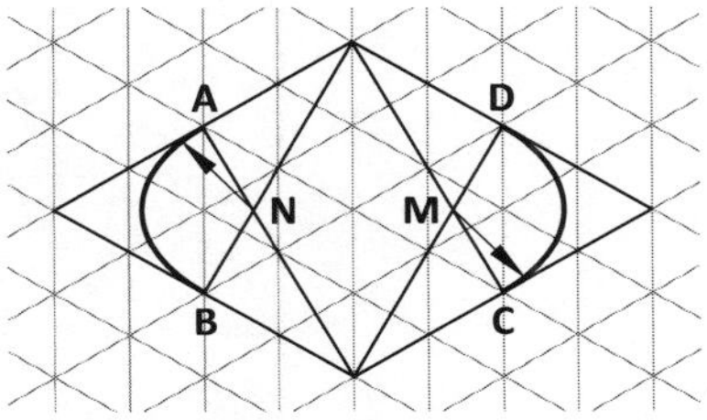


Com o centro em N e M, construa arcos cujos raios são, respectivamente, as distâncias dos segmentos DM e CM e dos segmentos AN e BN.

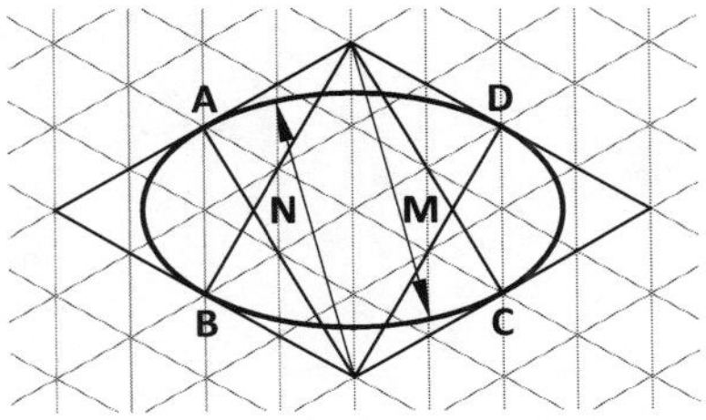


Finalmente, com a ponta-seca do compasso no vértice superior (K) do quadrado isométrico, trace um arco de raio KB, e com a ponta no vértice inferior (J), trace um arco de raio JA.

### Exercício rápido

Reproduza o desenho do círculo isométrico na grade isométrica representada na seção "Anexos", ao final do livro. Faça isso ao menos três vezes, para fixar o método de construção.

Agora, é hora de mais alguns exercícios para você fixar os conceitos estudados.

## Síntese

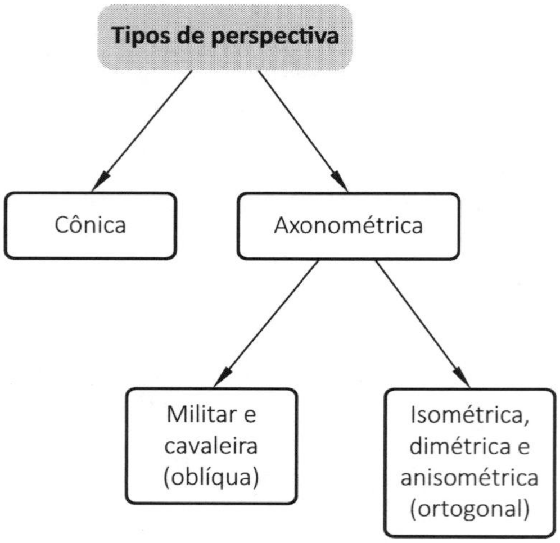

## Questões para revisão

1 O que representa uma perspectiva com três pontos de fuga?

2 Reproduza as seguintes peças:

a]

Fabrício Tacahashi

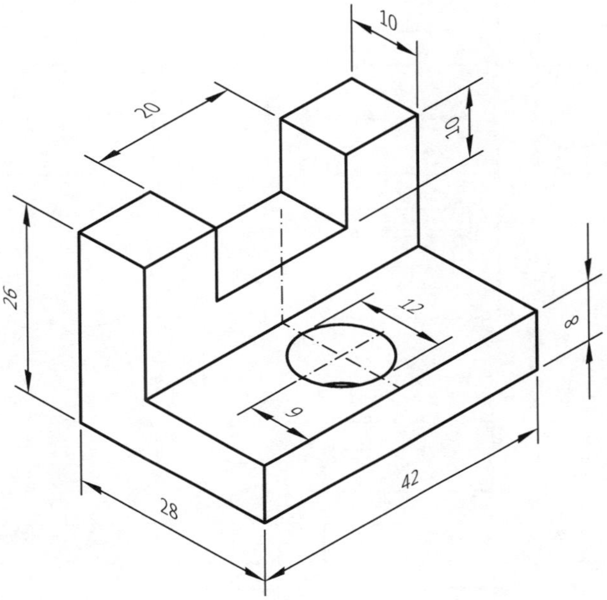


b]

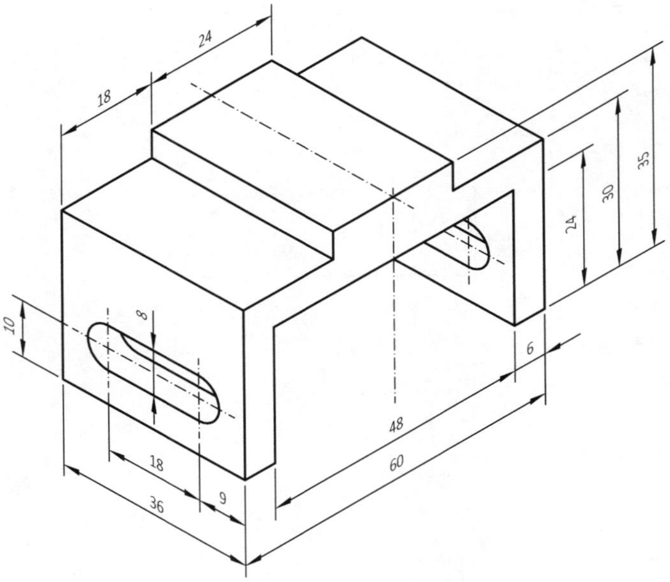

3 Desenhe as seguintes peças em perspectiva isométrica a partir do conjunto de vistas dado.

a]

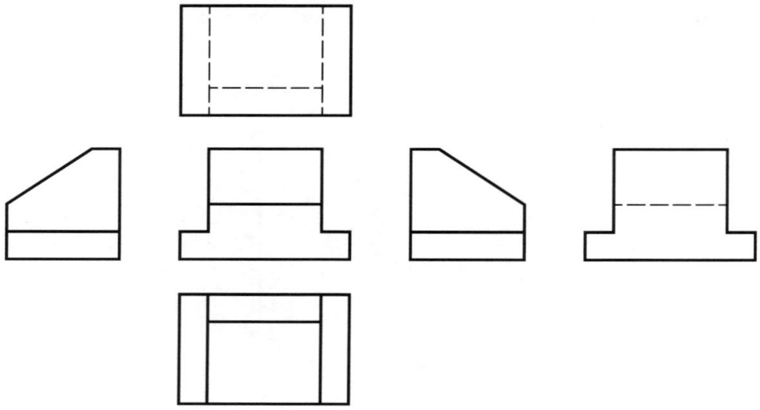

b]

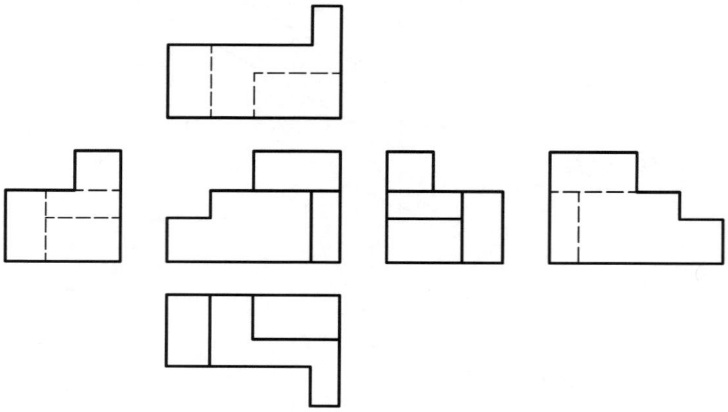

c]

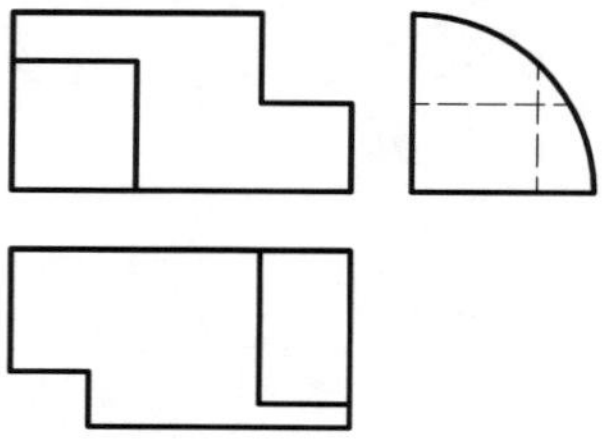

d]

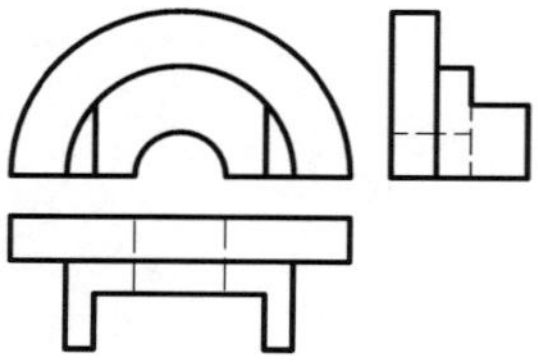

4 (CESPE – 2012 – TJ-RO) Em termos práticos, a representação da perspectiva cavaleira ou militar é utilizada a 45° e deve ser construída a partir do desenho da planta baixa. Nesse sentido, assinale a opção em que a figura em perspectiva corresponde à perspectiva cavaleira.

Fabrício Tacahashi

a]

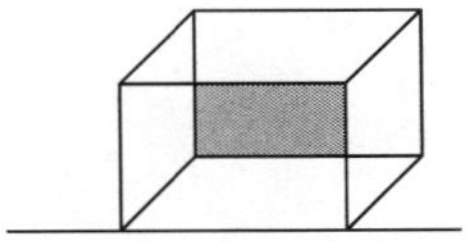

b]

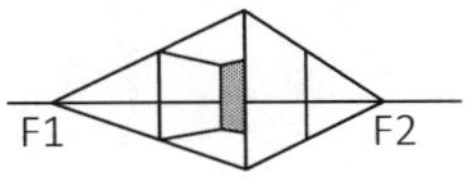


c]

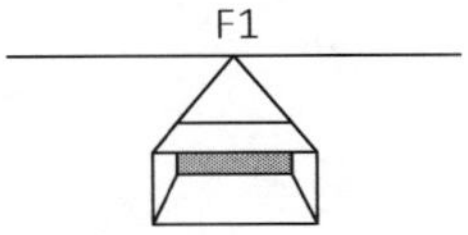


d]

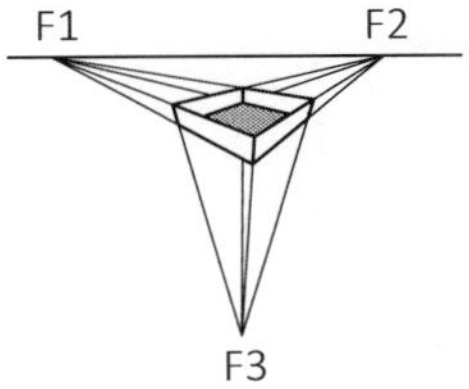


e]

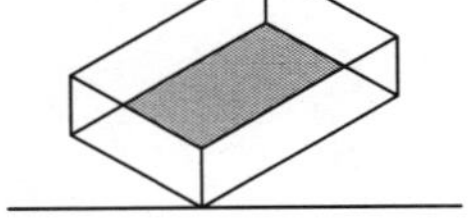

5 Desenhe, em perspectiva cônica (dois pontos de fuga), este dado, um cubo de 1,5 cm de altura.

Restyler/Shutterstock

6 Encontre o(s) ponto(s) de fuga da imagem e depois procure representá-la em perspectiva isométrica a partir das dimensões dadas.

→ Altura: 90 cm

→ Largura: 57 cm

→ Profundidade: 55 cm

YeaMake/Shutterstock

7 Desenhe, em perspectiva isométrica, seu quarto. Coloque móveis e aberturas. Desenhe as paredes até 1,5 m (medida que os arquitetos usam para desenhar a planta – corte em plano horizontal).

## PARA SABER MAIS

*Que tal assistir a uma videoaula sobre a construção de perspectivas? Esta é da escola Visual Arts:*

COMO DESENHAR perspectiva. **UOL Mais**, 8 out. 2009. Disponível em: <http://mais.uol.com.br/view/171u396s6z4o/como-desenhar-perspectiva--04023172E0B94366?types=A>. Acesso em: 22 nov. 2017.

*Bom divertimento!*

# Capítulo NOVE

# Sistemas de cotagem

Conteúdos do capítulo:

- × Cotas.
- × As normas brasileiras que regem a cotagem de desenho técnico.
- × Como cotar peças em vista, cortes e seções.

Após o estudo deste capítulo, você será capaz de:

1. cotar qualquer projeto que use desenho técnico, tanto de engenharia quanto de áreas como arquitetura e *design*;
2. elaborar desenhos a partir de peças fora de escala, mas cotadas;
3. interpretar desenhos técnicos em diferentes escalas e unidades.

A norma brasileira para cotagem em desenho técnico é a NBR 10126 (ABNT, 1987b). Tal documento fixa os princípios gerais de cotagem que devem ser empregados em todos os desenhos técnicos. Entre as diversas especialidades de engenharia, *design* e arquitetura, pode haver normas complementares e especificidades, mas, em geral, essa é a norma a ser seguida.

As cotas são elementos de desenho técnico cujo objetivo é fornecer informações sobre as dimensões do objeto representado, indicando sua verdadeira grandeza, sem necessidade de instrumentos de medição, como escalímetros.

Nesse sentido, os desenhos têm de conter todas as cotas necessárias para viabilizar a plena execução do projeto. Assim, as cotas devem ser distribuídas nas vistas utilizadas para representar o objeto, conforme as características de cada desenho.

Em arquitetura, por exemplo, usam-se cortes e elevações para assinalar as alturas e planta baixa para demarcar larguras e comprimentos.

9.1

## Definições

A NBR 10126 define cota como a "representação gráfica no desenho da característica do elemento, através de linhas, símbolos, notas e valor numérico numa unidade de medida" (ABNT, 1987b, p. 1).

As cotas subdividem-se em três grupos: funcionais, não funcionais e auxiliares.

As cotas funcionais (F), segundo a norma, são essenciais para o funcionamento da peça, que não recebe interferência direta das não funcionais (NF). As cotas auxiliares (AUX) são meramente informativas – muitas vezes, derivadas de valores já informados – e têm como principal função evitar cálculos desnecessários.

Confira a Figura 9.1.

Figura 9.1 – Tipos de cota

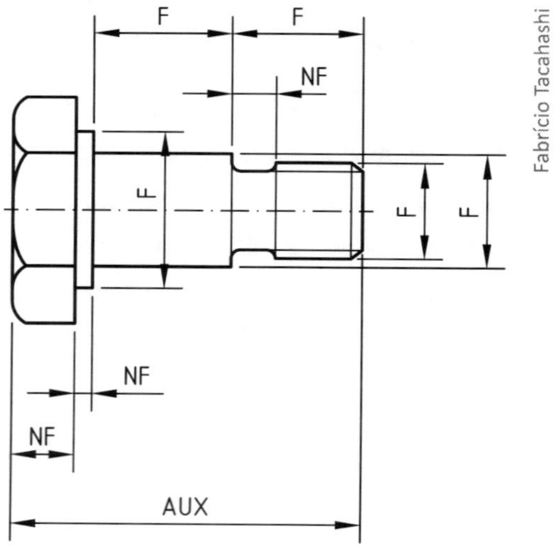


Fonte: ABNT, 1987b, p. 2.

Perceba que a cota auxiliar apresentada resulta da somatória de quatro cotas. Note, também, que há três cotas não funcionais representadas, que não interferem no funcionamento da peça em questão.

A norma ainda postula que não é indicado especificar os processos de fabricação ou métodos de inspeção, exceto quando indispensáveis para assegurar o bom funcionamento ou a intercambialidade (ABNT, 1987b).

Observe a Figura 9.2: a cotagem funcional, de acordo com a norma, deve ser escrita diretamente no desenho (A); ocasionalmente, todavia, pode-se justificar sua escrita indireta (B). Já a cotagem não funcional deve levar em conta a conveniência para a produção e a inspeção.

Figura 9.2 – Cotas funcionais diretas e indiretas

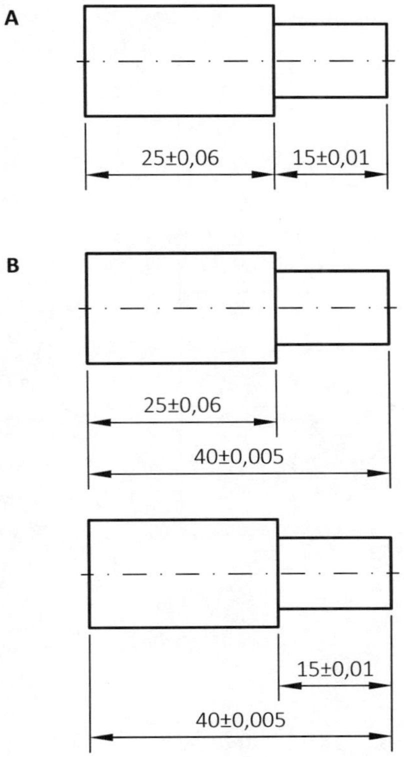


Fonte: ABNT, 1987b, p. 2.

## 9.2 Elementos de cotagem

São elementos que compõem o sistema de cotagem, conforme a NBR 10126 (ABNT, 1987b):

1. **Linhas auxiliares, de extensão ou chamada** – linhas estreitas e contínuas, perpendiculares às linhas de cota, ultrapassando-as em cerca de três milímetros. Se necessário, podem ser oblíquas.

2. **Linhas de cota** – linhas retas ou arcos, normalmente com setas nas extremidades, de traço contínuo fino, paralelas ao contorno do elemento cuja dimensão definem.

3. **Limitação externa (setas)** – elementos que indicam os limites da linha de cota.

4. **Cotas** – números que indicam as dimensões lineares ou angulares do elemento. A unidade das cotas lineares pode variar. Em engenharia mecânica, costuma ser milímetro, já em arquitetura, centímetro ou metro.

Observe, na Figura 9.3, a aplicação de tais elementos.

Figura 9.3 – Elementos de cotagem

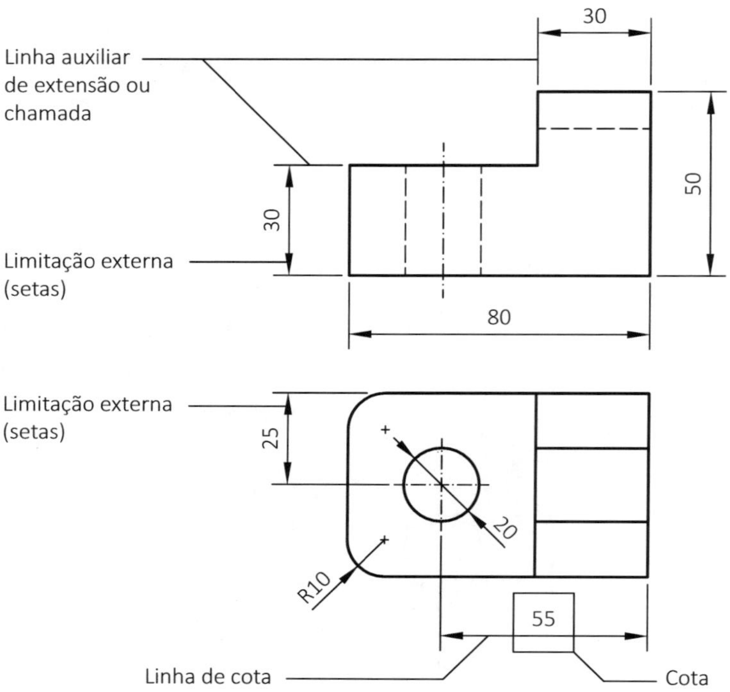


Fabrício Tacahashi

9.3

## Linhas de cota

O limite da linha de cota pode ser indicado por setas (preenchidas ou não) ou traços inclinados, conforme a Figura 9.4. A maioria dos desenhos técnicos utiliza as setas preenchidas. Os traços inclinados são bem populares nos desenhos arquitetônicos.

Em um mesmo desenho, a indicação dos limites da cota deve ser de um único tipo e tamanho. Só é permitido utilizar outro tipo de indicação dos limites da cota em espaços muito pequenos – prática que, mesmo assim, não é recomendada.

Figura 9.4 – Indicação dos limites das linhas de cota

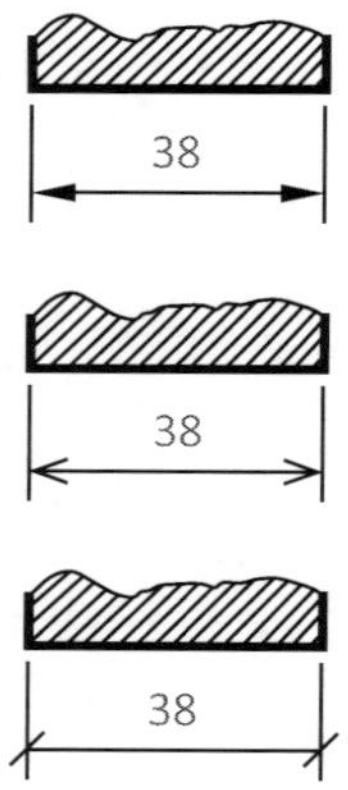

9.4

## Regras gerais para cotagem

Conforme dissemos, as cotas são fundamentais para o entendimento dos objetos e sua fabricação. Portanto, algumas regras devem ser seguidas:

- As cotas indicadas nos desenhos são sempre as cotas reais do objeto, independentemente da escala do desenho.
- Não se pode omitir qualquer cota necessária para a definição da peça, já cotas em duplicidade são consideradas erro técnico, pois acarretam informação duplicada e dificuldade de leitura.
- As cotas devem ser apresentadas com caracteres que considerem a legibilidade do documento. Caracteres grandes demais poluem a prancha e pequenos demais prejudicam a leitura.
- Os elementos devem ser cotados preferencialmente nas vistas que proporcionam informação mais clara e precisa em relação à forma ou à localização.

Vejamos como aplicar essas regras. Confira os exemplos da Figura 9.5.

Figura 9.5 – Exemplo de cotagem

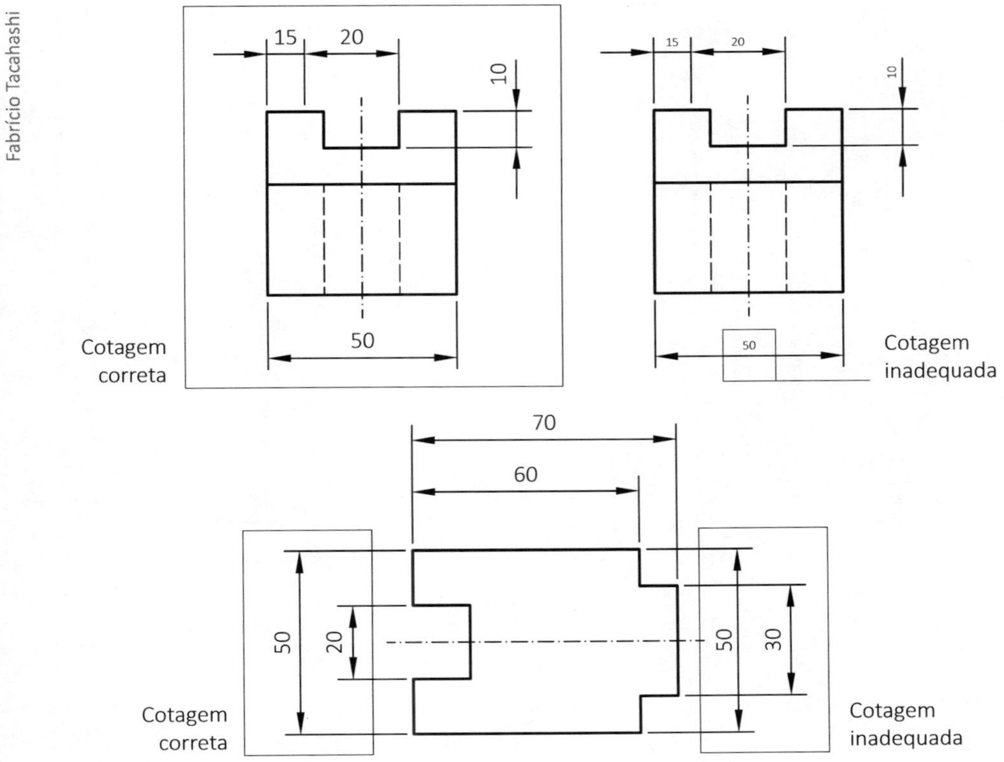

Outras regras importantes:

- As cotas devem localizar-se preferencialmente fora do contorno da peça, podendo ser colocadas no interior das vistas caso propiciem mais clareza e legibilidade.
- Em um desenho, normalmente são usadas as mesmas unidades, indicadas no campo apropriado da legenda. Quando houver necessidade de outras unidades, deve estar indicado o respectivo símbolo ao lado do valor da cota.
- Caso o espaço necessário seja insuficiente, deve-se posicionar a cota próxima à linha de cota e ligada a ela por meio de uma linha de referência.
- Sempre que possível, as cotas devem ser alinhadas.
- Os elementos cilíndricos devem ser dimensionados por seus diâmetros e a partir de suas linhas de centro.

Observe as peças da Figura 9.6 e veja a aplicação das regras apontadas.

Figura 9.6 – Aplicação de regras de cotagem

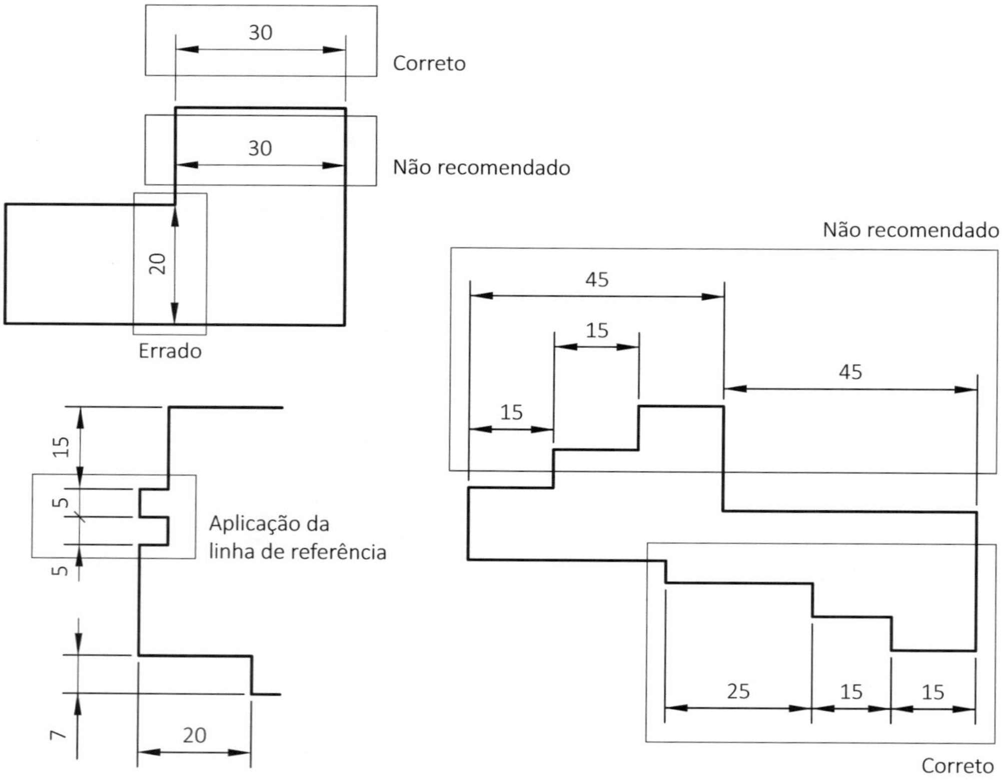


Fabrício Tacahashi

Caso haja um elemento cortado que precise ser cotado, deve-se proceder conforme a Figura 9.7.

Figura 9.7 – Exemplo de cotagem em peças interrompidas

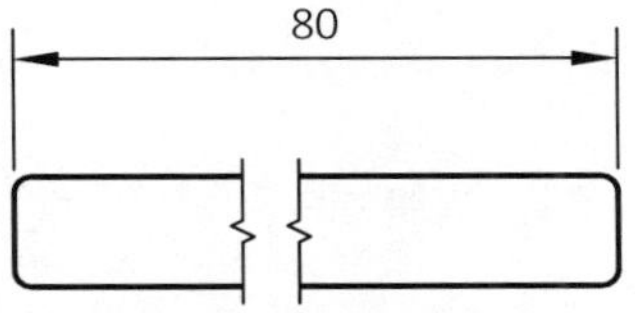


Quanto à posição dos números nas cotas, a NBR 10126 (ABNT, 1987b) fixa dois métodos. O primeiro, mais utilizado, prescreve que, nas linhas de cota horizontais, o número deve estar acima da linha; nas linhas de cota verticais, à esquerda; por fim, nas linhas de cota inclinadas, deve-se procurar a posição de leitura (horizontal). Já no segundo método, as linhas de cota são interrompidas e o número é posicionado no meio da linha de cota, permanecendo sempre na posição de leitura.

Confira a aplicação dos dois métodos.

Figura 9.8 – Métodos de cotagem

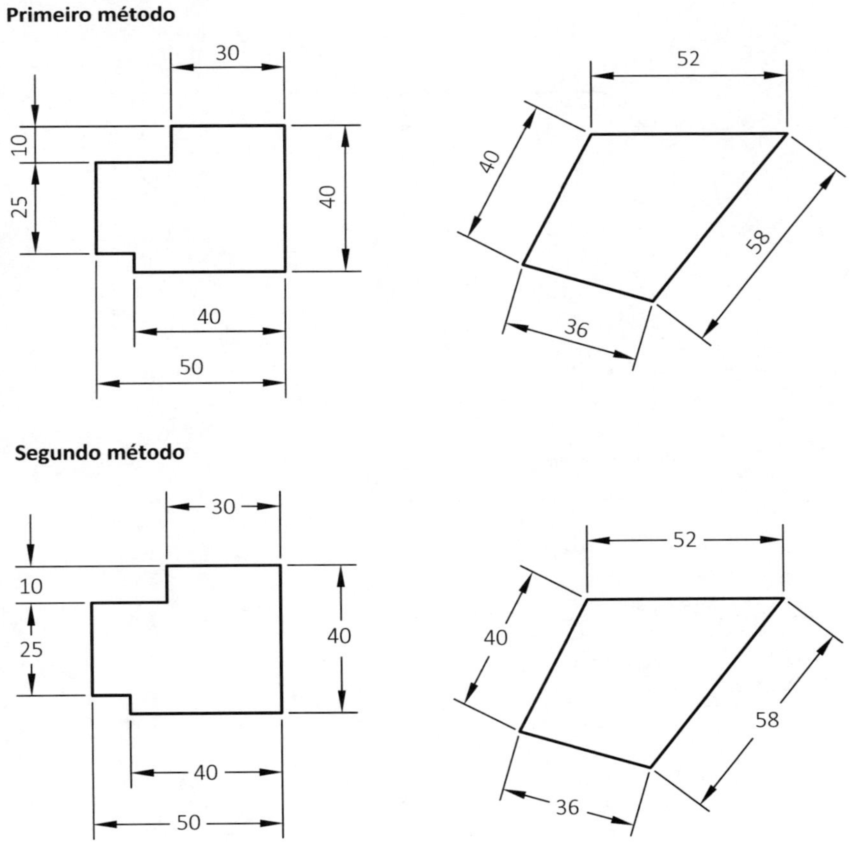


Fabrício Tacahashi

9.5

# Cotagem de ângulos, chanfros e escareados

Você viu, até agora, as regras gerais de cotagem, mas há elementos específicos, que requerem procedimentos adequados.

Para definir um elemento angular, por exemplo, ao menos duas cotas são necessárias:

1. comprimento de dois lados;
2. comprimento de um lado e valor do ângulo (para ângulos de 45°, os dois elementos podem estar na mesma cota).

Confira, na Figura 9.9, a aplicação das regras.

Figura 9.9 – Cotagem de elementos angulares

**Peças com ângulos diversos**

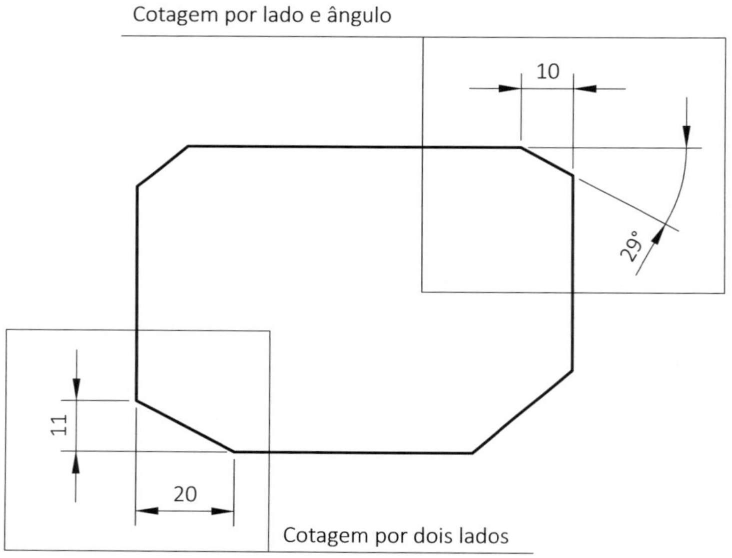


Fabrício Tacahashi

*(continua)*

*(Quadro 9.9 – conclusão)*

**Peças com ângulo de 45°**

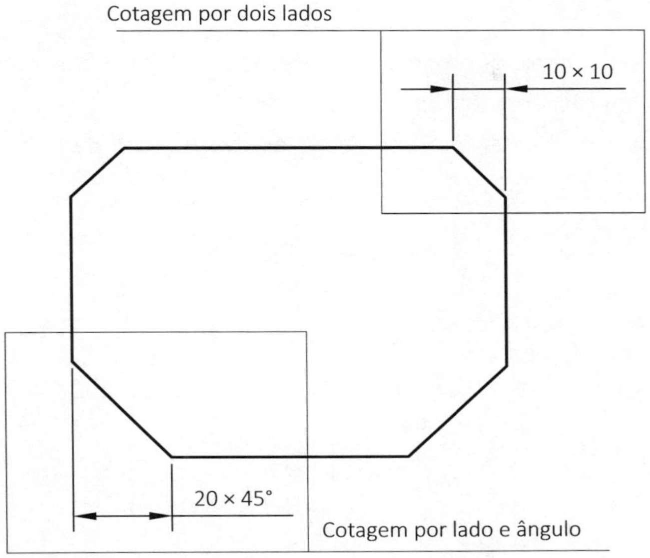


Peças que serão manuseadas ou ficarão em regiões de grande circulação costumam ter seus cantos vivos "quebrados", por assim dizer, a fim de atenuar os riscos de arranhões e cortes. Para tanto, o recurso utilizado é o chanfro, configurado por pequenas inclinações nas bordas das peças. Sua cotagem segue os mesmos princípios das peças angulares.

Analogamente, os cantos vivos dos furos presentes nas peças – os chamados *escareados* – também seguem tais regras, abarcando a possibilidade de apontamento do diâmetro do furo e do ângulo da inclinação, conforme a Figura 9.10.

Figura 9.10 – Cotagem de escareados

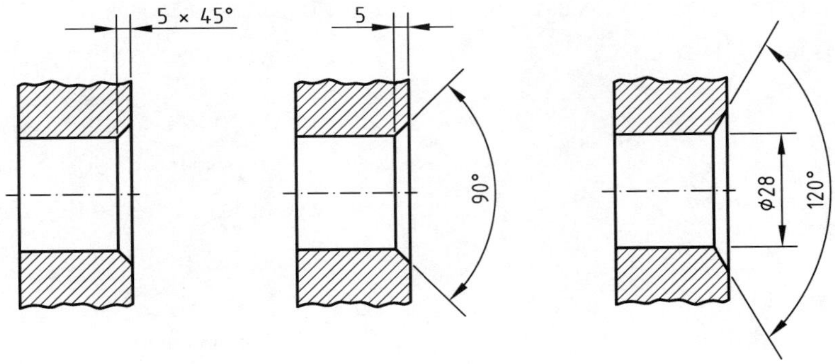

9.6

## Cotagem de raios

Você já viu diversas peças que contêm elementos circulares ou semicirculares. Para dimensioná-los, é preciso lançar mão da cotagem de raios, na qual o limite da cota é definido por uma única seta, que pode ficar dentro ou fora da linha de contorno da curva, conforme a Figura 9.11.

Figura 9.11 – Limite de cota definido por única seta

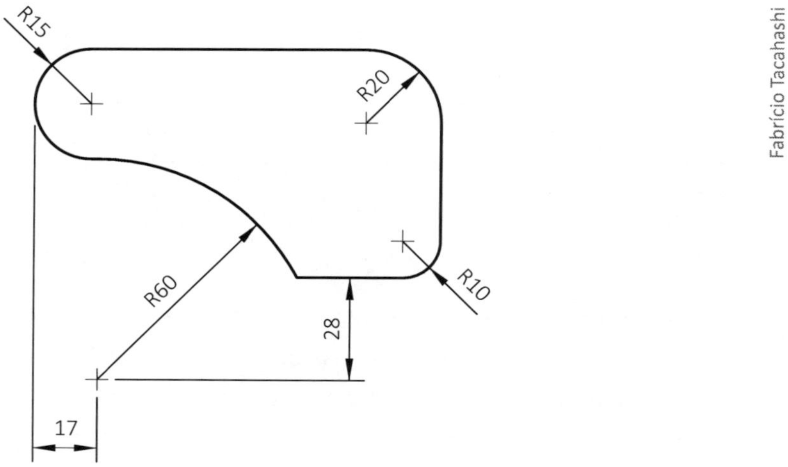


Perceba que o centro das circunferências de origem das curvas tem de estar marcado e, em algumas situações, deve-se também marcar a posição do centro em relação aos lados da peça.

9.7

## Cotagem de ângulos

A linha de cota utilizada na cotagem de ângulos é traçada em arco, cujo centro deve coincidir com o vértice do ângulo.

Quanto ao posicionamento das cotas, deve-se respeitar um dos métodos apresentados anteriormente (Figuras 9.9, 9.10 e 9.11).

9.8

# Cotagem de elementos equidistantes e repetidos

Muitas vezes, ao projetar uma peça, há elementos cuja distância se repete constantemente. Tal repetição pode ser linear ou angular.

No caso das repetições lineares (Figura 9.12), é preciso cotar o espaço total e o número de espaços repetidos (A). Já nos elementos angulares, identifica-se o valor do ângulo e/ou a quantidade de elementos (B).

Figura 9.12 – Cotagem de elementos com repetições

Fabrício Tacahashi

A

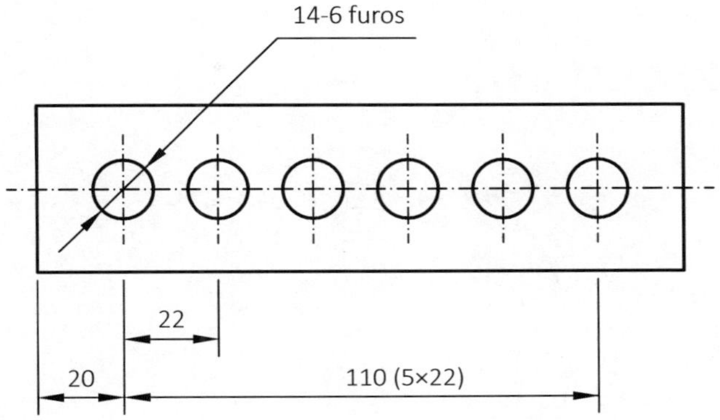


B

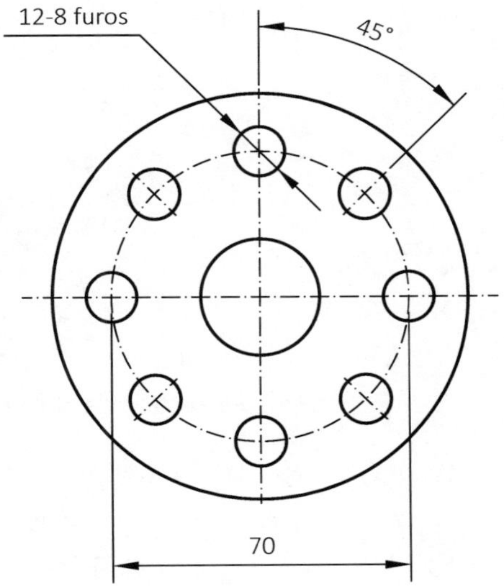

Caso os furos não sejam equidistantes, a cotagem deve acontecer conforme a Figura 9.13.

Figura 9.13 – Elementos repetidos não equidistantes

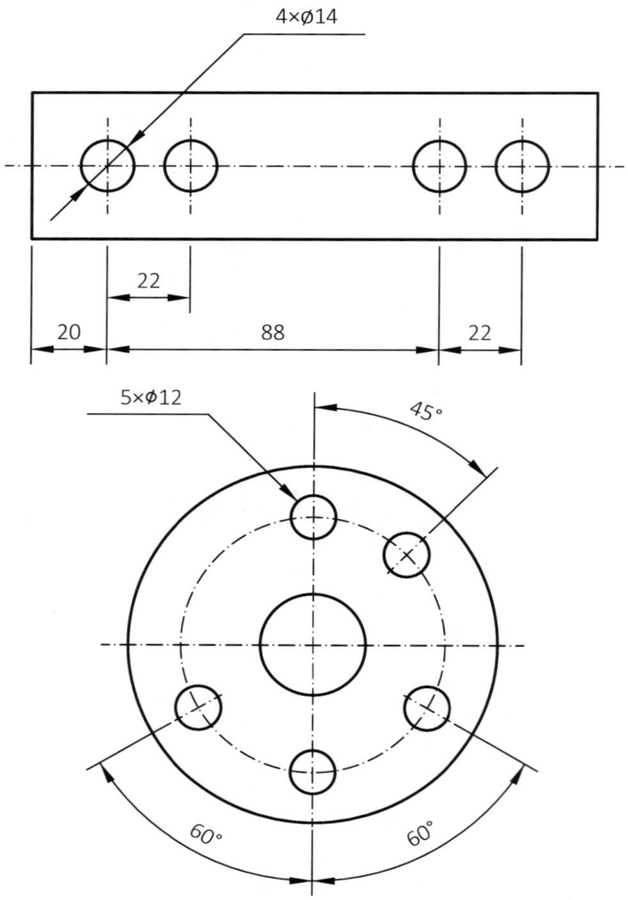


Fabrício Tacahashi

9.9

## Cotagem de objetos em corte e meio corte

Nas representações de cortes em projeções ortogonais, recorre-se às normas já apresentadas. Vale notar que, pelo fato de os cortes conterem muitos detalhes, deve-se evitar a representação das linhas de cota no interior do desenho, sobretudo no caso das áreas tracejadas.

Se não for possível efetuar a cotagem em outra posição, deve-se interromper a hachura a fim de posicionar a cota (Figura 9.14).

Figura 9.14 – Interrupção da hachura

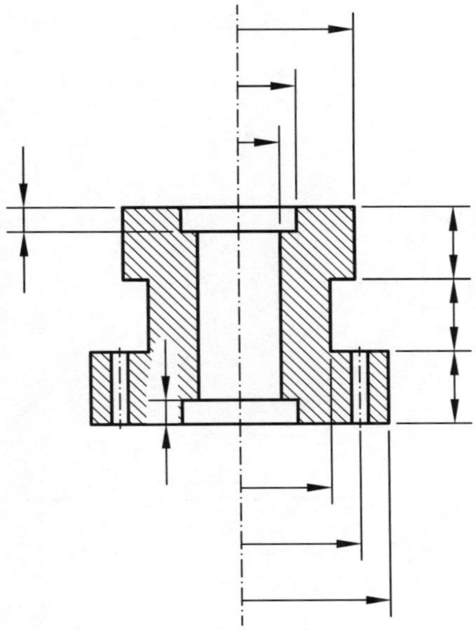

Conforme dissemos, o meio corte é empregado no desenho de peças simétricas. Nele, meia peça é representada em corte, e a outra metade, em vista. O meio corte apresenta a vantagem de indicar, em uma só vista, as partes interna e externa da peça.

Para cotá-lo, devem-se seguir as regras estabelecidas para a cotagem de peças. Vale ressaltar que, na representação de um meio corte de uma peça simétrica, é possível apresentar as linhas de cota incompletas com a inscrição correspondente ao valor total (Figura 9.14).

## Síntese

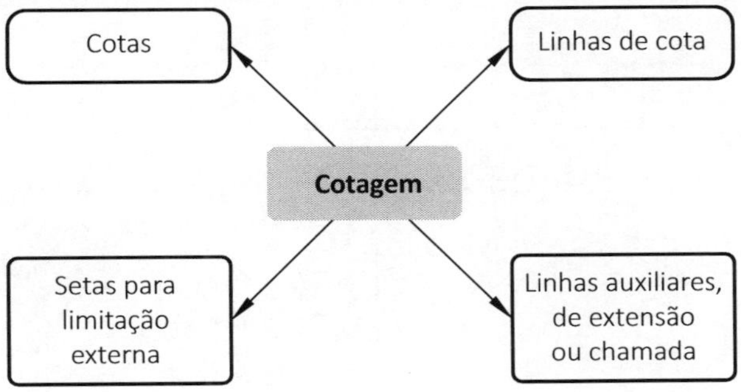

## Questões para revisão

1 Considerando a seguinte peça em perspectiva e duas vistas, cote a vista proposta na sequência.

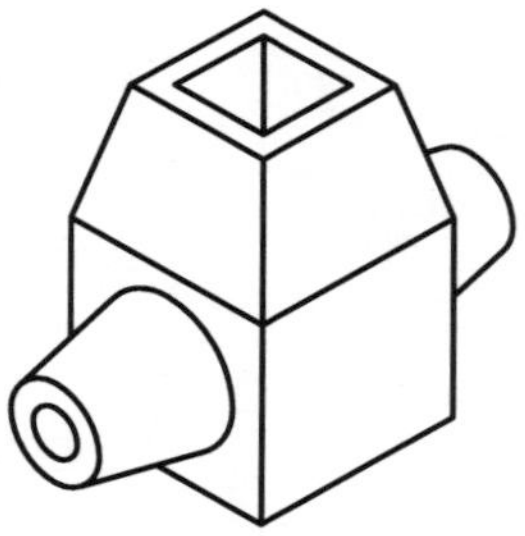

Fabrício Tacahashi

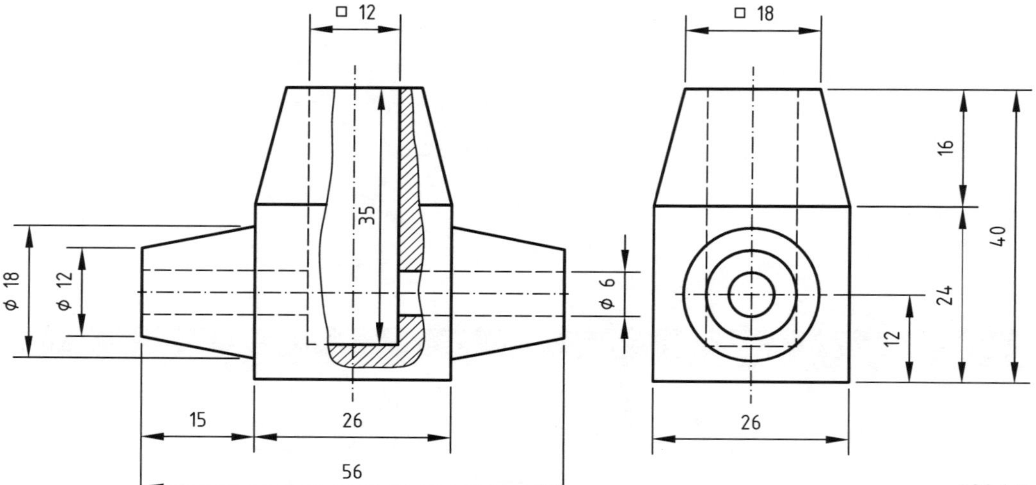


ESC 1:1

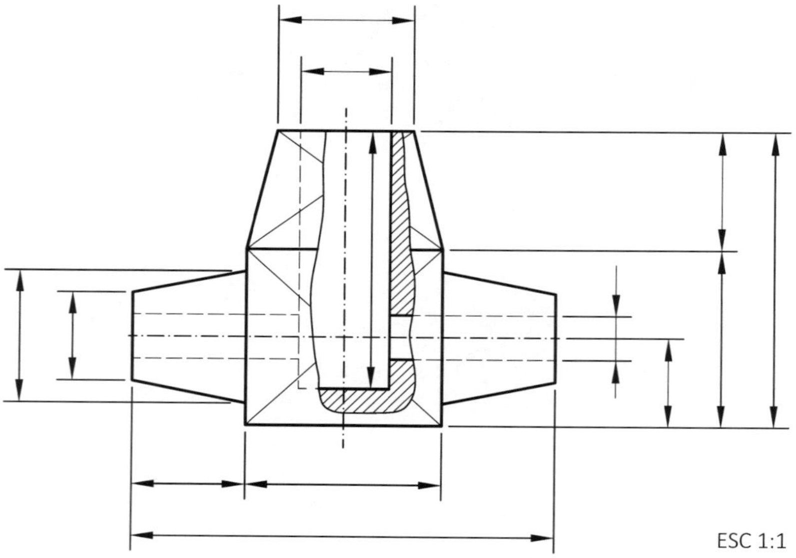

ESC 1:1

2 Observando a imagem a seguir, responda às seguintes perguntas.

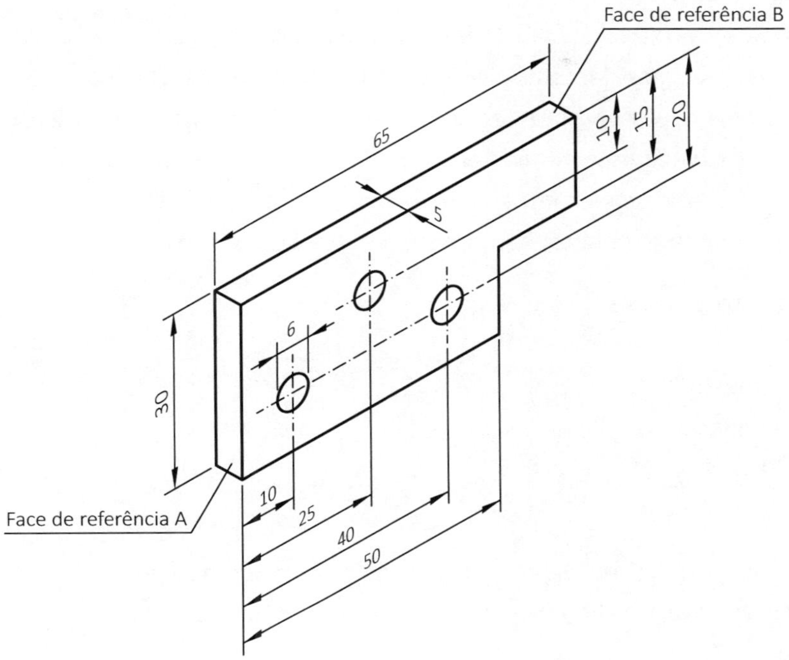


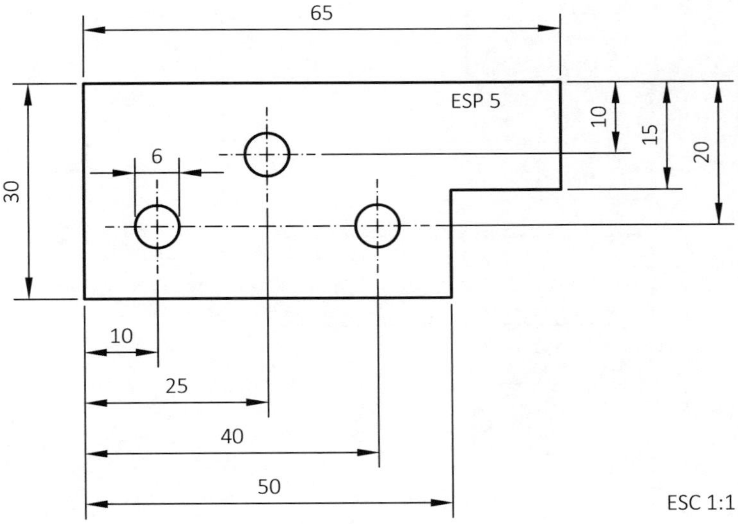


a] Quais são o comprimento, a altura e a espessura da peça?

b] Quais são os diâmetros dos furos?

c] Quais são as cotas indicadas a partir da face de referência A?

d] Quais são as cotas indicadas a partir da face de referência B?

3 (FCC – 2011 – TRE-RN) Considere as afirmações a seguir sobre cotagem de elementos prismáticos.

I Aplica-se a cotagem a partir de arestas visíveis, ou seja, não se pode utilizar as linhas tracejadas (arestas invisíveis) para dimensionar o objeto.

II Caso seja necessário manter no desenho uma dimensão redundante, deve-se indicar a cota dessa medida entre parênteses.

III Caso o objeto seja simétrico, deve-se atribuir somente cotas de tamanho dos elementos prismáticos, não sendo necessárias cotas de localização.

Está correto o que se afirma em

a] I, apenas.

b] II, apenas.

c] III, apenas.

d] I e III, apenas.

e] I, II e III.

4 Reproduza em perspectiva isométrica a peça representada pelas vistas e seguir. Em seguida, escreva, nas linhas de cota localizadas na perspectiva isométrica, as cotas indicadas.

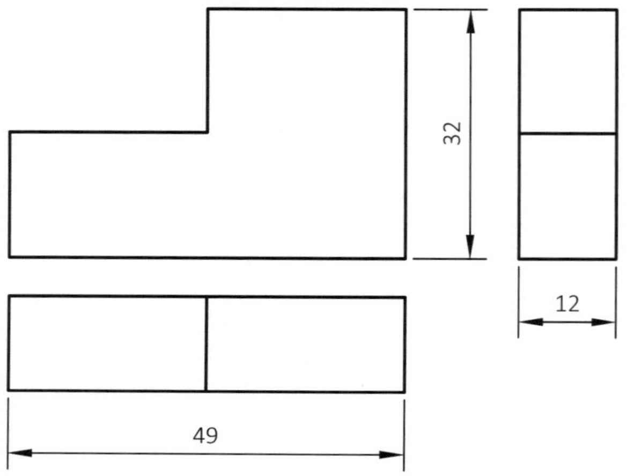

5 Escreva, nas linhas indicadas, os nomes dos elementos de cotagem indicadas pelas setas no desenho a seguir.

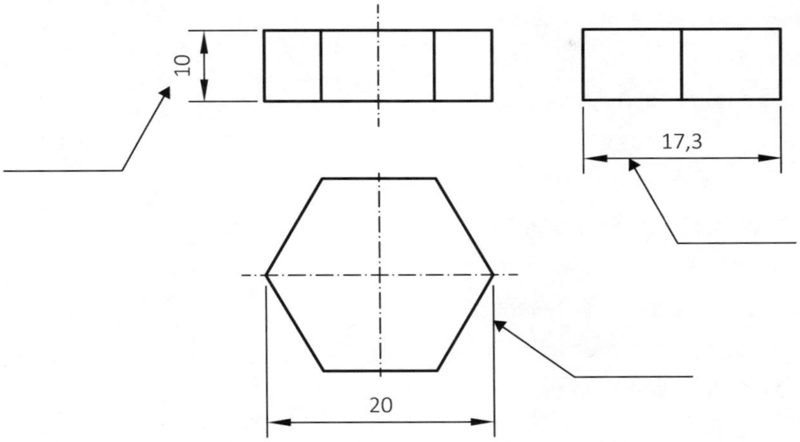


6 (CESPE – 2014 – TJ-CE) A figura a seguir representa um exemplo de cota em posição inclinada. Segundo a NBR 10.126, que estabelece os padrões da cotagem em desenho técnico,

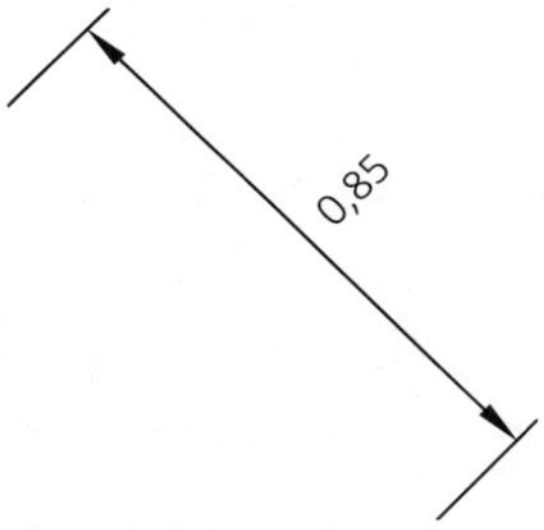


a] o texto deveria estar mais afastado da cota.
b] o texto deveria estar menos afastado da cota.
c] a cota ilustrada está desenhada de acordo com a norma.
d] a cota deveria estar situada abaixo da linha de cota.
e] a cota deveria ser escrita paralelamente à linha de cota.

7 Quais são os elementos da cotagem?

8 Lembra-se daquela perspectiva isométrica que você fez de seu quarto? Faça a planta e um corte e cote seu desenho.

9 (CCV-UFC – 2010 – UFC) A representação gráfica de uma planta baixa só será considerada completa se, além da representação gráfica dos elementos, contiver todos os indicadores necessários, dentre os quais as cotas é um dos mais importantes. A cotagem deve seguir indicações gerais, tais como na alternativa:

a] As cotas são sempre colocadas acima da linha de cota e as verticais são sempre escritas e lidas da esquerda para a direita.
b] A quantidade de linhas deve ser distribuída no entorno da construção, sendo que a primeira

linha deve coincidir com o último elemento a ser cotado e as seguintes devem afastar-se umas das outras 1,0 mm.

c] Todas as dimensões parciais devem ser identificadas e as dimensões totais são facultativas.

d] As cotas devem ser obrigatoriamente externas, não sendo aceitas cotas internas no desenho.

e] As linhas de cota menos subdivididas devem ser as mais próximas do desenho.

10 (CESPE – 2011 – TJ-ES) Com base nas normas brasileiras de desenho técnico, julgue os itens a seguir, relativos às figuras a seguir:



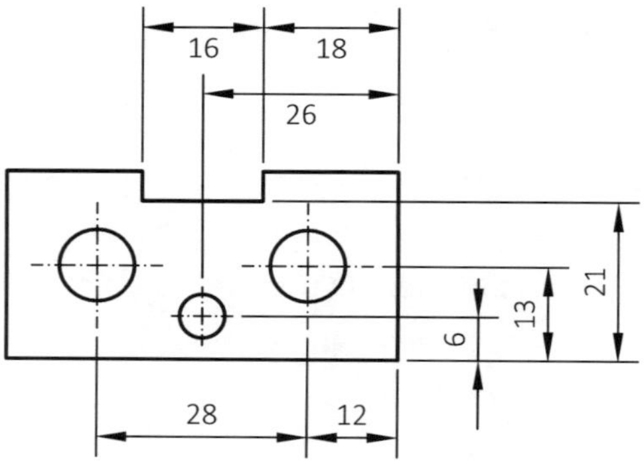


**Figura I**

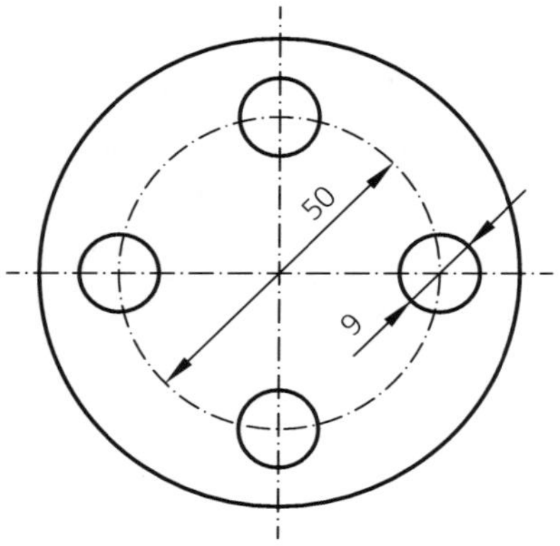


**Figura II**

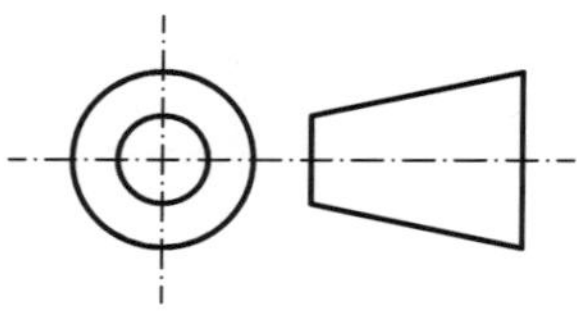

**Figura III**

Na figura I, a cotagem está executada corretamente.

[ ] Certo [ ] Errado

11 Selecione três objetos de seu cotidiano (lapiseira, compasso e chaveiro, por exemplo). Represente as vistas desse objeto, sua perspectiva isométrica e cote as peças. A escolha da escala é fundamental.

# Considerações finais

O meticuloso estudo dos conteúdos apresentados e trabalhados neste livro habilita você a elaborar desenhos técnicos usando instrumentos.

Os conteúdos desenvolvidos visaram a uma formação global, abordando os principais conceitos da área, suas características, aplicações e muitos exercícios, viabilizando sua proficiência na representação gráfica e no entendimento dessa linguagem, que se pretende universal.

Com o que você aprendeu aqui, é possível trabalhar desde os projetos simples até os grandes e complexos. Esses conteúdos são a base para o trabalho com *softwares* CAD, desafio seguinte ao aprendizado de desenho técnico. Tais programas são desenvolvidos com base no que você estudou e, portanto, seu conhecimento é fundamental para desenvolver habilidades e competências com vistas ao uso do computador como ferramenta de desenho técnico.

# Referências


ABNT – Associação Brasileira de Normas Técnicas. NBR 6158: sistema de tolerâncias e ajustes. Rio de Janeiro, 1995a.

_____. **NBR 6492**: representação de projetos de arquitetura. Rio de Janeiro, 1994a.

_____. **NBR 8196**: desenho técnico: emprego de escalas. Rio de Janeiro, 1999a.

_____. **NBR 8402**: execução de caracter para escrita em desenho técnico. Rio de Janeiro, 1994b.

_____. **NBR 8403**: aplicação de linhas em desenhos: tipos de linhas: larguras das linhas. Rio de Janeiro, 1984a.

_____. **NBR 8404**: indicação do estado de superfícies em desenhos técnicos. Rio de Janeiro, 1984b.

_____. **NBR 8993**: representação convencional de partes roscadas em desenhos técnicos. Rio de Janeiro, 1985.

_____. **NBR 10067**: princípios gerais de representação em desenho técnico. Rio de Janeiro, 1995b.

_____. **NBR 10068**: folha de desenho: leiaute e dimensões. Rio de Janeiro, 1987a.

_____. **NBR 10126**: cotagem em desenho técnico. Rio de Janeiro, 1987b.

_____. **NBR 10582**: apresentação da folha para desenho técnico. Rio de Janeiro, 1988.

_____. **NBR 10647**: desenho técnico. Rio de Janeiro, 1989.

_____. **NBR 12288**: representação simplificada de furos de centro em desenho técnico. Rio de Janeiro, 1992.

ABNT – Associação Brasileira de Normas Técnicas. **NBR 12298**: representação de área de corte por meio de hachuras em desenho técnico. Rio de Janeiro, 1995c.

_____. **NBR 13142**: desenho técnico: dobramento de cópia. Rio de Janeiro, 1999b.

_____. **NBR 13273**: desenho técnico: referência a itens. Rio de Janeiro, 1999c.

ARTIGAS, J. V. **O desenho**. Aula inaugural pronunciada na Faculdade de Arquitetura e Urbanismo São Paulo/Universidade de São Paulo, 1 mar. 1967. Disponível em: <http://www.revistas.usp.br/rieb/article/download/45665/49262>. Acesso em: 17 nov. 2017.

ASENSI, F. I. Ejercicios de geometria descriptiva. Madrid: Dossat, 1990.

COMO A DUREZA da mina grafite é expressa? **Faber-Castell**. Disponível em: <http://www.faber-castel.com.br/54340/Curiosidades/Curiosidades/Como-a-dureza-da-mina-grafite-expressa/fcv2_index.aspx>. Acesso em: 17 nov. 2017.

FERREIRA, J.; SILVA, R. M. **Adaptação de desenho técnico mecânico**. São Paulo: Senai, 2009.

FLORIO, W. Croquis de concepção no processo de projeto em arquitetura. **Exacta**, São Paulo, v. 8, n. 3, p. 373-383, 2010. Disponível em: <http://www.redalyc.org/pdf/810/81016924011.pdf>. Acesso em: 17 nov. 2017.

FRENCH, T. E.; VIERCK, C. J. Desenho técnico e tecnologia gráfica. Porto Alegre: Globo, 1995.

FUMDHAM – Fundação Museu do Homem Americano. Disponível em: <http://www.fumdham.org.br/>. Acesso em: 17 nov. 2017.

GARDNER, H. **Estruturas da mente**: a teoria das inteligências múltiplas. Porto Alegre: Artes Médicas Sul, 1994.

GRANATO, M.; SANTANA, R.; CLAUDINO, R. **Perspectiva isométrica**. Disponível em: <http://www2.ucg.br/design/da2/perspectiva.pdf>. Acesso em: 11 maio 2016.

HALLAWEL, P. À mão livre: a linguagem do desenho. São Paulo: Melhoramentos, 1994.

HOUAISS. Disponível em: <https://houaiss.uol.com.br/pub/apps/www/v2-3/html/index.htm#1>. Acesso em: 19 out. 2016.

ISO – International Organization for Standardization. **ISO 128-1**: Technical Drawings: General Principles of Presentation: Part 1: Introduction and Index. Geneva, 2003.

_____. **ISO 128-20**: Technical Drawings: General Principles of Presentation: Part 20: Basic Conventions for Lines. Geneva, 1996.

_____. **ISO 7200**: Technical Product Documentation: Data Fields in Title Blocks and Document Headers. Geneva, 2004.

LACAZ. Desenho. In: DERDYK, E. (Org.). **Disegno. Desenho. Desígnio**. São Paulo: Senac, 2007. p. 253-261.

MACHADO, A. Geometria descritiva. 26. ed. São Paulo: Projeto Editores Associados, 1986.

MANDARINO, D. Percepção quadridimensional. In: MANDARINO, D. et al. **Novas interfaces em comunicação e audiovisual**. São Paulo: Lexia, 2011. p. 11-28.

MENEGOTTO, J. L. **Sistemas projetivos**. Disponível em: <https://sites.google.com/a/poli.ufrj.br/sp_menegotto/instrumentos/compasso>. Acesso em: 17 nov. 2017.

MONTENEGRO, G. A. **Desenho arquitetônico**. São Paulo: E. Blücher, 1997.

_____. **Desenho arquitetônico**. 3. ed. São Paulo: E. Blücher, 2001.

PROGRAMAS para desenhar no Windows. **Techtudo**. Kits e Listas. Disponível em: <http://www.techtudo.com.br/kits/programas-para-desenhar-no-windows.html>. Acesso em: 17 nov. 2017.

RIBEIRO, A. C.; PERES, M. P.; IZIDORO, N. **Curso de desenho técnico e AutoCAD**. São Paulo: Pearson, 2013.

SILVA, A. et al. **Desenho técnico moderno**. Rio de Janeiro: LTC, 2011.

SILVA, C. T.; RIBEIRO, A. S.; DIAS, C. T. **Desenho técnico moderno**. Rio de Janeiro: LTC, 2006.

SILVA, S. S. da. **A linguagem do desenho técnico**. Rio de Janeiro: LTC, 1984.

SPECK, H. J.; PEIXOTO, V. V. **Manual básico de desenho técnico**. Florianópolis: Ed. da UFSC, 1997.

_____. _____. 3. ed. Florianópolis: Ed. da UFSC, 2004.

TATON, R.; FLOCON, A. **A perspectiva**. São Paulo: Difusão Europeia do Livro, 1979.

TELECURSO 2000. **Leitura e interpretação de desenho técnico-mecânico**. São Paulo: Globo, 2000. v. 1-3.

# Anexos

## Exercício de caligrafia técnica

ABCDEFGHIJKLMNOPQRSTUVWXYZ

abcdefghijklmnopqrstuvwxyz

0123456789

Com base no modelo apresentado acima, treine a caligrafia técnica. Use as indicações: nas primeiras linhas, com apenas duas marcações, faça as letras maiúsculas; nas seguintes, com 4 marcações, treine as letras minúsculas. Treine os números no último conjunto de linhas. Caso sinta necessidade, use mais de uma folha.

Bom trabalho!

## Grade isométrica para elaboração de círculo isométrico

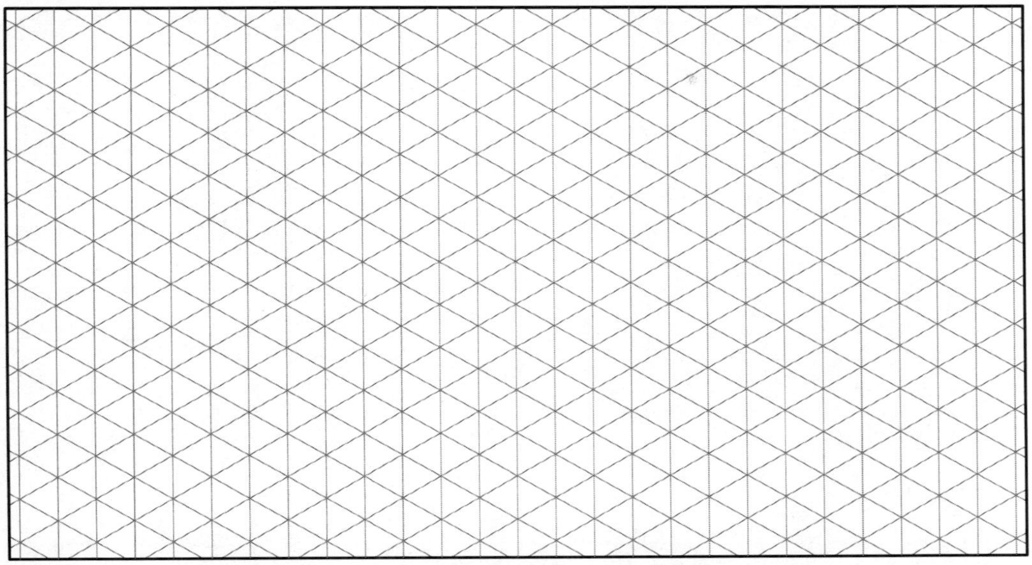

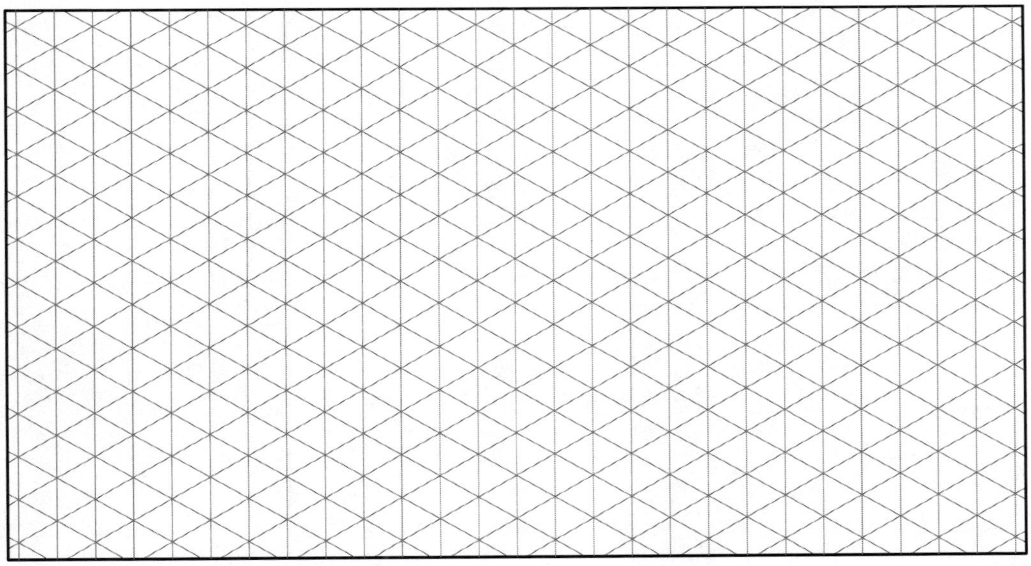

# Respostas*

## Capítulo 1

### Exercícios rápidos

p. 24

1. d

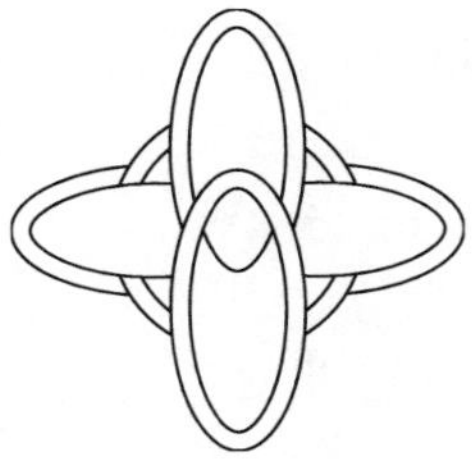

2. d

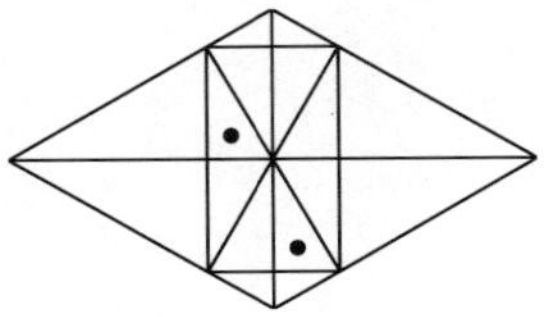

### Questões para revisão

1. Há várias respostas possíveis para essa pergunta. Eis um exemplo:
   a] Pré-História: As pinturas rupestres permitiram a reconstrução histórica de um vasto período, indicando traços da cultura do ser humano primitivo: costumes, medos, tradições, forma de viver, entre outras informações. Além disso, por meio da interpretação desses desenhos, é possível mapear os animais presentes nos locais em que os povos primitivos habitavam e suas relações de caça e predação. As linguagens gráficas particulares produzidas viabilizaram um mapeamento dos diferentes povos que habitavam os lugares onde há registros pictóricos.

* As fontes citadas nesta seção podem ser conferidas em "Referências".

b] Egito Antigo: Os hieróglifos caracterizam uma linguagem com símbolos figurativos, cuja combinação é considerada uma das primeiras formas de escrita.

c] Renascimento: Esboços e desenhos representam os experimentos dos cientistas e artistas da época, caso de Da Vinci.

2. O desenho artístico tem como principal objetivo expressar, de forma figurativa ou abstrata, sentimentos, objetos, situações cotidianas etc.; já o desenho técnico é uma linguagem de representação rígida, que visa ao entendimento universal.
3. A teoria das inteligências múltiplas foi introduzida na década de 1980, por Howard Gardner. Ele postulava a existência de diferentes formas de inteligência e as classificou. A inteligência visual-espacial, por exemplo, caracteriza-se pela capacidade de compreender o mundo visual com precisão. Entre as habilidades dos indivíduos com grande inteligência visual-espacial, destaca-se a visão espacial.
4. A visão espacial é a habilidade de visualizar e compreender espaços tridimensionais, a partir de estímulos físicos ou não. Um engenheiro ou arquiteto, por exemplo, percebe a forma que peças tridimensionais têm considerando suas representações bidimensionais.
5. O desenho técnico é uma forma de expressão gráfica que tenciona representar forma, dimensão e posição de objetos de acordo com as diferentes necessidades requeridas pelas diversas áreas técnicas envolvidas no projeto e na execução de peças, estruturas, edificações. Pode ser usado: em projetos de edificações e objetos, como móveis, relógios e canetas; para projetar meios de transporte, como trens, aviões e carros; na concepção de uma linha de montagem em fábricas.
6. Desenhos não projetivos e desenhos projetivos. Os primeiros costumam corresponder a demandas resultantes de cálculos algébricos e compreendem, normalmente, gráficos, esquemas, diagramas, fluxogramas etc. Os do segundo grupo resultam de projeções de determinado objeto em um ou mais planos de projeção, correspondendo às vistas ortográficas e perspectivas (Ribeiro; Peres; Izidoro, 2013).
7. 

a] 1

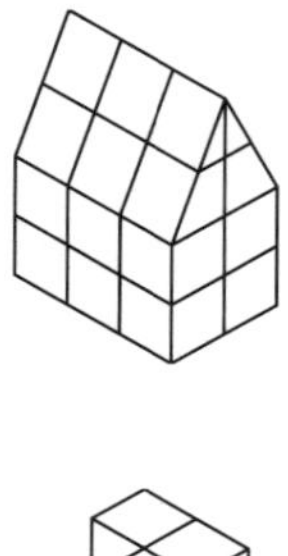

b] 3

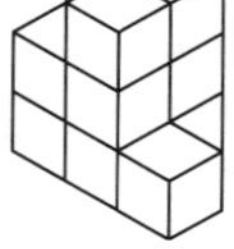

c] 3

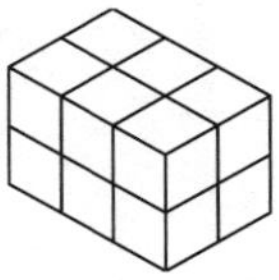

8. Resposta pessoal.

## Capítulo 2

### Questões para revisão

1. As fases são identificação do problema, desenvolvimento de conceitos, compromissos e modelos e protótipos. Na primeira, deve-se tomar conhecimento do problema e apropriar-se de seu domínio; a partir daí, com certo repertório, adentra-se na parte mais criativa do processo, caracterizada pela grande quantidade de possíveis soluções e ideias. Posteriormente, há um período de verificação para escolher a melhor solução proposta e, por fim, faz-se um refinamento da ideia proposta com base em protótipos e modelos.
2.
   - Esboço e croqui: representações rápidas que, normalmente, caracterizam os estágios iniciais da elaboração de um projeto – podendo, entretanto, servir à representação de elementos existentes ou à execução de obras.
   - Desenho preliminar: representação gráfica empregada nos estágios intermediários da elaboração do projeto, ainda sujeita a alterações; corresponde ao anteprojeto.
   - Desenho definitivo: integra a solução final do projeto, contendo os elementos necessários à compreensão, de modo a poder servir à execução.
3. No universo da arquitetura, sobretudo, o croqui visa à discussão de ideias. Os arquitetos, em geral, lançam mão desse método quando estão aventando possibilidades a fim de resolver um problema arquitetônico. Nessa linha teórica, o esboço, por sua vez, pode ser considerado a parte inicial de um desenho, a estrutura de um todo que será desenvolvido a seguir.
4. Os desenhos preliminares, parte do anteprojeto, correspondem aos documentos elaborados em uma fase intermediária do projeto. Sua principal função é auxiliar no refinamento e no detalhamento de seus componentes. Dessa forma, costumam sofrer alterações propostas pelos membros das equipes envolvidas e, inclusive, pelos clientes.
5. Em mecânica, por exemplo, esse conjunto é formado por vistas, cortes e perspectivas das peças, combinados aos encaixes e às montagens, acrescidos de informações complementares de etapas da produção, juntas, dimensões, materiais. Em arquitetura, é composto de plantas baixas, cortes, elevações, sistema estrutural, projetos de hidráulica e elétrica, além de materiais, estudos de insolação e ventilação, circulação e afins.

6. Você deve eleger ao menos cinco das seguintes dicas: estudar a combinação de vistas que melhor descrevem o objeto a ser representado; estudar o posicionamento das vistas na folha de desenho, bem como a orientação de todo o conjunto, optando pelo formato e pela orientação do papel mais adequados; imaginar o melhor paralelepípedo que contém o objeto e desenhar, com traço muito leve, as figuras geométricas simples circunscritas às projeções; desenhar, em todas as vistas onde existam, as linhas correspondentes às projeções que serão representadas; detalhar as vistas, trabalhando simultaneamente em todas; acentuar com traço definitivo (contínuo grosso) os contornos de cada vista; com o mesmo traço, acentuar em cada projeção os detalhes visíveis; desenhar as linhas de traço interrompido que representam os contornos invisíveis; desenhar com traço próprio as linhas convencionais – linhas de eixo de corte, tracejados; verificar a correção do desenho; cotar o desenho.
7. Resposta pessoal.
8. Resposta pessoal.

## Capítulo 3

### Questões para revisão

1. Dureza e grau de preto.
2. Grafites HB, H ou F e 2H.
3. Para garantir mais possibilidades de espessura e tonalidade, o que aumenta o peso gráfico do desenho.
4. O mata-gato é uma pequena placa metálica com vários furos, que serve para facilitar que o desenhista apague pequenas áreas do desenho com precisão e sem prejudicar os traços próximos. O bigode é uma espécie de escova para limpar resíduos de borracha e grafite sem prejuízos ao desenho, como sujeira e borrões.
5. A régua paralela fica presa à mesa por um conjunto de fios, enquanto a régua T apoia-se na lateral da mesa. As duas têm como objetivo facilitar o desenho de retas paralelas.
6. Deve-se usar como base a figura a seguir, apresentada anteriormente.

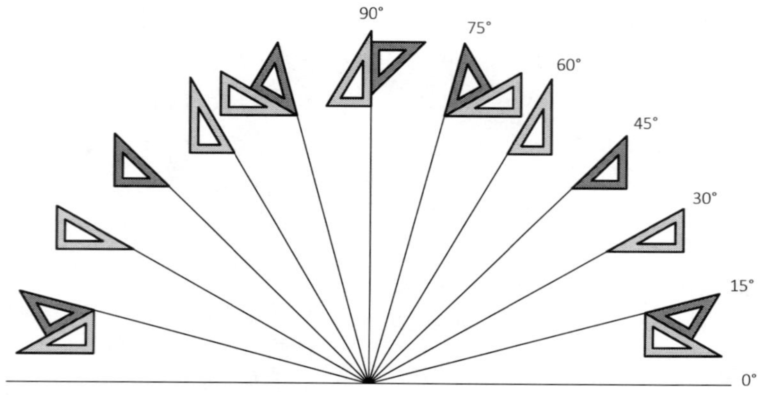

# Capítulo 4

## Questões para revisão

1. NBR é uma denominação de normas desenvolvidas pela Associação Brasileira de Normas Técnicas (ABNT), órgão responsável pela normalização técnica no Brasil. São normas brasileiras que, portanto, regem a elaboração de diversos documentos técnicos e os demais aspectos do desenho técnico.
2. A definição e a utilização de padrões em desenho técnico são importantes porque, uma vez que ele se pretende uma linguagem gráfica universal, precisa ser interpretado e compreendido de forma integral por diversos profissionais, de várias áreas, ao redor do mundo.
3. Muitas das normas brasileiras são baseadas ou até mesmo idênticas às normas internacionais. Para evitar problemas de interpretação, porém, devemos usar as NBRs quando o projeto em questão for produzido no Brasil, bem como usar as normas internacionais (a exemplo das desenvolvidas pela ISO) quando o projeto for executado em diversos países.
4. Porque as folhas de desenho precisam ser armazenadas de forma eficiente, garantindo a leitura adequada do documento. A norma padronizada de dobra, então, visa ao armazenamento em pastas A4 e à identificação do leiaute das informações que compõem a prancha – o qual deve ser organizado e respeitar ao máximo as dobras.
5. É veementemente recomendado; todavia, em algumas áreas, como arquitetura, algumas regras costumam ser flexibilizadas. Deve-se evitar que isso aconteça, mas o importante é garantir o destaque dado aos desenhos que compõem o projeto, assim como sua perfeita leitura por todos os envolvidos.
6. Devem constar: explanação – informações necessárias para a boa leitura do desenho, como símbolos especiais, designação, abreviaturas e tipos de dimensão; instruções – informações necessárias para a execução do objeto representado; referências – informações referentes a outros desenhos ou outros documentos correlatos à prancha em questão; planta de situação – deve permanecer visível após a dobra da prancha e conter uma planta esquemática com a marcação da área construída ou da construção; tábua de revisão – elemento usado para registrar correções, acréscimos ou alterações feitas na prancha após sua aprovação.
7. Série A:

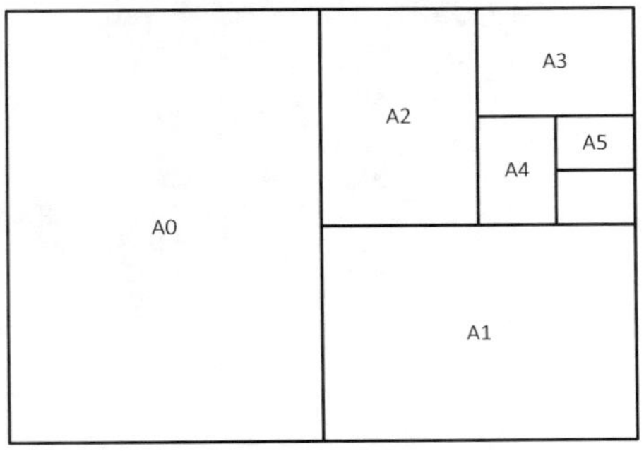

## Capítulo 5

### Questões para revisão

1. Não, porém é possível encontrar orientações para a elaboração de legendas nas normas ISO 7200:1984 e NBR 10582.

   Sim, o espaço destinado à legenda é normalizado pela NBR 10582.
2. Legibilidade, uniformidade e adequação a processos de reprodução.
3. Você deve enumerar ao menos três dos itens a seguir:
   a] Os caracteres devem ser claramente distinguíveis entre si.
   b] A distância entre caracteres (a) deve ser igual a, no mínimo, duas vezes a largura da linha usada nas letras (d).
   c] A largura de linha usada nas letras maiúsculas e minúsculas deve ser a mesma.
   d] Os caracteres devem ser desenhados de forma que as linhas que os compõem se cruzem ou se toquem em um ângulo próximo ao ângulo reto.
   e] A altura das letras maiúsculas (h) deve ter razão 2 correspondente à razão dos formatos de papel para desenho técnico.
   f] A altura das letras maiúsculas (h) deve servir de base para o dimensionamento.
   g] As alturas da letras maiúsculas (h) e das letras minúsculas (c) não devem ser menores que 2,5 mm.
   h] Na aplicação simultânea de letras maiúsculas e minúsculas, a altura das letras maiúsculas (h) não deve ser menor que 3,5 mm.
4. Elas têm como função representar diversos elementos em diferentes situações: linhas de eixo e simetria, contornos visíveis e arestas invisíveis de peças, por exemplo.
5. São dez tipos. As principais diferenças são pontos na NBR e traços curtos na ISO, no caso das linhas G, H, J e K.
6. As indicações corretas são:
   (1) Arestas e linhas de contorno visíveis
   (6) Linha de chamada de cotas
   (4) Linhas de eixo e simetria
   (5) Linha de centroides
   (2) Arestas e linhas de contorno invisíveis
   (3) Planos de corte
7. As imagens representam as seguintes situações: b, c, a.

8. Esboços do exercício:

| | | |
|---|---|---|
| 1 | Se existir uma aresta visível no prolongamento de uma aresta invisível | 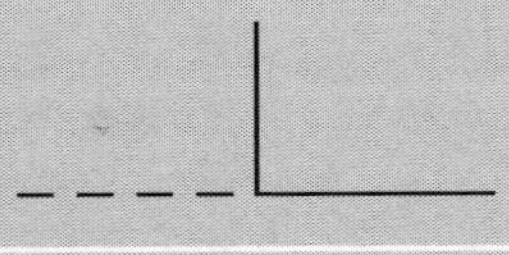 |
| 2 | Quando uma aresta invisível cruza outra aresta (visível ou invisível) | 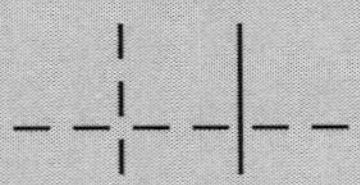 |
| 3 | Quando uma aresta invisível termina angularmente ou perpendicularmente a um contorno visível |  |
| 4 | Quando duas linhas de eixo se interceptam | 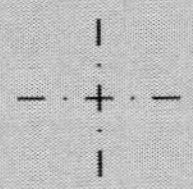 |
| 5 | Quando duas ou mais arestas terminam em um ponto |  |

9. Em uma escala 1:20, o tamanho da representação é menor que o tamanho do objeto real. Trata-se de uma escala de redução, na qual o objeto real é 20 vezes maior que sua representação.

10.

| Dimensão da peça | Escala | Dimensão no desenho |
|---|---|---|
| **47** | 1:1 | 47 |
| 50 | **1:50** | 1 |
| **12 500** | 1:250 | 50 |
| 375 | 1:5 | **75** |
| **120** | 1:10 | 12 |
| 35 | **3:1** | 105 |
| 70 | **1:10** | 7 |
| 11 | 11:1 | **121** |
| 38 | 1:2 | **19** |

# Capítulo 6

## Exercícios rápidos

p. 118

a]

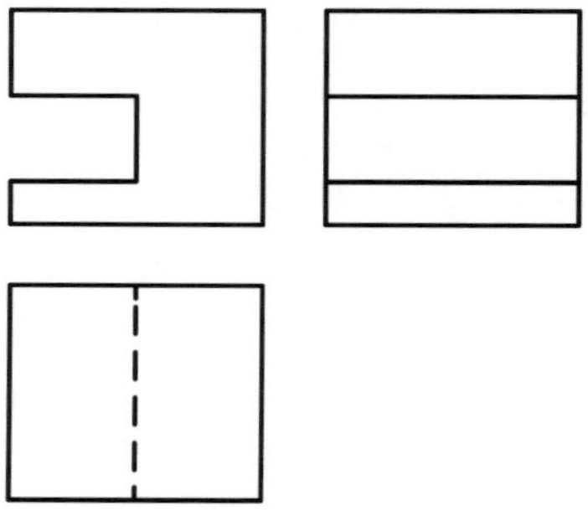

Fabrício Tacahashi

b]

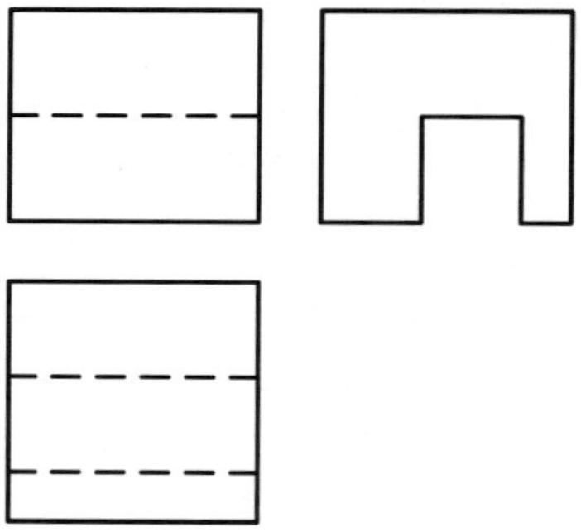

c]

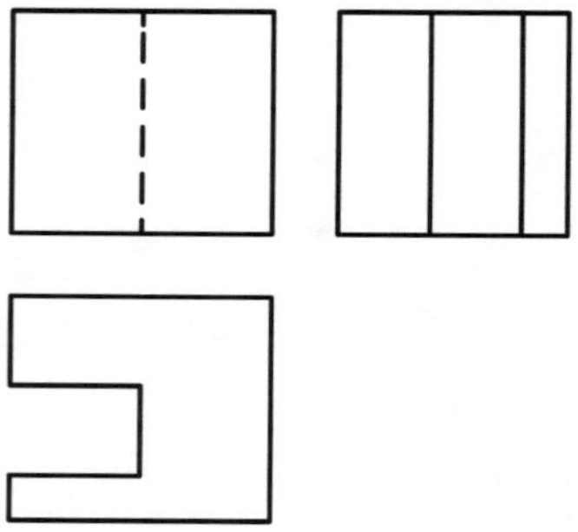

## Exercícios rápidos

p. 119

a]

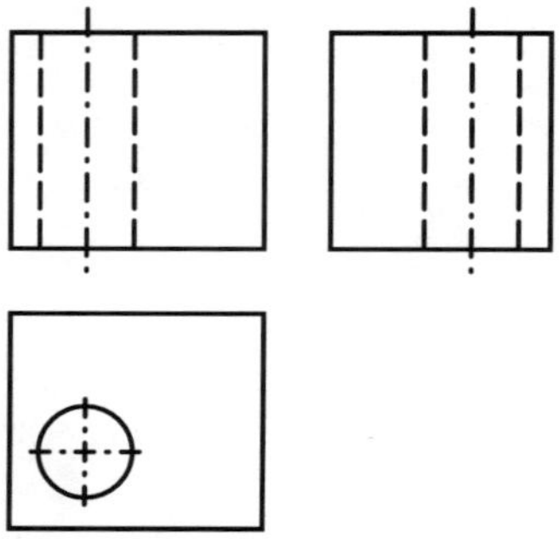

Fabrício Tacahashi

b]

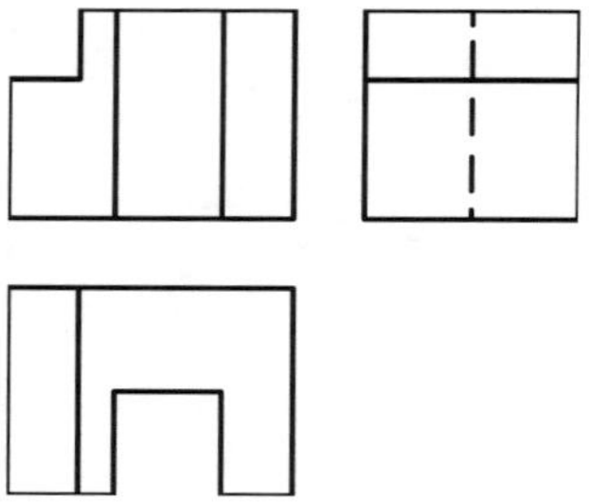

c]

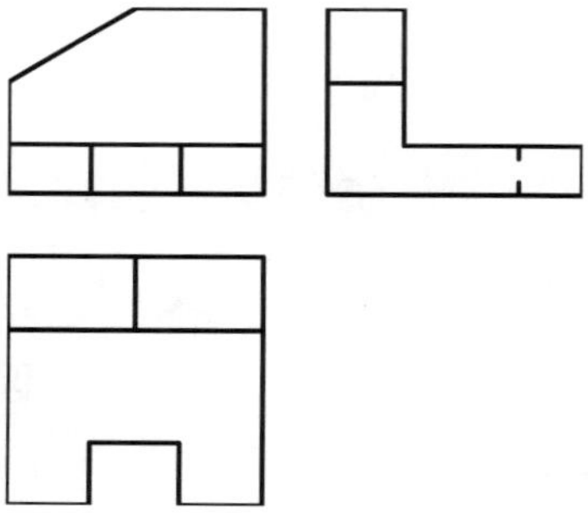

## Questões para revisão

1. São normalizados o primeiro e o terceiro diedro.
2. O de primeiro diedro.

3. Primeiro diedro e terceiro diedro, respectivamente.
4.

a]

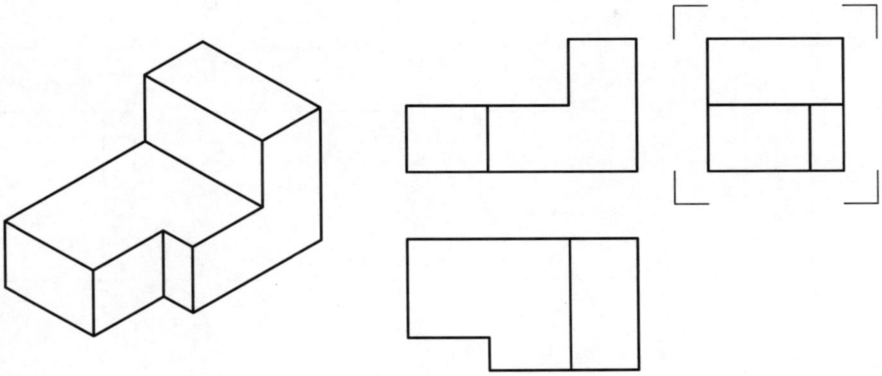

b]

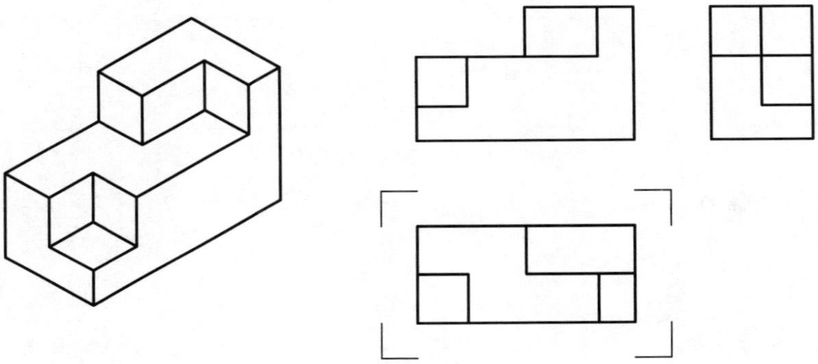

c]

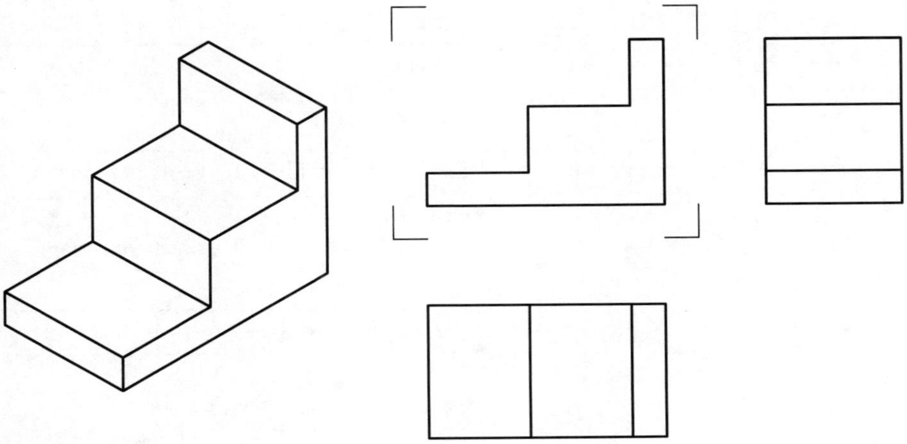

5.

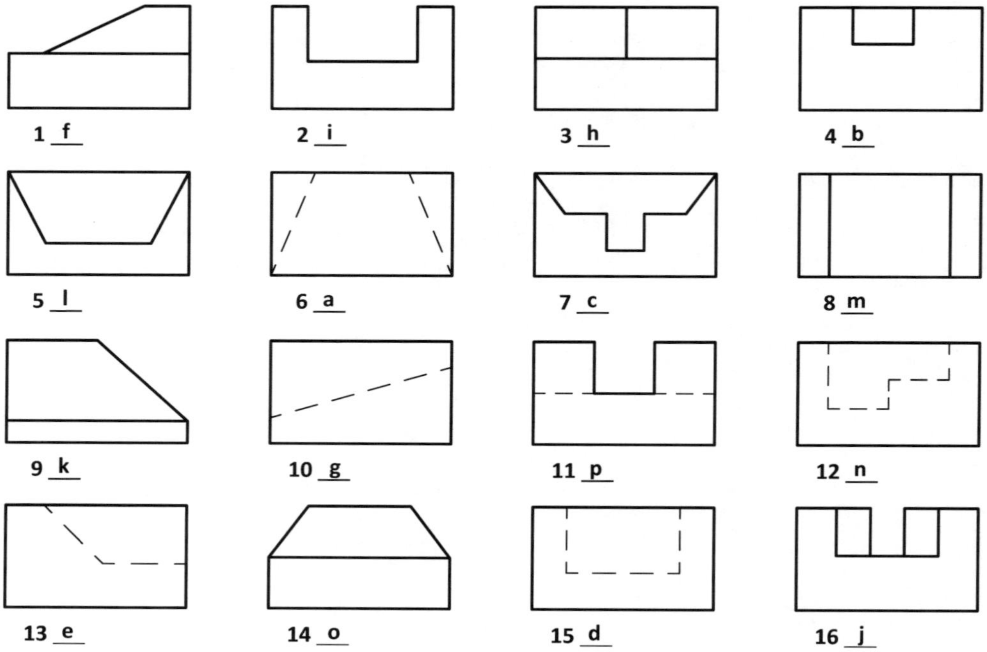


6. As setas indicam as possíveis vistas frontais:

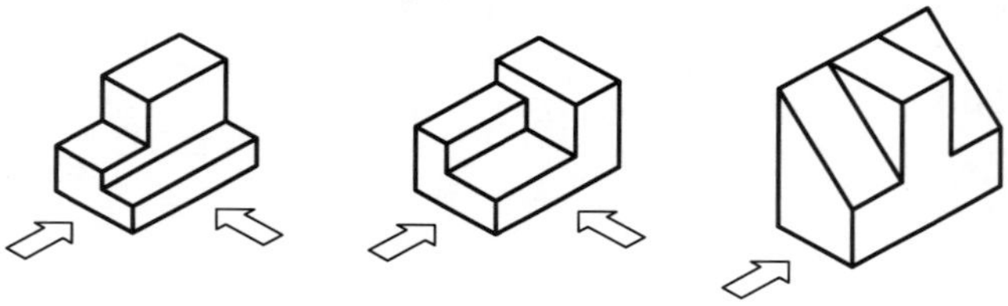

Uma possibilidade de projeção para cada peça:

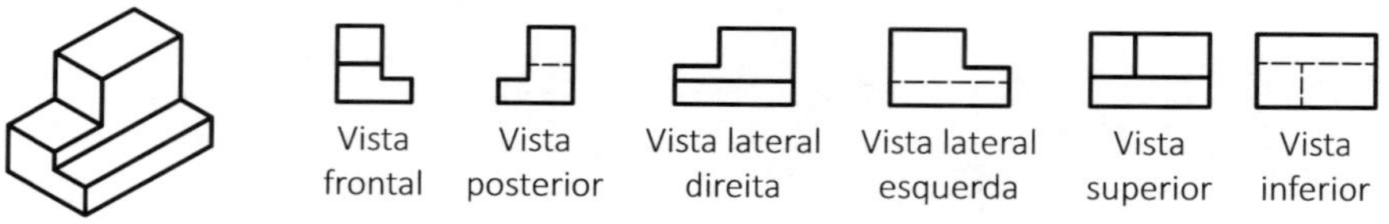


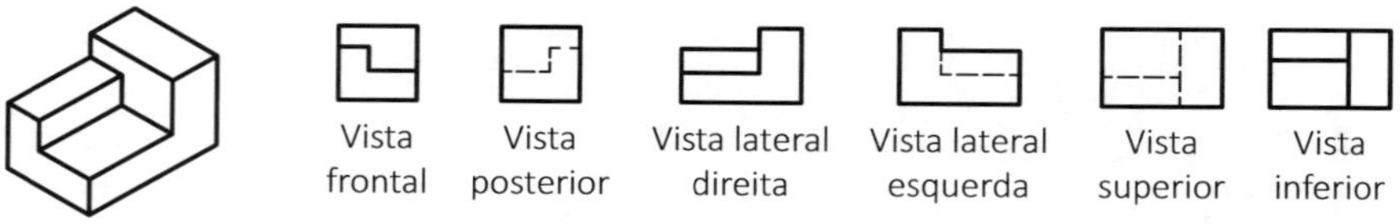


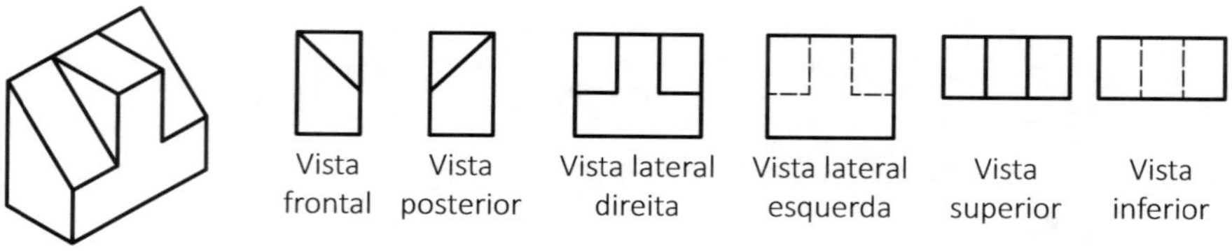

7. Para representar a peça, as vistas necessárias são frontal e lateral direita.
8. Errado.
9. Errado.

## Capítulo 7

### Exercício rápido

p. 133

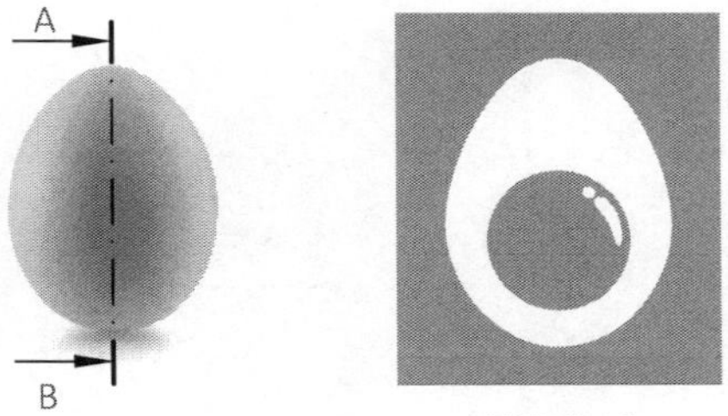


CORTE AB

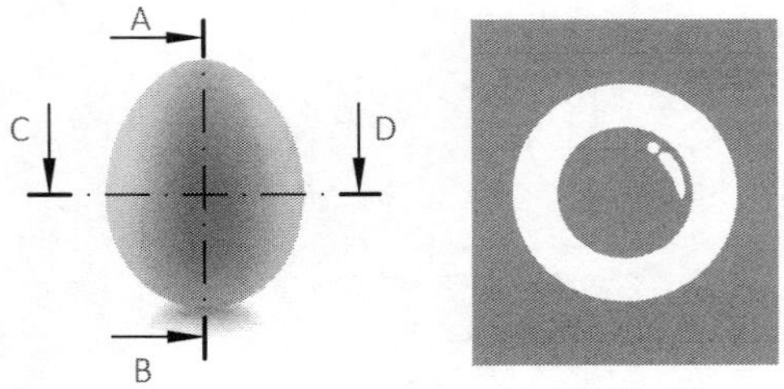


CORTE CD

### Exercício rápido

p. 134-135

a]

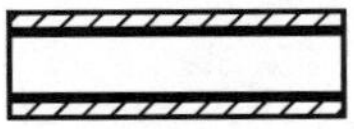

b]

c]

d]

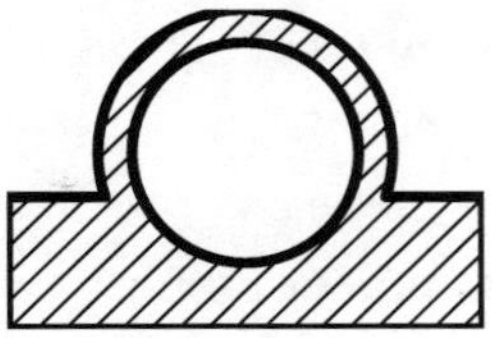

### Questões para revisão

1. O principal propósito do corte é tornar clara e legível a representação do interior de objetos.
2. Duas orientações gerais para a construção de cortes:
   - O plano de corte é indicado por meio de uma linha traço e ponto estreita (G3), semelhante à linha de simetria – à diferença de ter, nas extremidades, um traço largo para acomodar a identificação do corte em questão.
   - O plano de corte deve ser identificado com letras maiúsculas, e o ponto de vista, por meio de setas.
3. Você deve apontar ao menos duas das seguintes normas brasileiras para a elaboração de cortes:
   - A representação da vista cortada compreende a superfície obtida pelo plano de corte e tudo o que se vê além dele.
   - A porção da peça supostamente retirada não pode ser omitida nas demais vistas, uma vez que o corte é imaginário e a peça não está, de fato, cortada.

- As zonas em que a peça foi cortada são assinaladas por meio de hachuras conforme a NBR 12298. Para cortes, o padrão são linhas finas equidistantes e em 45°.
- Sempre que possível, os planos de corte devem passar pelos eixos de simetria da peça a ser cortada.
- Ao desenhar os cortes, deve-se buscar representar a complexidade dos objetos. Para o desenho ficar inteligível, deve-se evitar ao máximo o uso das linhas de contorno invisíveis.
- As superfícies de corte (à exceção do corte parcial) devem ser sempre delimitadas por linhas traço e ponto com extremidades largas.

4. Algumas vezes, pode-se fazer uma translação do plano de corte para representar elementos não contemplados pelas peças produzidas.
5. Em muitas áreas, sobretudo da engenharia, um corte pode substituir a vista tradicional correspondente, sendo também chamado de *vista cortada*.
6. As texturas a serem representadas são:

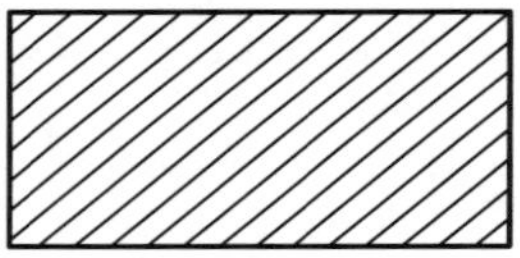
Ferro fundido

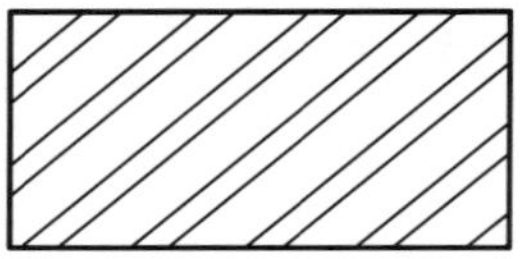
Aço

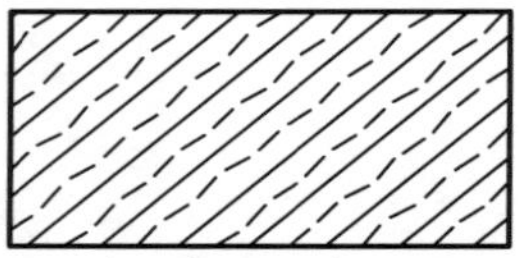
Cobre, latão e bronze

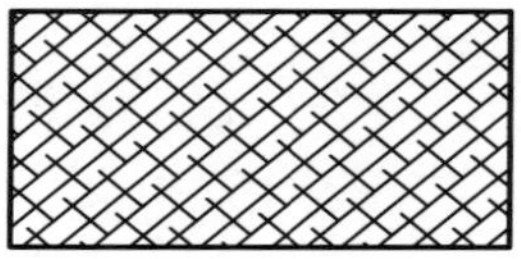
Alumínio e ligas leves

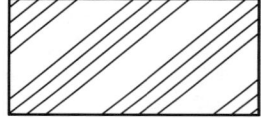

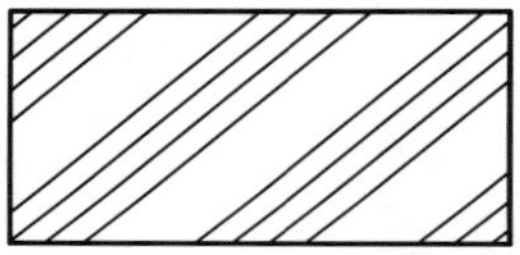
Borracha, plástico e isolantes

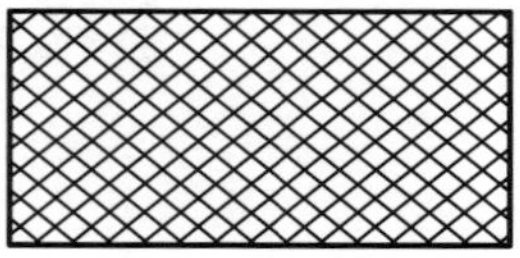
Chumbo e zinco

7. c
8. b
9. a
10. Há mais de uma possibilidade.

11.

a] A vista frontal terá de ser substituída.

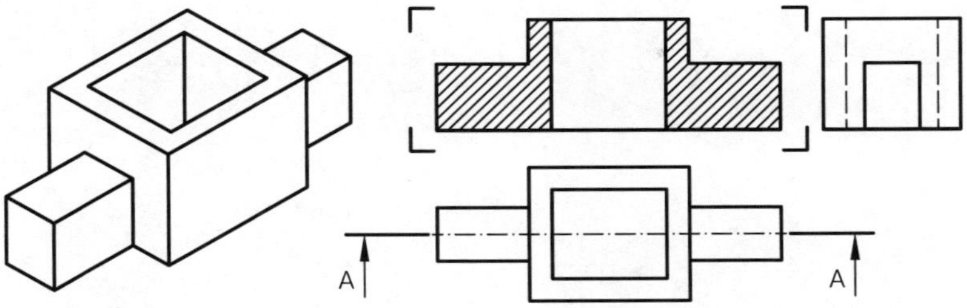


b] A vista frontal terá de ser substituída.

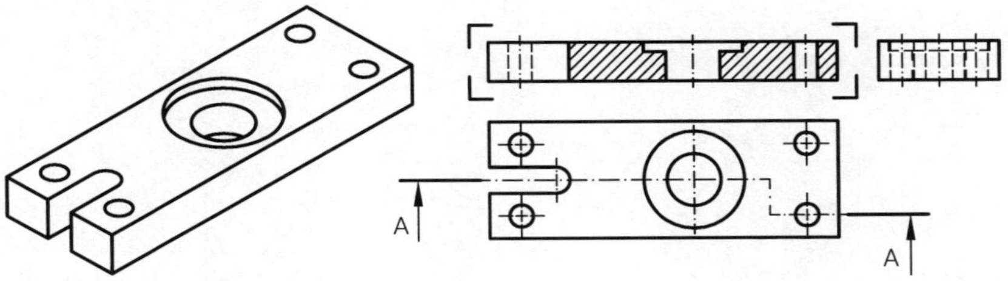


12.



a]

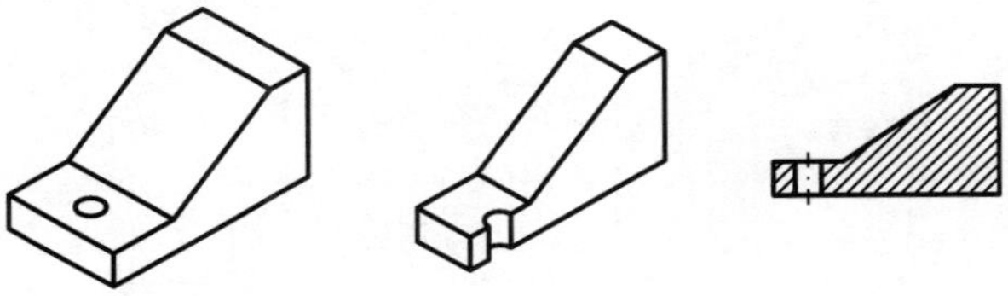

b]

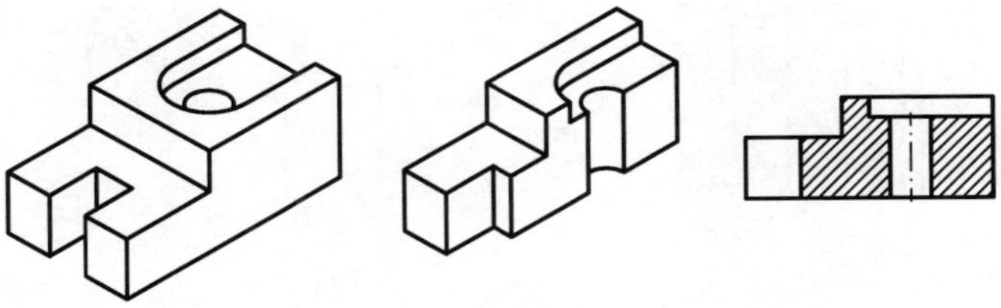

c]

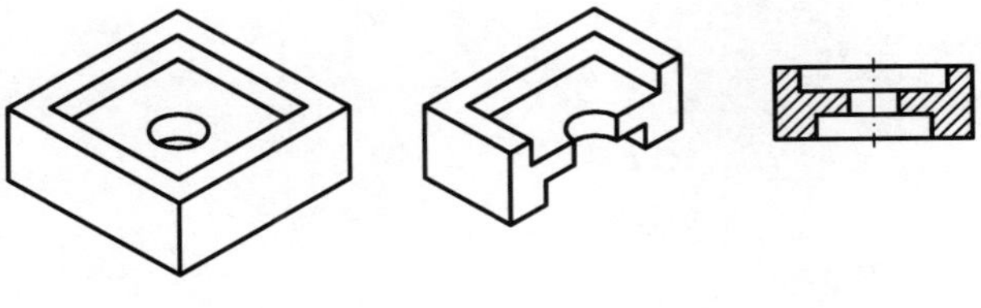

d]

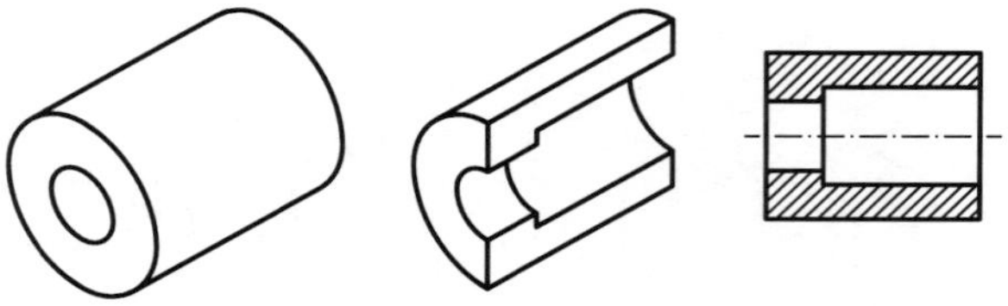

e]

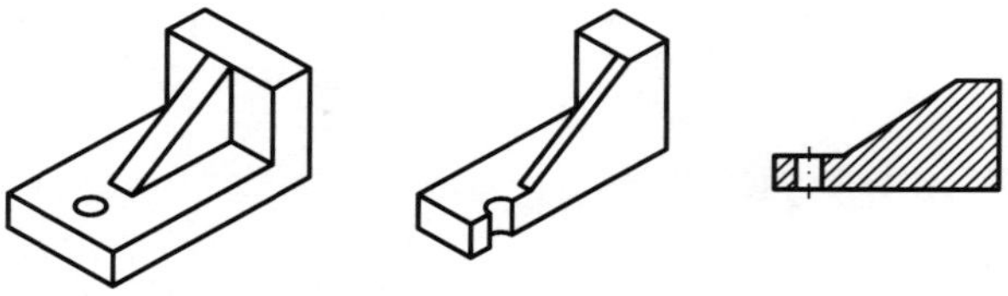

f]

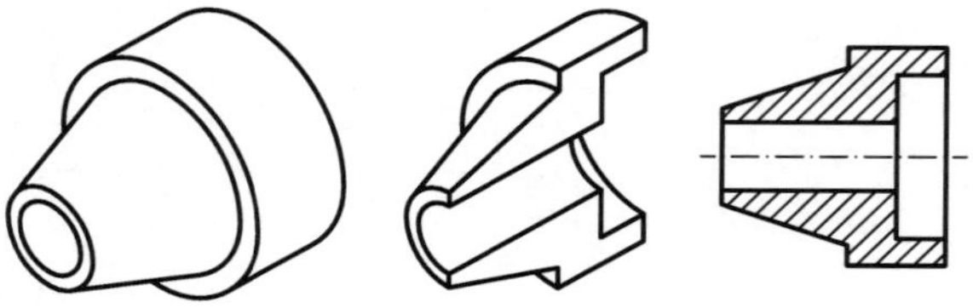

13.

a]

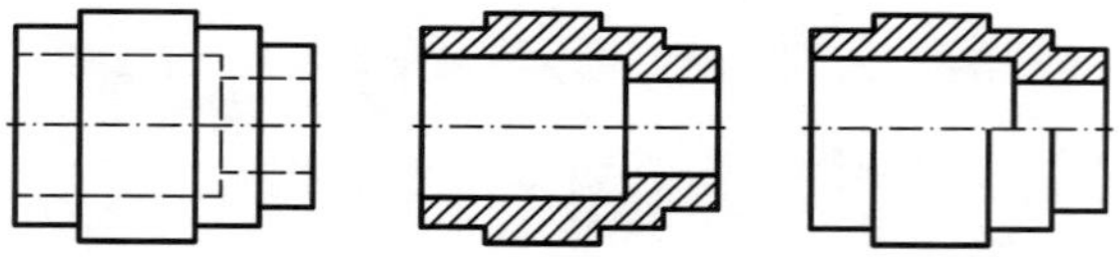

b]

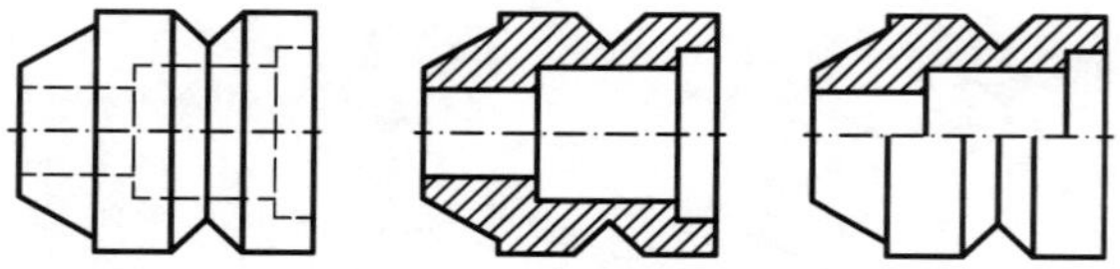

c]

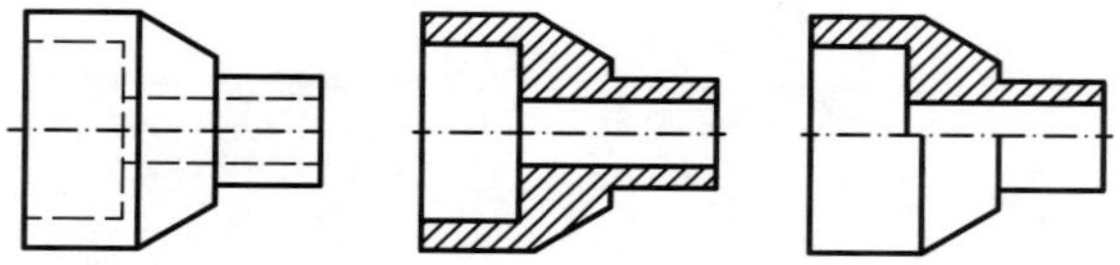

## Capítulo 8

### Exercício rápido

p. 166

Desenhe a seguinte peça em perspectiva cavaleira (45°) e militar (45°). Para tanto, use uma folha A4, com as margens conforme o padrão.

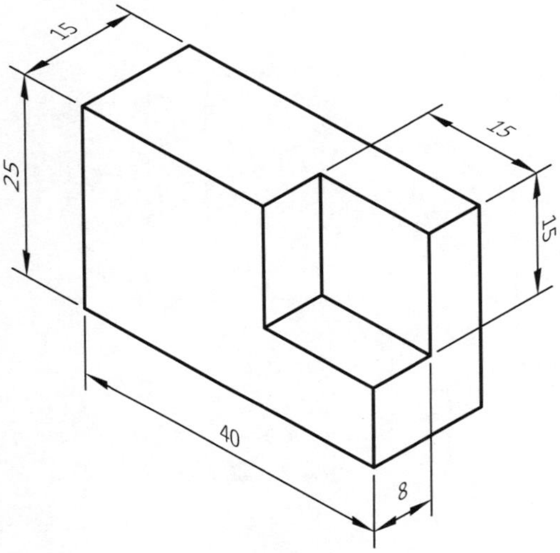


Fabrício Tacahashi

Para fazer a perspectiva cavaleira de 45°, deve-se usar metade da profundidade no eixo *y* e, para a militar, reduzir em dois terços a medida do eixo *z*.

### Questões para revisão

1. Um objeto cujas faces são inclinadas em relação ao plano de projeção.
2. 
   a] Resposta pessoal.
   b] Resposta pessoal.
3. 

a]

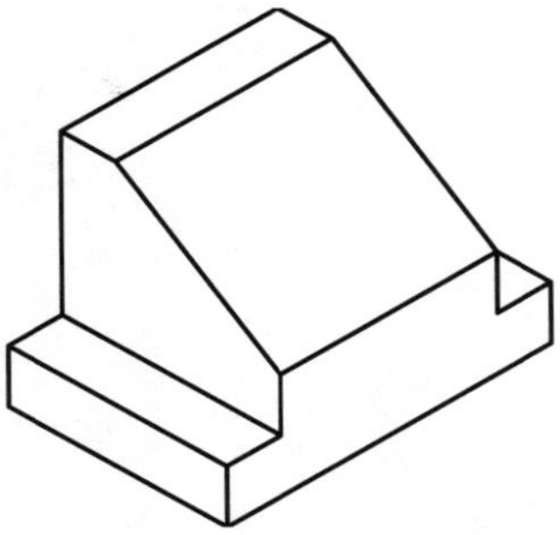

Fabrício Tacahashi

b]

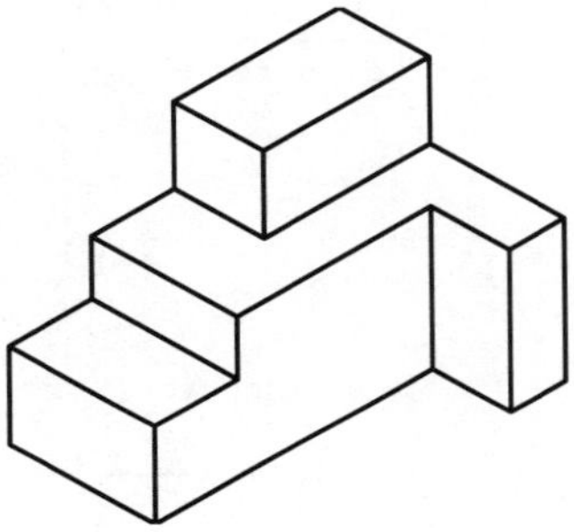

c]

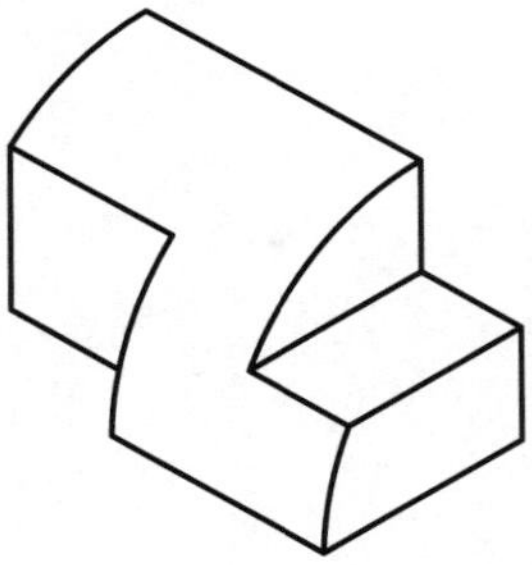

d]

4. a
5. Resposta pessoal.
6. Resposta pessoal.
7. Resposta pessoal.

# Capítulo 9

## Questões para revisão

1.

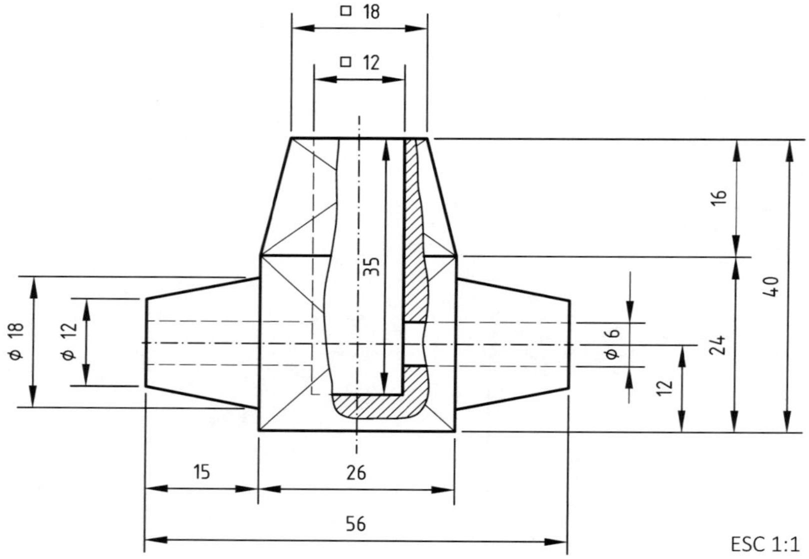


2.

a] 65, 30 e 5.

b] 6.

c] 10, 25, 40 e 50.

d] 10, 15 e 20.

3. e

4.

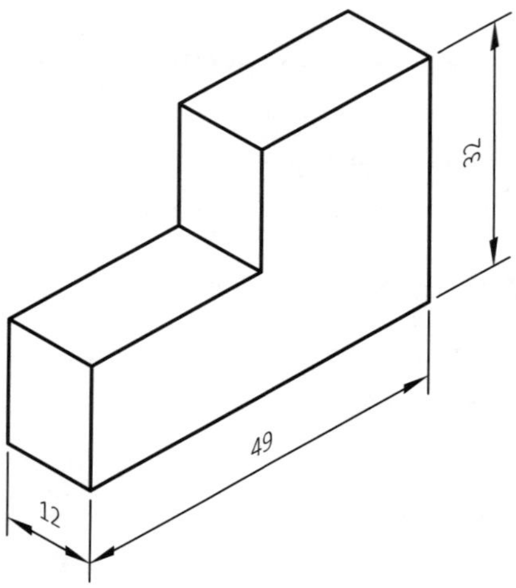

5.

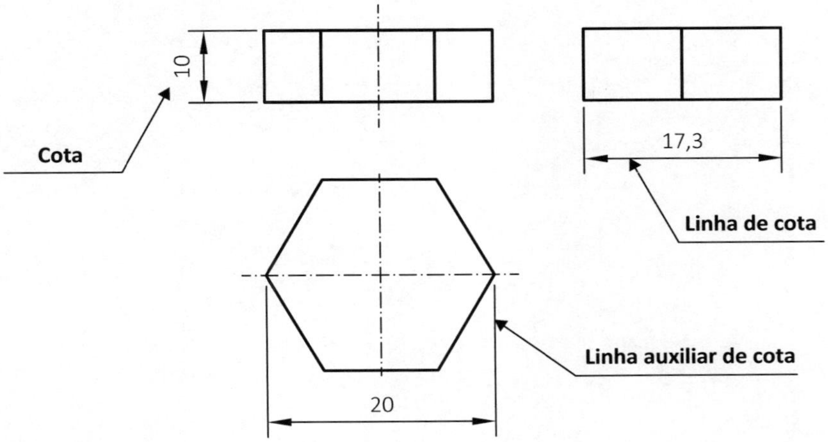


6. e
7. Linhas auxiliares, linhas de cota, setas e cotas.
8. Resposta pessoal.
9. Errado.

# Sobre os autores

Beatriz de Almeida Pacheco é graduada em Arquitetura e Urbanismo pela Universidade Presbiteriana Mackenzie (1997), mestra (2003) e doutora (2013) em Comunicação e Semiótica pela Pontifícia Universidade Católica de São Paulo (PUC-SP). Atualmente, é professora assistente da Universidade Presbiteriana Mackenzie e professora titular da Universidade Paulista. Tem experiência na área de ciência da computação, com ênfase em *design* de interação e leciona no MackMobile – BEPiD (Brazilian Educational Program for iOS Development). Na computação, atua principalmente nos seguintes temas: comunicação, corporificação, enação, experiência, interação e dispositivos digitais. Na arquitetura, é sócia-fundadora do escritório Supernova Arquitetura | Interação e atua como professora em disciplinas de Desenho Técnico e Projeto.

ILANA DE ALMEIDA SOUZA-CONCÍLIO é graduada em Ciência da Computação pela Pontifícia Universidade Católica de Goiás (1996), mestra em Ciência da Computação pela Universidade Federal de São Carlos (1999) e doutora em Engenharia Elétrica pela Escola Politécnica da Universidade de São Paulo (2007). Atualmente, é professora adjunta I da Universidade Presbiteriana Mackenzie e professora no MackMobile – BEPiD. Tem experiência na área de ciência da computação, atuando sobretudo nos seguintes temas: realidade aumentada, realidade virtual, visão computacional, jogos eletrônicos, tecnologias e desenvolvimento web, desenvolvimento para iOS, *design* de interação e ensino.

JOAQUIM PESSÔA FILHO é graduado em Ciência da Computação (2005) e mestre em Engenharia Elétrica (2007) pela Universidade Presbiteriana Mackenzie. Atualmente, é professor assistente da Universidade Presbiteriana Mackenzie e auxiliar de ensino da Universidade Cruzeiro do Sul. Tem experiência na área de ciência da computação, com ênfase em automação, atuando especialmente nos seguintes temas: sistemas colaborativos, sistemas-hipermídia e multimídia, objetos distribuídos, padrões de projeto, WebLab (laboratório remoto), telecomunicações e desenvolvimento iOS.

Impressão:
Dezembro/2017